文革文學大系

（四）

小說卷四

王　　堯主編

現代文學研究叢刊

文史哲出版社印行

現代文學研究叢刊　30

文革文學大系（全十二冊）

主　編　者：王　　　　　　　　　堯

出　版　者：文　史　哲　出　版　社

http://www.lapen.com.tw

登記證字號：行政院新聞局版臺業字五三三七號

發　行　人：彭　　　　正　　　　雄

發　行　所：文　史　哲　出　版　社

印　刷　者：文　史　哲　出　版　社

臺北市羅斯福路一段七十二巷四號

郵政劃撥帳號：一六一八○一七五

電話 886-2-23511028・傳真 886-2-23965656

十二冊定價新臺幣五○○○元

中華民國九十六年（2007）十二月初版
中華民國九十八年（2009）二月初版訂正

"文革文學" 大系
小説卷四

目　　錄

序　曲

施　偉　華

一

　　趙大樑在公司裡開完會，冒著天空大朵大朵飄落下來的雪花，急忙趕回廠裡去。雪落到他熱騰騰的臉頰上，一眨眼就被融化了。

　　剛才，造船系統各革命群眾組織的負責人在公司裡學習了毛主席對文化大革命的最新指示。快散會的時候，主持會議的同志說：“希望到會的同志要認真分析當前的革命形勢，警惕一小撮走資派的新陰謀，團結好兩個百分之九十五，把革命、生產的主動權牢牢掌握在無產階級革命派手裡，這就是我們切實貫徹毛主席最新指示的具體行動！”話音一落，會場裡頓時像一鍋燒開的水，翻滾起一陣熱浪：有的揮動著粗壯的拳頭說：“對，我們一定要把革命生產兩副重擔同時挑起來，堅決粉碎資產階級反動路線的新反撲！”也有的紛紛向大會遞紙條，要求公司分配艱鉅的任務，還有的乾脆湧到主席臺前面，拍胸脯說：“……這任務，咱包了！”趙大樑呢，卻紋絲不動地坐在那裡，瞧著這熱騰騰的情景，心裡正在急劇地思索著一個問題。會上，他得到一個有關本廠的消息，有艘資本主義國家的商船，在航運途中壞了什麼部件，停泊在港外海面上，要求我國近港的船廠幫助搶修。可是，海濱船廠的廠長浦笑風卻回答說“船塢沒空。”趙大樑聽了感到奇怪，前幾天，海運公司有條運煤的“戰鬥號”，要求海濱船廠進塢搶修，急等投入運行，浦笑風以“合同手續不全”為藉口，硬拖住不讓進塢。趙大樑心想：自己來開會的時候，廠裡的船塢明明空著，怎麼說“沒空”了呢？他想同廠裡的鐵軍通個電話問問明白，可是電話一直被人占著。

　　現在，趙大樑已踏上了通向海濱船廠的港口大道。沿海一邊，矗立著一排排革命大批判專欄，在強光燈下，看到一個個醒目的標題：徹底粉碎一小撮走資派刮起的反革命經濟主義妖風！徹底揭露一小撮走資派破壞革命、生產的罪行！……專欄前擁擠著許多人，有的托著本子在抄錄，有的念出那些激昂的戰鬥詞句。時間已是深夜了，然而在革命的高潮中，人們是不知疲倦的。趙大樑沒有停步，在如同白晝的燈光裡，這個三十剛露頭的年輕人，更顯得身材魁梧。他穿著件洗淡了的藍布短棉襖，肩上胸前積著一層白花花的雪片，紅潤潤的四方臉神采飛揚，明亮的大眼睛堅定沉著。他感覺到廠裡有新的戰鬥在等待他，步子也越跨越大了。

　　一走進自己的廠，老遠看到越過廠房屋頂的船塢上空，高聳著一桿船桅。趙大樑奔跑幾步，仔細一瞧，船塢裡果然擱著一條船，心裡“突”地一怔：停靠在碼頭上的“戰鬥號”，怎麼突然進了塢？既然進了塢，為啥又毫無動靜？只有高矗在“戰鬥號”前後左右的四個革命群眾組織的四面火紅火紅的隊旗，在風雪中威風凜凜地飄揚著。這使趙大樑眼前猛然浮現出三天前那熱氣騰騰的場面……

　　那天，“戰鬥號”一靠碼頭，船塢調度室主任蘇久貴奉廠長浦笑風的命令，不讓進塢。在趙大樑的提議下，廠裡四個革命群眾組織的頭頭在這兒開了緊急聯席會議，覺得這艘“戰鬥號”運煤任務很緊，關係到本市工業生產，搶修“戰鬥號”不僅是生產任務，而且是政治任務。會議開到一半，突然從“戰鬥號”的餐廳裡傳來一陣鑼鼓聲，接著，從上甲板的走廊裡出現一隊人馬，有的肩上扛著大鄒頭，有的手裡捏著扳頭，精神抖擻地向他們走來。原來，是"戰鬥號"上的海員也來參戰啦，這下，給大夥兒更是勁上添勁哩！會議開得熱氣騰騰，但又簡短乾脆。大家一致決定：聯合起來投入搶修"戰鬥號"！一個共同的戰鬥目標，促使四個群眾組織聯合成一個組織，由趙大樑擔任修船總指揮，副指揮是原來另一個群眾組織的負責人鐵軍。他們一面同廠長浦笑風繼續鬥爭，爭取"戰鬥號"早日進塢，一面在未進塢前，先把甲板上層建築搶修好。頃刻之間，"戰鬥號"甲板上，弧光閃耀，"咚咚"的錘聲伴著"噠噠"的鈪錯槍，好不熱鬧。可是此刻，躺在船塢裡的"戰鬥號"上，卻聽不到鏗鏘有力的錘聲，看不見明燦燦的弧光。"鐵軍現在在哪兒？他一定急得跳腳了！"趙大樑想到這裡，直奔船塢畔的造反隊辦公室。

趙大樑一巴掌推開了辦公室這間小屋子的門。屋裡，二十來個人圍在桌旁，桌上攤著一大張白張，似乎在商量著寫什麼大字報，大家漲紅著臉，情緒都有點激憤，誰也沒發覺大樑進來。

"就這樣寫：勒令浦笑風在十分鐘之內前來報到，接受批判，低頭認罪！"鐵軍揮舞著大拳說話。

趙大樑把肩上的黃挎包往牆上一掛，擠進人縫問："鐵軍，廠裡有什麼新情況？"

大夥不約而同地扭頭一看，見是趙大樑，"嘩"地圍了上來。

鐵軍不答話，他心裡的火又冒了上來，掄起十八磅鄒頭般的大拳，"砰"一聲錘到桌子上。

原來，今天下午，趙大樑離廠到公司去開會，前腳剛走，調度室主任蘇久貴突然通知開閘放水，把"戰鬥號"拖進船塢。鐵軍自然很是高興，於是，一方面馬上召集戰友準備通宵突擊搶修"戰鬥號"，另一方面通知調度主任蘇久貴，要他下調度命令各工種積極配合，可是蘇久貴說沒接到廠長的指示，他自己也溜得無影無蹤了。這下，鐵軍可火了，眼下就正在寫一張強硬的勒令。

　　大樑聽完，跑近鐵軍身旁，輕輕地按了按鐵軍的肩頭。這是他的老習慣了。每當鬥爭出現困難曲折，鐵軍火冒三丈時，他總是用這種極平常的動作來說話，作為朝夕相處的戰友 ── 鐵軍，當然是最能理解大樑這個動作的含意了。他壓住心中的火氣，眼睜睜地望著大樑。

　　大樑冷靜地分析著眼前突然出現的新情況，心裡在揣摩著：浦笑風為什麼要這樣做呢？是不是他真的要想搶修"戰鬥號"呢？不，不可能！否則他為啥一開始就用種種藉口硬是拒絕"戰鬥號"進塢？現在，既然已經進了塢，為啥又不組織力量立即進行搶修？……那麼，是不是可能與搶修外輪的事有關呢？會不會把船塢占住，為拒絕外輪進塢搶修製造根據？如果是，浦笑風的目的何在呢？……這一系列的問題，在他腦海盤旋著。

　　大樑心裡雖在緊張地活動著，但臉色仍顯得十分沉靜，他見大家已不像剛才那樣冒火了，於是笑著對大家說：

　　"同志們，咱們別忙著寫勒令，先一起來把眼前的形勢好好議論議論，好不好？"一邊說，一邊招呼大夥兒坐下來。接著，大樑把剛才公司會議的精神和有關搶修外輪的消息給同志們詳細地說了一下，同時又把自己的想法交給大家，說："請大夥兒一起來議論議論，理出個道道來，問題就好辦了。"

　　大樑講話時，屋裡靜極了。窗外，雪無聲地飄落著。只有"崆 ── 嘶，崆 ── 嘶"，潮水拍擊船塢閘門的聲音，清晰地傳進屋裡。可是，待大樑話音剛落，整個屋子，卻像打開閘門的潮水，嘩嘩地卷起滾滾激浪，奔騰起來了。

　　"依我看，這是浦笑風的一個陰謀，'戰鬥號'進塢時，他還到處造輿論，說什麼'進塢容易，出塢難，鋼材還在空中飛呢！'……"一個老師傅激憤地說。

　　另一個老師傅接著說："……就是嘛，其實根本不是鋼材沒有，他一見我們到倉庫裡把鋼材拿來了，又說不用這麼急，離出塢日期還遠著哩！你聽，這不是在耍花招嗎？"說著，手裡的煙斗在桌上敲得嘭嘭響。

"癩頭上的虱 ── 明擺著，目的很清楚，就是不讓外輪進塢！"

"……"

大樑一邊認真地聽著大夥兒的議論，一邊又提出問題："浦笑風爲什麼拒絕修理外輪？是咱們廠沒有條件沒有能力修嗎？是我們工人不願修嗎？"

一個青年工人霍地站起來搶著回答說："浦笑風肯定有政治目的！運動開始他鎮壓群眾，後來又刮起反革命經濟主義妖風，煽動工人離開生產崗位，分裂工人隊伍，李金龍他們還不是被他煽動起來的？"

大家都在熱烈地討論，惟有鐵軍在一旁不作聲。其實他心裡可著急呢，心想：大樑叫大家光這樣議論頂啥用，爽氣，說個怎麼幹就是了。他一隻腳擱在一條椅子上，一隻大手叉在腰窩裡，拿起頂柳條帽，呼呼地扇風，這時候，即使有漫天大雪堆在他身上，準會被他發出的熱量融化成一條河。大樑當然十分理解戰友的心情，故意問鐵軍：鐵軍你說呢？

鐵軍不加思索地回答道："大家都說得對，不用多說了，現在的問題，是怎麼幹？"

大樑爽朗地笑起來："你這人，就是這火藥脾氣！"說著，自己倒了一杯溫開水，咕咕地喝了兩大口，繼續說："剛才，大家說得很對，浦笑風確實想採取這種陰險的手段，不讓外輪進來，以造成影響，對革命施加壓力，最根本的目的，就是要維護那條修正主義路線。因此，擺在咱們面前的將是一場更爲激烈的戰鬥，是兩個階級力量的激烈的較量！怎麼幹？"大樑把右手緊緊捏成一個鐵錘般的拳頭，"我們一定要做好團結工作，在揭露浦笑風的陰謀的同時，把我們的力量組織好，團結好，這個拳頭打出去才有勁哇！”

被大樑這麼一鼓動，大夥兒精神更振奮了。是的，人們都有這麼一種感覺，總感到大樑的話就是有這麼大的感染力，這是因為他說出了大家的心裡話。接著，大家紛紛要求大樑分配任務。

趙大樑就和大夥兒商量著，把在座的二十來個人分成三路，一部分人去做宣傳工作，向全廠工人宣傳當前的革命形勢和面臨的戰鬥任務，做到把全廠工人鼓動起來投入戰鬥；一部分人去聯繫搶修“戰鬥號”的材料，爭取各方支持，做到兵馬未動糧草先行。第三路是派兩個同志到港監去，瞭解一下外輪究竟壞了什麼部件，是否必須進塢修理，做到情況明。很快，各抒己見，自願結合，形成三路兵馬出發了。

鐵軍見原來被自己關在屋子裡的二十來個人，都分赴戰鬥崗位去了，心裡邊癢癢的，猛回頭對大樑要求：“我的任務！”

趙大樑估計到戰友會問出這一句話來，果斷地說：“我們倆馬上找浦笑風去，來個火線偵察，怎麼樣！”

鐵軍滿意地點點頭。

雖然是寒風凜冽的雪夜，海濱船廠裡卻是熱浪滾滾。掛在大道兩旁的高音喇叭，正在播送宣傳稿；拖著鋼板的車子，朝船臺方向駛去。一群又一群的人，有的在刷大標語，有的小跑步奔過。這一切交織成一股熱烘烘的戰鬥氣息。趙大樑和鐵軍兩人，沿著大道到廠長室去。

他們倆都是大躍進年代進的廠，個子相仿，年齡相同，一個是裝配班長，一個是電焊班長。不同的是趙大樑已是光榮的共產黨員了。鐵軍再魯莽，再莽撞，對趙大樑卻是有特殊的感情。這感情裡飽含著敬佩和信服，這是因為他從趙大樑身上看到了一個共產黨員的優秀品格和戰鬥風度。記得運動剛開始時，趙大樑在全廠貼出第一張揭露浦笑風大搞修正主義罪行的大字報後，浦笑風驚慌萬分，暗地裡蒙蔽少數群眾，把趙大樑整整圍攻了一天一夜。那天，鐵軍剛好外出回廠，得到消息馬上組織了一支精強的人馬去解圍，可是大樑在火柴盒裡塞了一張紙條丟給鐵軍，紙條上寫道："這樣搞不正中了浦笑風挑動群眾鬥群眾的詭計嗎？鐵軍，不用管我，把人帶回去，堅守崗位要緊！"當時，鐵軍還以為大樑不敢鬥哩，可是在後來的鬥爭中，鐵軍深深感到大樑對浦笑風之流的一小撮走資派是多麼的勇敢堅決！打這以後，鐵軍見到一些受過浦笑風蒙蔽的人總是"橫點頭"，有時動起火來，還要寫他們的大字報，卻被大樑阻止了。而大樑呢，卻經常與這些同志促膝談心到深更半夜，說也怪，後來，這些圍攻過他的人，紛紛反戈一擊，一個一個成了革命生產上的勇猛戰士了。因此，鐵軍從內心裡表示要向大樑學習，行動上也努力做了，但常常感到學得還不好，學得還不像。

　　兩人走了一陣，趙大樑用肩膀捅捅鐵軍，問："你在想什麼？"

　　鐵軍神情嚴肅地說："我在想什麼時候才能把浦笑風徹底打倒！"

　　趙大樑笑了，說："總有那麼一天，而且不會太遠了！"

　　鐵軍著急問："大樑你快說，哪一天？"好像只要趙大樑宣佈個日子，這一天就會到來了。

　　趙大樑還是笑，笑得更痛快了，好一陣才說："這一天啊，當我們全廠工人緊密地團結起來，一小撮走資派陷於徹底孤立的時候，這一天就到了！"

　　鐵軍陷入了沉思。又走了一段路，他問："那麼像李金龍這樣的人，我們也要同他講團結嗎？"

　　"要啊！你還不瞭解他嗎？"

　　李金龍是廠裡出名的人物。文化大革命之前，他在廠裡提過不少改革造船、修船工藝的合理化建議，但大都未被採用。文化大革命開始了，雖然他什麼組織也不參加，可對修正主義路線那

套 "管、卡、壓" 制度衝擊很有力。一天,廠佈告欄上,浦笑風突然以廠長室名義寫的一張佈告,宣佈決定補發給李金龍合理化建議的獎金五百元。佈告一貼出,轟動了全廠。有的說李金龍沒有去領,有的說,這錢就是不該拿,這錢燙手的,浦笑風想用這來封住人們的嘴巴,分裂我們工人階級隊伍。但也有不少人認為,李金龍肯定是領了錢,否則不會貼佈告,而況李金龍為啥始終不站出來闢謠?鐵軍就是這麼想的。

趙大樑見鐵軍沒回答,又問:"聽說李金龍並沒有去領錢?"

鐵軍沒好氣地說:"哼,可也沒聽說他不要。"

趙大樑問:"你看李金龍真會要這筆錢?"

鐵軍說:"不管怎麼樣,反正他態度不明朗!"

趙大樑問:"那還需我們做工作嘛!"

鐵軍說:"做工作?對這種人磨嘴皮頂啥用,反正我們不靠他!"

趙大樑若有所思的說:"不!鐵軍,這是我們的革命責任!"

兩個戰友邊談邊走,已走近了廠部的辦公大樓。突然見彈簧門的把手一閃,打斷了他們的說話。有個人從門裡走了出來,沒走大道,也沒走小路,卻朝一座尾柱胎架走,那邊是樹林子,繞道可以出廠門。趙大樑警覺地說:"這個人的影子倒像蘇久貴!"

對於蘇久貴,趙大樑和鐵軍兩人都是瞭解他的,廠裡有些老工人在回憶對比時,還帶到這個名字。解放前,他在船廠裡做過包工頭,歷史上有過一段剝削經歷。這個人技術上有一套,特別是見風使舵的本領出色,被浦笑風看中,一手提拔他當調度室主。他對浦笑風感激不盡,文化大革命開始後,對自己的一段歷史心懷鬼胎,因此處處保著廠長,唯恐倒了靠山。趙大樑早已注意到他,打算找他單獨談談,做一點促轉化的工作,可總排不上隊。

有許多更重要的事要辦啊！這次修船同蘇久貴直接有關了，看來該是排上隊的時候了。

鐵軍對蘇久貴這樣的人不放在眼裡，覺得這種人是廠長浦笑風的傳聲筒，他同廠長搞得火熱也不值得大驚小怪的了。

兩人走進廠長室，蜷縮在沙發上的浦笑風猛地嚇了一跳，像“煨灶貓”挨著一棍似的跳了起來。

幾分鐘之前，他同蘇久貴熄燈密談了一陣。這些天來，廠裡的革命的烈火越燒越旺，這實在使得浦笑風如坐在針氈上，心頭真是煙薰火燎般地難受啊！可以說每分鐘都在打主意如何將這革命烈火撲滅掉，可老想不出什麼如意的奸計，這回聽說有艘外輪要來廠搶修，心裡狠狠地盤算著：這倒是一個機會，只要千方百計把外輪搶修任務拒絕掉，這樣不是更有理由說革命影響了生產，回頭瞧你們這文化大革命如何搞下去！因此，他急忙打電話叫蘇久貴來策劃新的陰謀。

浦笑風憂愁地問蘇久貴：“那個李金龍獎金拿了沒有？”

蘇久貴說：“本人沒來領，我叫人送去了。”

浦笑風命令似地說：“你一定要設法把獎金塞到李金龍口袋裡，拉住一個，可影響一批。變電所、冷泵間有一幫子人跟著他，這樣站在我們一邊的可多一些，我看趙大樑怎麼叫電焊龍頭開花，鉚鏗槍唱歌！把已經進塢的‘戰鬥號’，死死卡在塢裡，這是第一步！”浦笑風歎了口氣說：“我還擔心那個油漆班，這個班裡能人多，都是些一頂幾的角色，最好把這批人也調開，到哪裡去？問題是到哪裡去！不能名不正言不順啊！”

屋子裡沉默了一陣，連煙也不敢抽。突然，浦笑風興奮起來了，說：“叫油漆工上船臺，船臺上不是有條油輪嗎？叫他們上去！得用個有號召力的口號，叫‘突擊’吧，久貴啊，工人最愛聽這兩個字，‘突擊’，‘突擊’，對他們最有吸引力！”

蘇久貴塞著鼻子說：“要是他們真的突擊起來怎麼辦？”

浦笑風馬上說：“你呀，聰明一世，懵懂一時，眼前最要緊的是不讓上船塢，少一個好一個！”浦笑風像是咬著牙在說話，音調也變了：“只要把‘戰鬥號’拖延幾天，外輪進不來，外國人一造輿論，我們就好說話！久貴，你也得小心啊，你是有過剝削經歷的人！不過，只要我不倒，你當然……”

這幾句話蘇久貴聽了很不滿意。這是有原因的。蘇久貴心想：聽口氣，好像還是你保著我？哼，一九五七年整風反右時，你浦笑風寫過一份向黨進攻的發言稿，後來沒敢出來，這件事我蘇久貴是知道的，還不是我蘇久貴保著你？再說，自運動以來，蘇久貴也細心觀察著大樑，發現大樑對自己與浦笑風並不是等量齊觀，是有所區分的。所以近些日子來，蘇久貴也想接近大樑，有時走路明明可以不朝這兒走，也偏故意從大樑跟前擦過。

在黑暗的屋子裡，浦笑風看不清蘇久貴臉色的變化，沒等他說話，塞過一樣東西，一張紙條，說：“你到電報局去跑一趟，把這個電報發出去！”

剛才趙大樑、鐵軍看到的那個人影，正是蘇久貴，他是奉浦笑風的旨意去發電報了。

浦笑風剛扭亮電燈，點起一枝煙，想定一定神，卻見趙大樑、鐵軍闖了進來，一陣慌亂，不知所措。憑他的經驗，覺得虛偽的客套對眼面前的這兩個硬漢是毫無用處的，支支吾吾地說：“趙大樑同志，我正想找你們去……”

趙大樑隨手拉過兩條凳子，叫鐵軍一起坐下，神色並沒有異常的變化，就這樣面對面地坐在浦笑風面前，只是兩道灼灼逼人的目光，盯著浦笑風，笑了兩聲說：“好啊，我們找上門不是更好嗎？”接著，單刀直入地問：“有艘外輪要求我廠搶修，有這件事吧！”

浦笑風心頭噗地愣住了：“他們怎麼會知道得這樣快？”轉念一想，現在造反派消息是很靈通的，包是包不住的。原先，他不知道趙大樑的來意，見後面還跟著個鐵軍，以爲又要叫他向工人們去低頭認罪了。現在一聽是爲外輪的事，心裡更是緊張，會不會蘇久貴出了毛病，那份電報稿到了趙大樑手裡？他裝著殷勤，連聲答道："對對，我就是爲這事要找你們二位商量哩！"

趙大樑默然地坐著，不接話頭。鐵軍見大樑不響，剛張嘴又閉上了。這更使浦笑風捉摸不定。他抬了抬滑下來的眼鏡，歎道："真爲難啊！讓外輪進來吧，塢裡這艘'戰鬥號'一時也出不了塢，工人們積極性高，船一進塢就割下了船殼鋼板，等著換新的，就是用漿糊來糊也來不及啊！"

趙大樑用手指在桌上彈了兩下，冷峻地問："你的意思……是外輪搶修任務不能接受囉？"

浦笑風的腦袋似點非點地晃動了一下，似乎很誠懇地說："過去我沒注意抓革命，生產抓得太緊了，這個我有錯誤，我願意低頭認罪，"說著，真的把頭低了下來。

趙大樑輕蔑地看了浦笑風一眼，說："你想得可真周到！以前你是用生產來壓革命，現在倒了過來，又拿革命來壓生產了！對你老實說，你啊，不是爲革命，也不是爲生產，而是破壞革命，破壞生產，死抱住那條修正主義路線！"

被趙大樑這麼一點，浦笑風吃慌了，猛地一抬頭，忙說："如果同意外輪進來，那戰鬥號'至少要一個星期才可出塢啊！"好像這是浦笑風手裡的一張王牌，打出去可以壓倒一切。

站在一旁的鐵軍伸出三個手指："只要三天時間，我們就叫'戰鬥號'出塢！"

趙大樑指出：外輪滿載著貨物，進塢搶修先要卸貨，等它把貨卸完，我們的"戰鬥號"就可修好出塢了，時間正好銜接上。浦笑風聽得口瞪目呆，無話可說，嘴裡含糊不清地說："那……那……"

臨走時，大樑又補充一句："浦笑風，你得認清形勢，轉變立場，悔過自新，倘若一意孤行，到頭來只能是自搬石頭自壓腳！"

離開廠長室後，趙大樑同鐵軍分了手，找李金龍去了。

天微亮，雪停了。

趙大樑跑了好幾個工段，就是找不著李金龍。在油漆工段裡趙大樑碰到了李金龍的師傅老張頭，趙大樑就向他打聽："老張師傅，金龍呢？"

老張頭放下正在擺弄的油漆噴槍頭子，說："他？嘿！……"沒說下去。

趙大樑挨著他身子坐下來，說："我想親自找他聊聊，浦笑風這佈告一出，不少人謠傳金龍拿錢了。……"

老張頭搖了搖頭，回答說："這我知道，錢沒拿。不過，態度也不明朗，說什麼這也算是浦笑風想悔改的表現嘛，被我狠狠批評了一頓，這幾天老躲著我，不知到哪裡去了。大樑，你還聽到點啥啊？放心我老張頭吧！我是他的師傅，可不包庇他！"

趙大樑眼眶一熱說："老張師傅，我可對你放心哩。"

說著趙大樑一邊幫老張頭裝噴槍頭子，一邊繼續說："很清楚，浦笑風補發獎金是個陰謀，目的是想擾亂人心，分裂我們工人階級隊伍內部的團結，使革命抓不起來，生產促不上去，我們一定要揭穿他的陰謀！最有力的揭露還需金龍自己的革命行動啊！"

老張頭重重地點點頭，堅定地說："對，大樑，你說出了我的心裡話，我一定把金龍找回來！"

正在這時，到港監去的兩個工人回來了，他們告訴趙大樑，那艘外輪是壞了海底閥。其中一個說："修海底閥就必須進船塢啊！"

在一旁聽著的老張頭接上說："從前我聽金龍說過，他提過對海底閥修理的工藝改革方案，可以不進船塢搶修。"

趙大樑高興地說：“要是能不進塢搶修海底閥，真太好了！這不僅是工藝上一個大改革，在目前來說，對搶修外輪也是一個方便，可以節省他們卸貨裝貨的時間了！”

可是老張頭講不清怎麼個修法。趙大樑要他轉告李金龍：“從前被廠裡一小撮走資派壓制的改革方案，今天在毛主席的革命路線指引下，我們自己來實現，全廠職工一起來投入這場戰鬥！”接著，他還講了搶修兩條船的政治意義。

老張頭滿有把握地說：“我相信金龍會來的！”

趙大樑緊緊地握著這個老人的手，他是多麼瞭解我們年輕一代啊！

趙大樑離開油漆班，朝船塢走去。在晨曦中，只見高架吊車下面蜂擁著一堆人。他趕緊奔過去，見兩個穿綠色服裝的郵電工人，指著蘇久貴說：“就是他！這份電報是他跑來發的！”

鐵軍手裡拿著一張電報紙，同蘇久貴站個面對面，粗聲粗氣地責問：“蘇久貴，你老實交代，這是怎麼回事？”

人們見趙大樑來了，刷地靜了下來，目光一下子都投到他的臉上。沒等趙大樑開口，鐵軍把手裡的電報稿遞給他。趙大樑一瞧，上面寫著：

由於目前革命緊張，本廠無力接受貴船修理任務。

海濱造船廠　廠長室

電報局造反派告訴大樑，昨天半夜，值班員發覺這份電報有問題，未發出去。

趙大樑憤然地扯開衣襟，寬闊的胸膛似大海的波濤在洶湧起伏，眼裡迸出了憤怒的火星，重重地吐出兩個字：“無恥！”

工人們憤慨極了，強烈責問蘇久貴，要他老實交代。

大樑走到蘇久貴面前，平了平氣說：“蘇久貴，這電報是你發的嗎？”

蘇久貴瞧了大樑一眼，又看看四周一張張憤怒的臉，結結巴巴地說："是廠長……親手……起的草稿……"

這時，鐵軍領頭高呼："打倒浦笑風！"

場地上人越來越多，一圈一圈地擴大，一層一層地加厚。上早班的工人有的夾著面罩，有的背著工具筒，紛紛朝這兒湧來。

大樑揚著手裡的電報稿，大聲地說："同志們，這是浦笑風的新陰謀！他不幹了，咱們怎麼辦？"

大樑話音剛落，一個工人蹦出來說："他不幹，咱們幹！"

"對！"幾乎是所有在場人的共同回答。

那工人繼續說："浦笑風一不會燒電焊，二不會敲鉚頭，這造船修船，還不全是咱們工人幹的？"說著敲敲肩膀，"咱們有這副鐵肩膀，任憑多重的擔子，咱挑得起！"

人群中突然爆發出一陣激動的掌聲。

"好，說得好！"大樑接著那工人的話，高昂地說，又指指手裡的那份電報稿，繼續道："現在問題很清楚，浦笑風不僅想破壞一條'戰鬥號'、一條外輪的搶修任務，他向外國人發這份電報，矛頭不是直接指向文化大革命嗎？同志們，目前鬥爭十分複雜，在這種情況下，我們更要保持清醒頭腦，我建議大家一起來學習一下毛主席對文化大革命的最新指示。"於是，從口袋裡掏出本子，傳達了毛主席的最新指示，以及昨天公司會議的精神，啓發大家學習、議論、領會。

大樑雖一個通宵沒合眼，但並沒感到吃力。在一九五八年大躍進的年代裡，他連幹兩三個通宵也不在乎。自從文化大革命以來，他同工人們一起，學檔，寫批判，幾乎天天戰鬥到半夜，第二天照樣精神飽滿地幹活。此刻，他與戰友們一遍又一遍學習毛主席指示，渾身添了勁頭。他深深感到：是親愛的黨，是偉大領袖毛主席親自指揮著我們的戰鬥啊！他興奮地瞧著周圍那麼多工人群眾，內心無比激動：這就是我們工人階級團結的力量啊！

昨天晚上，趙大樑派出一路宣傳隊，出色地完成了任務，全廠工人都知道搶修"戰鬥號"，搶修外輪的意義了，各工段紛紛派人來支援搶修。大樑見四周圍滿的人至少有二三百，差不多各工種的人都有了，興奮地說："同志們，到調度室去！分配任務！"

工人們自然地排成一支隊伍，鐵軍帶領著唱起了《國際歌》："……是誰創造了人類世界？是我們勞動群眾。……"

雄壯的歌聲猶如滾滾春雷，激蕩在船廠上空。

四

蘇久貴也是一夜沒合眼。上半夜，廠長浦笑風找他談了幾個鐘頭。下半夜，趕到電報局去發電報。現在天剛亮，電報已被革命造反派攔住了，浦笑風策劃的那些計謀，眼看都得破產。他覺得雙腿發酸，一點支撐的力氣都沒有了，昏昏沉沉地倒在調度室裡打瞌睡。

突然，趙大樑帶著一群人闖了進來，把個不大的調度室擠得滿滿的。大家看了一眼瞌睡懵懂的蘇久貴，誰也沒去理會他。只等著趙大樑說話。蘇久貴見那麼多人湧了進來，以為是找他算賬來了，又驚又怕，想站起來，又感到沒人理他，一副尷尬的樣子。

趙大樑開口了："唔，我們把任務安排一下！小方師傅！"

"有！"隨著應聲，一個虎頭虎腦的青年工人站起來。

"你這個車隊是多裝快跑聞名的，"趙大樑說，"運輸船殼鋼板的任務交給你們啦！"

"保證完成任務！"

青年工人大手一招，"跟我走！"有一幫人從各個位置上同時站了起來，擠了出去。

趙大樑的眼光停在視窗了，那裡坐著幾個夾電焊面罩的老工人，他說："魏師傅，C行傍板最後幾條縫讓你們去燒，這可是你們拿手的啊！"

那個被稱作魏師傅的老工人頭一抬："大樑，你放心，包給我們！"

這時蘇久貴的心稍微定了一點，原來趙大樑在調度指揮搶修"戰鬥號"。看著，聽著，覺得趙大樑對工人們是多麼熟悉啊！自己這個當了多年的調度主任，在調度指揮時從來沒這樣得心應手的，有的倒是因為調度不當而磨嘴扯皮，因為情況不明而討價還價！他暗暗佩服趙大樑，暗暗佩服革命造反派！

"喂，老楊師傅！"又是趙大樑歡樂的聲音："你是火工出身吧？'戰鬥號'三·一部位有塊地方要校正，你吃了！"

"一句話，我吃了！"

熱情的語言，風趣的氣氛，一次又一次地打斷蘇久貴的沉思。調度室裡從來沒有像今天這樣活躍過，有人請戰，有人提問，有人建議，有人報告著什麼消息……

有個老工人扒開人們，擠到趙大樑面前有話要說，這是廠裡出名的"五十年代突擊隊員"，如今是這裡年紀最大的一個了。

"大樑，油漆工還沒來，這可是緊要的事啊！船殼鋼板換掉了，不馬上油漆，可要耽誤出塢下水。我們是搞突擊，就得要突擊的幹法，邊裝配邊油漆！"

有人站起來說："聽說油漆班都到船臺上去了，浦笑風說要抓緊油輪提前下水。"

蘇久貴暗暗吃驚：不錯，浦笑風是說過這個話的，還是他蘇久貴傳達下去的呢！其實，船臺上根本還不到油漆工上場的時候哩！他動了動，想站起來說話，可眼光一接觸鐵軍那威武的神氣，他又不敢了。

趙大樑說："同志們，浦笑風本來對造油輪不感興趣，現在忽然關心起來了，昨天，我到船臺上去過，那邊要用油漆工，還得等兩三天！"

“浦笑風存心把人弄走！”

蘇久貴心裡說：“哼，浦笑風的用心比這還毒哩！”

要是在昨天晚上，鐵軍準會說：“不去管他，我們自己上！”現在經過一夜的鍛鍊，學習了毛主席最新指示，他懂了團結兩個百分之九十五的重要，因爲只有這樣，才能使一小撮走資派徹底孤立，低頭認罪啊！

趙大樑也看出了戰友的心情，問道：“鐵軍，你看怎麼辦？”

鐵軍想了想說：“我帶個宣傳隊，到油漆班去做宣傳！”

突然，門口有人接話：“我們來啦！”

人們的眼光全部集中到了門口。趙大樑一瞧，不覺叫出聲來：“李金龍！”

屋子裡頓時一陣寂靜，可人們心裡卻驚奇地說著：“李金龍！”

趙大樑心裡一陣熱，一直熱到眼眶裡，粗粗壯壯的一個漢子，這時卻變得姑娘一般。他一步一步從人縫裡擠過去，老遠伸出雙手，緊緊抓住李金龍伸過來的兩條胳膊，細聲細語地說：“金龍師傅，你來了！”

看得出，這會兒，李金龍比趙大樑更激動，他像喝過了酒一樣，耳根子都紅了，說話的聲音有點發顫：“大樑，我沒有看透……差點上了浦笑風的當，我……落後了。從今天起，一定和大家並肩戰鬥，請同志們信任我吧。”

趙大樑熱情地說：“好啊！歡迎你一起投入搶修戰鬥，這可是一場政治仗！”

鐵軍爲李金龍的到來鼓掌，掌聲蓋過了一切。在掌聲裡，李金龍請求道：“大樑，你給我們任務！”

掌聲剛停，有人招呼趙大樑接電話。電話是港監來的，說接到海濱船廠通知，要外輪立即進港，現在外輪已經起錨了，希望海濱船廠馬上做好接船準備！

消息傳出，好似油鍋裡撒鹽，炸開了。

趙大樑靜聽著大家的議論。

蘇久貴暗吃一驚，現在他被革命造反派的行動所教育，憎惡地咒罵浦笑風："辣手，太辣手了！"他忽地站起來，鼓著勇氣問："我能說兩句嗎？"

鐵軍朝他眼珠一彈，大樑朝他點了點頭："說吧！可以將功贖罪。"

蘇久貴說："工人同志們，這是浦笑風的新陰謀，他知道電報未發出去，就乘'戰鬥號'還在船塢，把外輪放進來，造成出不能出、進不能進的局面，使革命造反派被動，他可以倒打一耙呀！"說完坐了下去。

趙大樑記起了昨天油漆班老張師傅說的話：李金龍曾經提出過不進塢修海底閥的改革方案。他的眼光剛接觸到李金龍，李金龍會意地開口了。

"大樑，剛才我們商量過了，根據你的意見，為了方便外輪，節省他們卸貨裝貨的時間，我們來個'海上修海底閥'！"

趙大樑說："金龍師傅，有把握嗎？這不是一次普通的搶修任務，而是一場兩個階級、兩條路線的搏鬥啊！"

李金龍眼睛一亮說："有把握，我們試驗過多次了，絕不打無準備之仗，一定要打勝！一定能打勝！"

"好！"趙大樑下個決心說："金龍師傅，你先作準備，我跟你一起上外輪！"

人們都散去了，調度室裡剩下趙大樑、鐵軍和蘇久貴三個人。

蘇久貴的睡意好像被風浪衝走了，他走到大樑和鐵軍面前，說，"我，我要低頭認罪，我要揭發浦笑風的一切罪行和陰謀！"

鐵軍深情地望著大樑，突然明白了許多道理。在大樑身上，他看到了一個共產黨員團結大多數的廣闊胸懷，眼前彷彿展現出一幅氣勢磅礴、光輝燦爛的畫卷：我們無產階級的浩蕩的革命大軍，正在進行著人類歷史上最偉大最徹底的革命……

趙大樑真誠地說：“蘇久貴，你要認清形勢，歡迎你站到毛主席革命路線一邊來！”

蘇久貴感動了，他的兩隻手一會兒插進褲袋，一會兒又伸了出來，沒處放啦。忽然，他想起什麼，認真地說：“大樑，鐵軍，你們也分配點任務給我吧！隨便什麼任務。”

趙大樑和鐵軍交換了個眼色，對蘇久貴說：“好，交給你一個任務：測量潮水水位，管好塢閘水泵，準備‘戰鬥號’明天出塢！”

蘇久貴努力學習著剛才許多造反派戰士接受任務時的姿態，挺了挺胸回答說：“保證完成！”樂樂地走了出去。

趙大樑又同鐵軍分了下工，分頭走了。

五

海面上，一艘交通艇劈風斬浪地向東疾駛著。趙大樑挺立在船頭，敞開的工作服在風裡有力地“啪啪”扇動著，朔風拂動他松針般的濃髮，兩隻明亮的眼睛，注視著前方。在他身旁站著李金龍。

眨眼間，在中國領港船後面，那艘外輪的船身出現了。

交通艇加速迎上去，靠近領港船時，趙大樑一個虎躍，跳上領港船，把不進塢修海底閥的事告訴了港監同志，通知外輪就近打好了浮筒。

那位外輪船長聽說採用不進塢修海底閥，可以不必卸貨裝貨，節省好幾天時間，他有點似信非信。

趙大樑同幾個工人扛著一捆麻繩裹著的東西，穩步地踏著舷梯上了外輪。他動作迅速地在甲板上打開李金龍準備好的那捆東西：一塊四方型的塗膠大帆布，四隻角各繫著一根繩頭，形狀像只大口罩。大樑把它拖到船的左側,看準海底閥的方位,把其中兩根繩頭牢牢地縛在船舷角鋼上,把另外兩根繩頭拋給交通艇上的李金龍,噗通一聲,把"大口罩"丟入江裡。交通艇牽著兩根繩頭,從外輪的左側繞到了右側,把繩頭遞給趙大樑,裏在兩架起重機上。趙大樑舉起雙臂,"呼"地朝下一落,兩架起重機呼隆呼隆吼叫起來,四根繩頭也漸漸越繃越緊。

"打開海底閥!"隨著趙大樑洪亮的聲音,幾個工人跑下艙去,打開海底閥一瞧,"大口罩"正好套住閥口,江裡的水一點也湧不進艙。大家乒乒乓乓地幹了起來⋯⋯

海底閥修好了,驗收的外輪船長伸出拇指,滿意地說:"中國工人了不起!"他停了停又說:"中國文化大革命好!"

趙大樑回到船塢碼頭,岸上人聲鼎沸,廣播裡傳來了振奮人心的喜訊,黨中央毛主席給上海無產階級革命派發賀電啦:"你們⋯⋯把無產階級專政的命運,把無產階級文化大革命的命運,把社會主義經濟的命運,緊緊掌握在自己的手裡⋯⋯"人們靜聽著,眼眶裡噙滿了激動的淚花。

"無產階級文化大革命勝利萬歲!"

"毛主席萬歲,萬萬歲!"

一陣陣排山倒海的口號聲,久久地激盪在海濱上空。趙大樑揮著大手說:"這是黨中央毛主席的聲音!這是黨中央毛主席的偉大號召!我們要堅決執行!同志們,戰友們,讓我們緊緊團結在黨中央毛主席周圍,沿著毛主席的革命路線乘勝前進!"

整個海濱沸騰了!紅旗招展,鑼鼓喧天,汽笛長鳴。海濱臨近的大廈上,一張張鮮紅的"號外",雪片似地飄落著⋯⋯

(原載《朝霞》1974 年第 10 期)

花　開　燦　爛

王　小　鷹

今天，我們搪瓷廠的電子噴花機試製成功了。

噴花車間的工人們圍著機器口，笑啊跳啊，我望著瓷盆上那朵鮮豔明麗的紅花，甜滋滋地想：噴花工人的願望終於實現了。

不知誰叫了聲：「向黨委報喜去！」大夥捧著用電子噴花機噴出來的臉盆，朝車間外擁去。忽然，迎面過來了一群人：有各車間的，有廠黨委的，還有挎著照相機的記者呢。他們老遠就叫開啦：「噴花車間的革新闖將們，向你們取經來了！」

有人指著我說：「喏，她就是阿拉自家的電子專家。」於是人們呼地把我包圍了，而且還熱情地鼓起掌來，鬧得我臉一直紅到耳後根，在這節骨眼上倒不知說啥好了。憋了半天才憋出一句話：「我是一個普通的噴花女工呀！」

「對，是一個社會主義新型的噴花工人！」身材魁梧的老鄭師傅在一旁說話了，他拍拍我的肩膀說：「小蓉子，你就從那只噴槍頭談起嘛！」

經老鄭師傅這麼一提，好像江水漲潮一般，我心中倏地湧起許許多多的事情，要說，要講。「對，到機器旁去！」我蹔轉身，帶著大夥朝車間裡跑去。

雖然還是在臘月裡，可一踏進咱們的噴花車間，一股濃郁的春天氣息就熱烘烘地貼在你臉上，撞在你心口上了。瞧，橫亙整個車間的大標語：「批林批孔促大幹，學習大慶多貢獻！」宛如凌空的彩虹。彩虹下是一個鮮花的海洋 — 成千上萬只白瓷臉盆從噴花工人面前魚貫而過,頓時五彩繽紛的花朵便開滿了盆底,彷彿使人聞到一陣陣馥郁的花香呢。我真愛咱們的車間,在這裡,我就像春芽大口吸飲著雨露養料,感到渾身有使不完的勁。

在這佈滿花團錦簇的車間裡,矗立著我們的噴花機,看見了嗎?它那欣欣向榮的淺綠色身軀,多像百花叢中一株青松啊。在燦爛的朝霞輝映中,大夥仰起臉欣賞、讚美著它:喝,多神氣吶,多麼亮閃的自動噴槍頭,一隻、二隻、三隻……七隻、八隻,怎麼,這一隻噴槍頭與眾不同呢,外表蒙上了一層暗紅,顯得有些陳舊。

對呀,我要向大夥兒說的,正是這只噴槍頭。在我眼裡,它顯得那麼耀眼鮮亮,如一團火灼灼地燃燒。啊,它凝聚了階級的愛和恨哪!像瀑布傾瀉下陡峭的崖石,心中的話,嘩啦啦地湧了出來……

同志們,在解放前,人們都說噴花工是短命工。那時的車間就像口活棺材,暗黝黝,濕漉漉,瓷粉像霧一樣地彌漫著。噴花工吸進去一口口的灰,吐出來一灘灘的血!我爸爸媽媽都是噴花工人,在瓷粉裡鑽了十幾年,染白了頭髮,得上了矽肺病。

那年,我爸爸橫下心要改製噴槍頭,不讓瓷粉再溢出來損害工人健康。有一次,他暗暗地拆開了一隻壞噴槍,捉摸著裡面的奧妙。卻不料背後伸出一隻手奪了過去:"喝瓷粉的坯子,還想學造噴槍?!"緊接著槍頭朝爸爸頭上猛砸下來……不打碎那萬惡的舊社會,咱噴花工就要世世代代喝瓷粉啊!從此爸爸藏起了這只染著鮮血的噴槍頭,把仇恨刻在心坎上,參加了罷工鬥爭……

解放後,咱們搪瓷廠一天天在變化,喝瓷粉的坯子搬進了裝有通風吸塵器的新車間,爸爸多高興哪,一頭花白的頭髮竟然返黑了。可是,手工笨重的噴槍卻一直像影子般跟著噴花工人。爸爸說:"不行,我雖老了,還得為噴花工的接班人著想。"於是,他提出要造自動噴花機。然而，廠裡有個工程師卻不同意，說：「你這老頭，不要熱昏頭。噴花能自動，世界上也要算新聞。噴花是藝術，你懂哦？」老工人的心願啊，沒有實現。

在我進廠的那天，退休了的爸爸在箱子裡摸呀摸的，找出了這只噴槍頭，把它鄭重地塞進我手心：「小蓉子，莫忘記噴花工多少年的願望。你是無產階級文化大革命後的第一代新工人，可要把改造舊噴槍的任務擔起來啊！」就這樣，我接過老一輩噴花工人這噴槍頭進了搪瓷廠。

進廠頭一天，老鄭師傅領我進車間。我二話沒說，先把這噴槍頭遞了過去。老鄭師傅緊緊地捏住它，眼睛都濕潤了，他輕聲說：「老夥計，你還沒忘記咱噴花工共同的心願啊！」

我著急地說：「老鄭師傅，爸爸臨走時跟我千叮萬囑呀！咱們快幹吧！」

老鄭師傅拳頭一揮，說：「幹！咱們工人不僅敢於造修正主義路線的反，也有膽量闖一闖電子科學技術的門！」

老鄭師傅領著我，嚕嚕嚕地走到車間後面的一間小屋前，他嘶啦一下撕去了貼在門上的封條，咚地把門撞開了。只見在灰濛濛的屋子裡放著一台灰漆塗抹的機器，也許很長時間沒使用了，上面蓋滿灰塵蜘蛛網，看上去顯得齷齪不堪。我很奇怪，好端端一台機器為啥不拿去用，卻封在這屋子裡？

老鄭師傅緊皺雙眉，一拳敲在機器上：「這機器根本不能用。那些資產階級權威、修正主義的老爺欺騙我們工人！」

接著老鄭師傅敘述了事情的原由：

有個資本主義國家經濟代表團來參觀，在廠裡兜了一圈後，用手指彈了彈噴花工人噴好花的臉盆，頗帶傲慢的口氣說：「藝術上不錯，技術上落後。唔，繁笨的人海戰……」

在場的工人們聽了，怒火在胸中燒，壯志從心底起。中國的工人階級有志氣有決心，要在短期內趕上和超過世界先進水準。

大夥兒心往一處想，勁往一處使，打響了搪瓷行業技術改革的硬仗。

老鄭師傅又開始向手工噴槍進攻了。噴花工人們群策群力，你一筆，我一劃，描出一張自動噴花機的草圖。可是總有那麼些唱反調的人，圖紙送到生產科，有人說："你們說出話來都是外行，搞電子自動化，不像 1+1=2 那麼簡單。還是回去捏噴槍吧，耐心等著，會讓你們用機器的。"

隔不久，果然運來了這台灰色機器，據說是一個什麼電子專家根據國外噴花技術資料設計的。誰知按按電鈕，噴槍不聽指揮地亂動，根本不能噴花。廠裡有些人卻拿它當寶貝，說什麼在國外這種機器也正在研究中，把它吹得天花亂墜。

工人們氣憤地說："靠洋人是沒有出路的，搪瓷噴花要從手工操作中解放出來，還要靠我們工人自己！"大家憋著一鼓勁，想把樣機趕著造出來，這卻觸怒了那些資產階級的技術權威，他們暴跳如雷地說這是"瞎七搭八"，沒有科學根據。……

老鄭師傅雙手叉腰，踢踢那台灰色的洋機器對我說："小蓉子，我們造了修正主義路線的反，我們要造出自己的機器來！"

不久，廠裡建立了電子噴花機會戰組。那天晚上，天空繁星閃爍，工廠裡燈火璀璨。老鄭師傅找了塊木板，讓我用紅筆寫上"電子自動噴花機會戰組"，還一個勁地說："寫大些，粗些，清楚些。"然後，他親自把它掛在一間小屋門口。

鮮紅的牌子像前進的火炬，燃燒在車間，熾熱在大夥心頭，它像在告訴人們：噴花工人開始向電子技術的"禁門"進攻了，它是噴花工人的驕傲啊！

我們這些拿噴槍的女工，甩搪夾的鍍搪工，揮煤鍬的燒爐工……開始和那千絲萬縷的電子線路打交道了。困難當然不少，誰都不懂電子自動控制是啥回事，有人甚至看到二極體還以為是小爆杖呢。可這些都阻擋不了我們，邊幹邊學嘛。漸漸地，線路變得脈絡分明起來，各種元件的性能也變得有條理了。原來，電子技術並不是神秘的，不可逾越的，咱們工人完全能夠掌握它。

　　那些日子啊，大夥肚子裡都像是蘊了一盆火，幹啥也是熱騰騰的。操起鋼鋸鋸角鐵，呼呼呼銀屑飛濺處，角鐵像刀裁一樣。捏上電烙焊線頭，嘶嘶嘶，白煙消散時，焊縫如細針密縫。工作不分晝和夜，吃飯不分早、中、晚。有一次，我在排一塊線路，畫呀連呀，想呀比呀……老鄭師傅忽然拍拍我：「小蓉子，現在幾點啦！」我一抬頭，喲，窗外墨漆黑，就順口答道：「時間不早了，師傅你去睡吧。」「還去睡？都快天亮啦！你又幹了幾個通宵是不？」老鄭師傅假裝生氣地問。我一看，果然東方已出現魚肚白了，望望師傅，眼白佈滿血絲：「還說我呢？瞧你眼睛都熬成這樣，你也幹了幾個通宵是不？」咱倆都笑了。

　　樣機造出來了。試車那天，機器旁圍了好些人。我心中撲撲跳個不停，小心翼翼地撳下按鈕……可噴出的臉盆捧起來一看哪，心頓時涼了半截：怎麼？一朵花只噴出了一瓣花瓣？人群中有鼓勵，有希望，也有惋惜和懷疑。

　　老鄭師傅捧著臉盆卻笑瞇瞇地說：「不錯嘛。星星之火都能夠燎原，為啥一片花瓣不能發展成一叢花朵呢？」

　　我的心扉像捅開了一層窗戶紙一樣亮堂起來，不怕失敗，總結經驗再幹！

　　開完小結會，我經過生產科技術組的窗門，忽聽辦公室裡一個人說：「咱們廠搞噴花機真可算三起三落了，我看等到我孫子上廠裡做工，可能還見不著什麼自動噴花機。」

　　另一個人接著說：「哼，工人嘛，頭腦簡單，不是邏輯腦袋。他們要是想搞成功電子噴花機，我兜車間爬一圈！」

　　看，這種人資產階級世界觀多頑固，我氣得咣地一下推開窗，手按窗臺對著說話的人就放炮：「是誰創造世界你懂不懂？！」這時我心裡反而感到踏實，我深信我們的噴花機一定能成功。

那是個多麼難忘的一天。早晨，翻開報紙，啊，上面刊登了毛主席關於："從工人中培養技術人員"的偉大指示！我捧著它，看了又看，想了又想。毛主席呀，您的話說到我們工人心坎上了！我一口氣從家裡跑到工廠，不管三七二十一，闖進廠部生產科技術組的辦公室，把這張報紙端端正正地貼到牆壁中央……於是，我們廠的工人夜校也辦了起來，這是階級的委託，是毛主席對咱工人的關懷啊！

打這以後，咱們廠的技術隊伍像滾雪球似地迅速壯大，技術革命運動也如潮似浪地高漲，搪瓷行業擺脫繁笨手工操作，趕上和超過世界先進水準的大好春光已展現眼前。電子自動噴花機呢，經過多次的困難、失敗、總結、改進，終於成功啦！

人群中又熱烈地鼓起掌來，好久好久也不停。真叫我不好意思，我雙手往下揮了揮，大聲地說："同志們，你們可不要給我鼓掌，其實我一個人有什麼本領呢？大家想想，為啥我爸爸解放前不能改造噴槍？是因為他笨嗎？不，那是萬惡的舊社會剝奪了他的權力！為啥老鄭師傅先頭也不能搞成噴花機？是他心不切嗎？也不是，那是修正主義路線扼殺了工人群眾的智慧和才幹！今天，我們能造出電子自動噴花機，全靠毛主席的革命路線指方向哪。有了毛主席的革命路線，工人階級就能衝破資產階級的封鎖桎梏，掌握先進的電子技術，攀上科學高峰，闖出一條我國工業自己發展的道路來！"

這時候，太陽已經完全升起了，金光燦爛的霞光照在電子自動噴花機上，照在萬紫千紅的彩色臉盆上，照在工人們的臉上。老鄭師傅推了推我："小蓉子，快上機器，給大夥表演一下。"

我跳上操縱臺，興奮激動地按下了一顆紅閃閃的按鈕，機器飛轉，噴槍移動，緊接著，盛開鮮花的臉盆絡繹不絕地湧出來，花的海洋翻滾起層層波濤。

（原載《朝霞》1974 年第 10 期）

特殊合金鋼

劉 兆 林

一

　　紅日剛躍東天，我就急火火地向廠裡走去。廠裡的鋼，簡直就像木材廠的木頭：鋼柱、鋼條、鋼管、鋼錠，堆成山，垛成垛。就連那些鋼屑，也左一堆鋸末子，右一堆刨花子似的。看著它們，胸中越發像煉鋼爐似的了。我順手揀起一塊小鋼塊，不住地掂著，彷彿要把它放進灼熱的胸膛裡，一下子煉出特殊合金鋼來。其實，我是掂量著怎樣成立一個"三結合"實驗小組……

　　"教導員 —— 倪大姐！"一個熟悉的，但冷丁又來不及辨別的聲音衝進了我的耳朵。誰呢？回頭一看，半輪紅日透過裝卸鋼材的巨大天車架，把紅豔豔的霞光灑在一位穿藍工作服的女工身上。哎呀，那不是我日夜想念的小何嗎？我大步迎上去："小何，畢業啦？"

　　"嗯，是畢業啦！"她給我敬了個禮，忙又伸過雙手。呵，還鉗子似的有勁，把我的手都握疼了。她是昨天晚上到家的。剛下車就到車間幹了個夜班。我和她一塊走著，這會兒正是工人們陸陸續續上早班的時候。一路上，這個對我說："向廠裡建議一下，把小何分給我們車間！"那個向我講："跟領導說說，讓小何到我們車間來。"慢慢地，竟把她圍上了。

　　"別爭，也別搶，哪來回哪去！"一張礦石般紅褐的臉，應聲在人群中露出來。這是小何的師傅和入黨介紹人、五號電爐爐長呂鐵。他撥開眾人擠進來，扯過小何就是一陣端詳：“行，行啊！老倪，這可是我們五號爐的人，好不容易盼回來，別給弄飛嘍！”

“這話說得有理，我舉雙手支援！”人群裡又應聲露出一張白細的臉，緊接著，便是長年趴辦公桌趴得微微彎曲的上半截身子，是研究室的技術員孫山。沒等他把細高挑的身子擠進來，小何卻迎頭就是一句：“這話說得沒理，去哪兒得聽黨安排。”一下子，大家都愣了。呂師傅眉頭一皺，片刻，語氣變了：“我也同意。小何是工人階級的新一代大學生，哪兒需要就到哪兒去！依我看，孫山他們研究室更缺她！”

孫山一時竟結巴起來，支吾道：“這，這是領導的事，咱可管不著。”說完，故意看看錶，走了。呂師傅也看看錶：“金華，下了班到家去！”然後，也和大家一塊匆匆走了。

這幾句莫名其妙的話，我馬上明白了：大前年，北京一個大學來廠招生，正好我這個革委會辦公室主任管這事。選誰呢？許多人都想到了小何。她是剛納新的黨員，又是出色的煉鋼工人，有一股闖勁。不管黨組織交給她多困難的工作，出口就是一個字：“行！”也不管工人求她辦什麼事，只要她認為符合革命利益，出口也是一個字：“行！”所以，人們曾給她送個外號叫“小行師傅”。我把讓這位“小行師傅”上大學的事跟呂師傅一說，呂師傅一拍大腿：“我代表五號爐，舉四十雙手支持！”於是我就推薦了她。孫山聽說了，就找我提意見：“金華初中沒念完，煉鋼爐上又轉了三四年，學那點 ABC 早就當飯吃了，念大學簡直是鬧著玩！”他又推薦一個進廠不久的“老高三”，其實，就是張鐵生同志說的那種“大學迷”！我嚴厲地批評了他，他還不服氣。拿到工人中一討論，大夥都同意小何。他又說：“大學課程那麼難，我看她自己也不願意去。”我找來小何，當著孫山的面問："讓你上大學去，行嗎？"小何唪地就是一個字："行！"
我又故意說："大學課程可難學啦！"她把頭一揚："難怕啥，
工人上大學，是無產階級文化大革命中湧現的社會主義新生事
物，共產黨員就是要知難而上！"孫山氣得一扭身走了："那就
走著瞧吧！"……

　　"教導員，想啥呢？"小何的問話聲把我從沉思中喚醒。我
說："想著怎樣打勝一個硬仗！"

　　她眼睛一亮："什麼硬仗？""昨晚，上級把試製一種急用
援外特殊合金鋼的任務交給咱們廠，廠黨委叫我負責抓。"

　　她眉毛一揚："太好啦！""好是好，正愁呢！"

　　她眉頭一蹙："愁什麼？""愁缺人呀！全廠五分之二的工
人、幹部、技術人員和設備都抽去充實新廠建設了，尤其搞這類
鋼種設計的技術人員，只剩老田和孫山兩人，老田又在冶金部學
習，光一個孫山，我能不愁嗎？"

　　她眉頭一展："不用愁，有群眾呢！再說，我……""你？
剛畢業，能行嗎？"

　　她辮子一甩："行！我和孫山學的是一個專業，參加打這次
硬仗，和大夥一起幹，不就是最好的實習嗎？"

　　我反問了她一句："實習倒好，可你忘了？他在'走著瞧'
呢？"

　　她手一揮："我這樣做，既是從工作出發，也是讓他走著瞧
瞧！"

　　我又試探地問："那，你自己的意見，工作崗位定在哪呢？"

　　她頭一揚，十分嚴肅地望著我："我要永遠和工人師傅們在
一起。"語氣一轉，"但是，眼下的任務很緊，我要求暫時到研
究室孫山那個鋼組！"

　　我胸中嘩地衝起一股潮水。社會主義的新大學啊，你給我們
小何這隻虎安上了翅膀，使她不僅敢闖，而且敢飛啦！我一把攬

過她的手：“好小何，咱們就讓他走著瞧！”

二

　　“三結合”試驗小組當天下午就正式成立了：小何、呂師傅、孫山和我，我是組長。辦公室就設在孫山那個屋。我立即召開小組會，動員說：“這種援外特殊鋼，兩個月交貨。萬事開頭難，咱們先定定作戰方案吧！”說到這，我期待地望望大家。

　　孫山先說了：“任務嘛，是相當緊的啦！不過，有倪主任負責，又有金華參加，”說到金華，他把語氣放慢了，“金華是新型工人大學生，我很想從她身上學點東西。歡迎金華先說說！”

　　這個孫山，明明是“走著瞧”，他卻非說向人家學點東西。說起來，他這反面文章正面作的毛病也不是一天半天的啦。他念高中時，就和小何的叔伯姐姐訂了婚。可是一考上大學，又想把這門婚事蹬掉。要蹬就直說嘛，可他偏要編個花筐讓你鑽，說什麼“我是富裕中農家庭出身，和你配不上。”氣得小何直說姐姐：“這號人，一年土，兩年洋，三年不認爹和娘，不用他蹬，你早該蹬了！”雖因種種原因沒蹬成，小何也從未管他叫過半句姐夫。他當了研究室的技術員以後，把積累的每一點資料都鎖在自己的櫃子裡，明明是準備拿來當提拔工程師的資本，生怕別人看去，他卻偏說：“沒什麼價值，別浪費別人時間。”氣得小何說：“如果說他技術上有一套，那麼他的名利思想就可以說有兩套。”當然，文化大革命和批林批孔運動使他有了一些進步，但他世界觀的改造抓得不緊，一遇新問題，總自覺不自覺地犯老毛病。想到這，我不由得把目光從孫山身上移到呂師傅臉上，我倆又不約而同地把目光移向小何。小何沒推辭，也沒解釋，卻突然就是一炮：“那擋不住，歡不歡迎都要說！”然後盯住孫山，“我認為，首先，設計指導思想必須符合毛主席關於‘要打破洋框框，走中國自己工業發展的道路＇的方針。就是說，別像過去有些人，一搞就是爬行主義。我們要改變一下非用進口元素不可的做法，用我國富有的元素來設計。打個不恰當的比喻：炒菜，一般都用蔥花炸鍋。但是，沒有蔥花，大蒜也行嘛！當然，鋼的試製是非常複雜艱難的事，絕不會像炒菜那麼容易。＂

　　我和呂師傅放心地點了點頭，同時發現，孫山臉上掠過一絲掩飾不住的驚奇。他欠了欠身子：＂金華，你真不像工農兵大學生！＂為了不使人看出自己的驚訝，他趕忙把身子又仰回來，還沒坐穩，小何卻突然又是一炮：＂孫技術員，我為什麼不像工農兵大學生呢？＂

　　孫山鎮靜了一下語氣：＂因為你能掌握一些合金鋼的理論，並且還有一點自己的見解。＂

　　小何目光犀利地盯著孫山：＂那你是不是說，工農兵大學生就沒有什麼理論，有理論就不是工農兵大學生呢？＂

　　孫山立刻覺得自己說話欠妥，忙又欠了欠身子：＂啊，噢，不能這麼說，但 ── 是 ── ＂還沒等他把拉得長長的＂是＂字後面的話說出來，小何卻突然大笑起來，笑得孫山尷尬地眨了眨眼。在他眨眼的工夫，小何恢復了嚴肅：＂可我確確實實就是一個工農兵大學生啊！至於你為什麼說我不像，先不說這個吧，也請你談談設計指導思想！＂

　　孫山正式發言了。他故意把字咬得標準些，好像在這些小的方面，也不能像小何那樣，帶著濃重的家鄉口味：＂指導思想嘛，金華說了。她能談出一些理論上的東西，這很可喜；可是，如果光是談談倒沒什麼，要做出來，兩個月，這不可能。我和她同校、同系、同專業，但在研究室多於了十年，我也曾試著這樣搞過，可是三年都沒搞成！＂

　　小何噹啷又是一炮：＂路線不對頭，怎麼能搞成呢？＂孫山不耐煩地打斷小何的話：＂援外任務緊急，暫時還得採用進口元素設計，這麼辦，咱們有經驗，免得失敗。"

　　小何有點火，她接過孫山"免得失敗"四個字："按你的指導思想設計，即使成功了，也是失敗。因為高價進口合金元素，這等於伸著脖子讓人家卡。拿這樣卡出來的元素去設計援外鋼，我們怎麼能認為是勝利呢？"

　　孫山反駁道："現在是火燒眉毛，我們不能不分時機，不顧人力，不看條件地空談思想，空談勝利！"小何打斷了孫山的話，當當當地來了一陣排炮："對毛澤東思想就是要堅決照辦！如果說時機，現在批林批孔轟轟烈烈，時機大好嘛！如果說人力，領導重視，群眾支持，人力充足嘛！如果說設備，雖然支援新廠一部分，還是比文化大革命前好得多嘛！"

　　小何話音一落，呂師傅馬上站起來。立刻，桌邊像立起一尊塑像："我說說。"他瞪大細瞇的眼睛，先是慢慢地："要講元素理論，我說不出四五六來，可我懂思想。"頭兩句話，他還平靜，就像他煉鋼時控制爐溫一樣。隨後，他激動了，就像他喊著要提高爐溫那樣，"不管它什麼情況，我們工人總得按毛主席的思想煉鋼！拿讓人家卡脖子卡出來的元素煉援外鋼，那是什麼思想？按這個思想煉，我們心裡不好受！"他一揮手，"我支持金華的意見！"就坐下了。

　　我又緊接著說："用一點外國的東西也不是不可以，問題是立足點放在什麼地方，這是個路線問題！"

　　孫山連忙解釋說："我並不是說不要路線，我是覺得，恐怕有困難 —— "

　　小何接過"難"字："不是恐怕有困難，而是確實有困難！圖省事，那容易，照書本抄就行了。如果總是這樣抄下去，我們的鋼鐵事業怎樣去發展呢？毛主席關於'走中國自己工業發展的道路'的思想什麼時候去實行呢？"

　　孫山無可奈何地苦笑了一下："那好，那好，按你的辦！"

　　我立即表態說：“指導思想就按小何的意見定了。明天開始研究具體方案。大家好好準備一下，把所有智慧都拿出來，為──”還沒等說為什麼，孫山卻乘我咳嗽一下的工夫說：“倪主任，我愛人病了，得請幾天假。”

　　節骨眼上，缺角的戲這不是更難演了嗎？但一想，這又能難住我們嗎？“好吧！”我一揮手說，“我們一定煉出特殊合金鋼，為工人階級爭氣！”

三

　　孫山打太極拳似的來了這麼一手，小何肩上的擔子可就重了。一散會，我就叫住她：“還行嗎？”她毫不減硬地說：“行！死了張屠戶，照樣不吃混毛豬。咱們可以辦業餘‘鋼校’嘛，通過辦‘鋼校’把群眾發動起來，什麼辦法都有！”

　　呂師傅一聽要辦“鋼校”，樂得咧起了嘴：“好，這可對了我的心思！”她師徒倆這麼一說，別提我心裡多高興了，我說：“那咱們就商量一下‘鋼校’怎麼辦吧？”

　　小何攔住我：“教導員，孫山請假裡面有文章。我最瞭解他，他最不願和別人合作，尤其不願和工人合作。看方才那情況，不會是我大姐有病，一定是他想躲在家裡自己搞。把他這文章作完後再商量辦‘鋼校’的事不遲！”

　　我和呂師傅都同意這個看法。一核計，晚上我便和小何先到孫山家去了。剛到門口，聽孫山在發牢騷：“……三年半大學，鴨子聽雷，還不知緩沒緩過勁來呢，就想一鳴驚人！”是說小何呢！小何壓住火，敲開門，進了屋。她親切地望著自己的叔伯大姐，從挎包裡掏出一袋水果：“大姐，聽說你病了？”

　　她大姐一愣：“沒有哇，今天還上班了呢！”

　　小何收住笑，刷地把臉轉向孫山：“你為什麼說我大姐病了？"　"這是我們家庭的事，不用你管！"

　　"我管的是組裡的事！"　"你還不是組長！"

　　"所以，我就以組員的身份管，你明天必須上班，需要接受教育的不光是我！"

　　"還有我，我喜歡工人的教育。我哪點做得不夠，接受工人師傅的教育。"　"恐怕，也歡迎你批評教育。但是，你在最缺人的節骨眼上，編造理由不上班，這可不對！"

　　孫山有點緊張，連忙解釋："我 ── 我不是消極怠工，我是想在家裡搞，然後再請你們研究！"

　　果然沒出小何所料。她有點激動地望著孫山，好一會兒才說："孫技術員，我們'三結合'小組不單是個組織形式，更重要的，它是知識份子同工人相結合的生動課堂。工人師傅們，無論政治思想還是業務技術，都有我們學不完的東西。不願和他們在一起，而要躲進小屋自己搞，這是不相信工人呢，還是想同工人比試，你自己清楚。這方面的苦頭你不是沒吃過，文化大革命後你也嘗過這方面的甜頭，應該繼續前進才對，可你是否考慮過，這是倒退！"

　　孫山張了張嘴，沒有說出話來，我趁熱打鐵說："老孫，毛主席已經告訴我們，'倒退是沒有出路的'，要同工人相結合才能前進……"

　　這時候，呂師傅按著約定好的時間來了。我說："全組人都在，咱們商量一下辦業餘'鋼校'的事吧？"小何建議說："就以咱們實驗小組為骨幹，吸收有實踐經驗的工人參加，除了互教互學，孫技術員和我還可以在理論上作點輔導嘛！"

　　小何的話完全出乎孫山的意料，他不知所措地說："'鋼校'辦不辦我管不著，可我沒資格給工人作輔導，我得老老實實接受再教育！"

　　小何熱情而又誠懇地："再教育一定要接受，但把自己學到的一點知識貢獻出來，工人也是歡迎的，這也是同工人相結合嘛！"說著，她把眼光投向呂師傅。呂師傅使勁磕了磕菸灰："'鋼校'一定要辦。金華她爹活著的時候，我們倆時常說：'新社會的孩子們都有一幫同學，咱們活了半輩子，連半拉同學也沒有。往後，咱倆互相拉扯著，一塊學文化，學政治，學技術，不就是同學了嗎？咱們一邊學，一邊搞革新！'她爹臨咽氣還對我說：'鐵大哥，爭口氣！'大前年金華上大學去，我也一再囑咐說：'毛主席讓你到他的身邊念大學，你的同學可就遍全國了。要好好學，回來好爲建設社會主義多作貢獻。'爲這個，去年她媽得了重病，倪教導員出差去北京，我都沒讓她給金華請假回來看看。照看她媽的事，都叫我閨女包了。"呂師傅越說越激動，"今兒個就把心裡話全說了吧！你孫山，念完了大學，可你過去對工人學文化出過一分力沒有？'沒資格'？你是怕搞輔導耽誤你的時間，怕提高了別人顯不出自己！"他激動得揮起了手，"我說孫山哪，你可得好好學習毛主席的教導，知識份子不和工農相結合，行得通嗎？！"

這席話，像風，又像雨，雖然是衝著孫山說的，也說得我心裡直滾熱浪。我看看孫山，他臉紅一陣，白一陣地變化著，沒有反駁，卻低下頭說："那就試試看吧！"

四

一辦業餘"鋼校"，調動了群眾的積極因素。十幾個配比方案都試驗一遍，要在以往，至少四個月。可現在，一周就幹完了。連孫山也吃驚得一周來沒說幾句話。這天下午，我正和孫山談著群眾的威力，小何和呂師傅拿著檢驗的結果回來了。我興致勃勃地問："怎麼樣？"

呂師傅看看小何，小何又看看化驗單："都不行！"

"搞科學試驗很少有一帆風順的,一定不要半途而廢!"我給小何鼓了鼓氣。孫山要過化驗單一看,十幾個配比方案裡加進去的 Al 成份,一星點兒也沒有。他探詢的目光開始在我們幾個身上游動起來。看看小何手上小葡萄粒似的血泡,又瞧瞧呂師傅眼裡蜘蛛網一樣的紅絲,慢慢地,話也一句兩句地多了,像是自言自語,又像是跟誰嘮嗑:"美國用的是 E1 和 F2,蘇聯用的是 F2 和 El,日本也是用這兩種元素,咱們想用 Al 和 M2,……不行哪……"

呂師傅眼裡的紅絲更紅了:"孫山,你這是什麼意思?"

孫山說:"我是隨便背背資料,重複重複金華的話。"小何接過來就是一句:"我的話還沒說完。"她加重了語氣,"過去四個月的工作,現在依靠群眾,一周就幹完了,這難道不是非常令人滿意的結果?"

孫山把語調放得很輕:"可是,實踐證明,這不過是令人滿意的無效勞動而已……"

"鈴 ── !"一陣突如其來的電話鈴聲打斷孫山的話。我抓起話筒:"是呀!啊?好!好!"放下話筒,卻像揀起了鋼錠,我重重地說:"同志們,任務又提前了半個月!"

這句話卻成了孫山的一根支柱,他聲調又高起來:"這回,就算 Al 失敗的原因明天就能找到,還得解決呢!假設後天就能解決,還有幾十個週期的試驗,還要投產冶煉,還需成批加工呢!時間只剩一個月,硬不改變方案,那麼誰能拿出辦法來呢?"

我明確地表了態:不同意改變方案,眼下,沒有現成的辦法,必須依靠群眾來想辦法!小何堅決地說:"我同意!立即發動群眾'開塞'!"

呂師傅明白小何的意思,他馬上贊同說:"倪主任,那咱們'鋼校'就'開塞'吧!"

我也聽懂了呂師傅的話。前幾天,我們結合學習《關於正確處理人民內部矛盾的問題》，研究了法家著作《商君書·開塞》。這篇文章裡，把衝破復古、倒退、因循守舊的思想羅網叫“開塞”。所以，幾天來我們就把解決思想問題叫“開塞”了。於是，我就按小何和呂師傅的話決定了。

業餘“鋼校”的教室，今晚就設在軋鋼車間的休息室裡。學員們正抓緊開課前的時間，談論著一天的新聞。一個跟孫山熟悉的工人湊到他身邊：“孫技術員，聽說試驗失敗了？”孫山點點頭。“聽說任務也提前了？”孫山又點點頭。“那為什麼不趕緊研究失敗原因，還研究‘開塞’呢？”孫山笑了一下：“怕是因為我提了意見！”

那個工人誤以為是孫山提議學的，便說：“那你先說說研究‘開塞’的體會吧！”說著把書從衣兜掏出來。孫山臉一下紅了：“我……”“別謙虛啦，你念書不少，那天你給我們講‘優選法’講得呱呱的，這篇文章能不會？不會還能提議大家學？”一時弄得孫山不知說什麼好：“……我是學理工科的！”這個專愛打破沙鍋問到底的工人還問：“小何不是跟你學的一個科嗎？”

沒等孫山回答，“鋼校”校長呂師傅站起來宣佈：“現在開始上課，首先由金華講一講她研究‘開塞’的體會！”小何正在給一個老工人補手套，聽呂師傅宣佈上課，馬上放下針線從一夥師傅當中站起來，亮開了大嗓門：“……奴隸主貴族的復古、倒退、因循守舊的思想行為，嚴重地阻礙了社會發展的道路。所以，法家商鞅把它叫做‘塞’。開塞，就是要衝破舊思想的羅網，打開這種堵塞……”忽然，呂師傅故意問：“研究儒法鬥爭經驗，能不能和我們試驗特殊鋼結合起來呢？”

“怎麼不能呢？法家主張奮發、自強；儒家是畏外、媚外。我們就是要在馬列主義、毛澤東思想指導下，古為今用，狠狠批判林彪尊儒反法、崇洋媚外思想，衝破這種思想的束縛！”她感情變得深沉了，"我們工人階級是歷史上任何家也無法比擬的，什麼樣的艱難險阻使工人後退過呢？在瑞金，我們不怕敵人封鎖，背木炭、挑鐵砂，硬是讓小爐子流出了鐵水；在延安，我們不顧敵機的轟炸，用手摳出泥土裡的彈片，硬是讓小爐子流出了鋼水；在上海，我們不畏蘇修的刁難，硬是咬牙煉出了'爭氣鋼'。現在，面對兩個超級大國，如果我們沒決心拿出自己特有的合金鋼去支援第三世界國家的反霸鬥爭，就是一種屈服倒退行為，這和我們工人階級的性格是格格不入的！"

聽著小何這一番帶火夾鋼的話，我情不自禁地鼓起掌來。接著，滿屋全是掌聲了。孫山先是臉紅，然後也跟著鼓起來。我等掌聲一停息，就把試驗失敗和任務提前的消息，以及孫山提的那一連串問題，統統交給了大家，然後才叫大家聽孫山作輔導。孫山被小何如火似鋼的話所衝擊，所感染，情緒不像以前了，他說："……金華的體會很深刻，下邊我再講一下 A1 的性質，這是金華和我共同研究的，講漏的地方，請金華補充。"他很有感情地說："A1 是我國富有的金屬元素，它的特點是熔點高……"呂師傅是煉鋼爐長，對溫度最敏感，他馬上插了一句："那是不是沒熔化？"

孫山搖搖頭："爐溫已達到了熔點。"他繼續講，"它的比重大，比一般金屬都大……"

小何手裡拿塊 A1 不住地掂著，想著，一失手，咣啷一聲掉進桌邊的水桶裡。她忽地站起來："孫技術員，看，A1 掉進水裡就沉底了。A1 的比重比鋼水還大，往鋼水裡加一定也得沉底。爐底的溫度比爐上低得多，準是沉到爐底沒有化！"

呂師傅一拍大腿："對，爐底的溫度低呀！"

這回孫山竟沒有接頭："那怎樣才能化呢？"

鍛鋼工人說："用錘子砸呀！砸碎了就容易化了！"

煉鋼工人說："當爐溫提到最高的時候加呀！"

　　我停下刷刷記錄的筆：「老孫，群眾真是英雄，你看提出了多少好辦法！」

　　孫山自愧地點點頭：「對！對！」然後，也啓發大家想辦法了，「再開開『塞』，想想怎樣能減少試驗週期？」「孫技術員，前幾天我跟你學的那個『優選法』行不行呢？」是讓孫山談「體會」那個愛打破沙鍋問到底的工人說的。

　　小何和孫山眼睛同時一亮，異口同聲地說：「有門兒，闖一下試試！」

五

　　小何說得太對啦！群眾一發動起來，真是什麼辦法都有。那些個難題，連同二十八頁日曆，被我們一鼓作氣，刷刷刷地就拿下來了。明天，再做最後一個週期的檢驗，後天就可以正式投產了。瞧吧，下班時間馬上就要到了，可我們幾個都像忘了這碼事，還一個勁地忙著。此時，要數孫山忙得最起勁了，他在用多幹點工作的行動彌補著以前的過失。但他多年來沒有同工人一道參加勞動的習慣，冷丁親自動手，免不了有些吃力。看他，光收拾一下實驗室的環境衛生，就累得滿頭是汗。叫他歇一會兒，他也不肯，彎腰又把地下那盤明天的試驗用料端起來，朝窗臺邊走去。我看他端得吃力的樣子，以爲想搭在窗臺上歇歇呢，忙去幫他端，他卻一猛勁放上去了。啊？他又一猛勁端了起來！我一步跟上前喊道：「小心，窗下是廢料堆！」

　　他應聲答道：「知道啦，沒事！」緊接著雙手一抬，一盤子料隨著話音嘩地倒進了窗外的廢料堆。當我又氣又急又沒法批評地告訴他，倒掉的是試驗用料時，他臉刷地白了，立刻又滲出大顆大顆的汗珠。小何和呂師傅也跑過來。看著窗下那一堆形狀、大小、色澤都差不多的鋼塊，我腦瓜子嗡嗡直響。不在明天以前把試驗用料鑒別出來，按期完成任務就成了一句胡話。可是，一塊一塊地做切片化驗鑒別，十天也做不完了。望著就要落下去的太陽，我的心像被紅鋼錠燙著，難道任務就只有推遲了嗎？我極力鎮靜了自己：“咱們冷靜一下，想想辦法！”

孫山滿是汗水的臉上現出自責、焦急、內疚相交織的複雜神情，他撓著頭，團團直轉。

小何眼裡忽地像跳出一團火花：“上次鍛鋼車間混了料，為了搶時間，聽說用的是‘火花鑒別’法！”呂師傅說這法可以，小何便拉著我，一股風似的跑到鍛鋼車間。哎！真是心急又遇頂風船，會火花鑒別的那幾位檢驗員，除一名到五十裡外的鄉下送女兒插隊落戶外，其餘都支援新廠建設去了。時間已經六點，我果斷地做了這樣的決定：小何和呂師傅立即去鄉下，向那位檢驗員請教，明天中午以前務必返回。

後半夜了。我剛合上眼，外面響起了嘩嘩的風雨聲。我怕夜班工人不注意，再弄出個意外情況把料堆弄亂，連忙從床上爬起來，連雨衣都沒披，拔腳就往廠裡跑去。一進廠，搭遠就看見有人提燈在鋼料堆旁挪東西。壞了！我邊跑邊喊：“別動……”風雨把我使足勁喊出來的聲音吞沒了。

跑到跟前，意外的情況把我驚呆了：呂師傅一手撐把傘，一手提盞馬燈，迎風而站。腳下，一台電動砂輪嗡嗡轉著；小何蹲在砂輪旁，一束束鋼花，從她那雙不知怎麼受了傷、凝著血污的手中飛出來。她咬著牙，使勁地磨著。濕淋淋的臉上，也不知是汗水還是雨水。五十裡路，他們是怎麼趕回來的啊！我這個從不愛流眼淚的人，眼睛卻忽地濕潤了。我剛想伸手拉起她，一雙突然從我身後伸過來的手已把她拉住。孫山也跑來了！他顫著聲地問小何：

“這法行嗎？” “行！”

“這手行嗎？” “行！”

"這兩行嗎？" "行！"

"不吃飯不行啊！" "行！"

行，真行啊！這隻添了翅膀的小老虎啊，什麼樣的困難能阻擋住你的飛行呢？

孫山眼裡閃出了亮晶晶的淚花："金華，行就教我吧，今後我就像你這樣幹，也請你'走著瞧'吧！"小何眼裡也亮晶晶地一閃："讓我們互相幫助，共同向工人師傅們學習吧！"說著，她把孫山拉到傘下，自己站在風雨裡，手把手教孫山幹起來。我和呂師傅會心地笑了。

在即將出鋼的電爐前，呂師傅把大手一揮："出鋼！"話音剛落，我身後騰地跳出一個人。定眼一看，是小何！只見她那雙纏著繃帶的手，緊握一根鋼釬，使足全身力氣向出鋼口撞去。

瞬間，鋼水像一股金色的瀑布，嘩嘩嘩地向鋼水包瀉去。那耀眼飛舞的鋼花，彷彿是從她身上放射出來的。她一動不動地站在那裡望著：藍色的工作服上，戴一枚金燦燦的像章。沒有紅星的軍帽下，一張青春煥發的圓臉，兩根搭肩的短辮一工人的本色，軍人的姿容，年輕女共產黨員奕奕的神彩。啊，她不就是一塊特殊材料煉成的合金鋼嗎？誰要走著瞧就瞧吧，刻在我心頭的只有兩個字：她行！

（原載《解放軍文藝》1975 年第 2 期）

歡騰的小涼河

王 立 信

引 子

　　小涼河從青龍山上奔下來，一路向東，穿過五個公社、二十三個大隊，澆灌了六七萬畝良田好地，精神抖抖地流進了秦淮河，又不停不歇地闖江入海去了。

　　正當小涼河順順暢暢流到湖熟大隊的時候，突然來了個大轉向，急拐彎，河道好似拉滿了弦的彎弓，又像一把刈麥割禾的鐮刀。滿河的水一到了這兒，覺得有東西攔著、擋著，流得很不舒坦，就大發脾氣，東衝西撞，衝撞得旋渦回流一個接著一個，河堤灘坡一片挨著一片。每逢山洪暴發，江河漲水，這裡總是險工地段。

　　俗話說，深山裡敲鐘，鳴聲在外。就在小涼河這段有名的彎道兩岸，有兩個遠近皆知的生產隊。要是再拿鐮刀打比方，刀背那邊是二隊，刀口這邊是九隊。九隊出名，因為是個老先進隊；二隊出名，正好相反，全公社倒數第一。

　　這一天，一九六七年九月二十三日，河南邊的第九生產隊，又是個大喜的日子。一清早，天剛濛濛亮，村子裡就歡騰熱鬧起來了。男男女女，齊齊嶄嶄，幾十號青壯勞力，一個個，扁擔上了肩膀，車把子握在手掌心。幹什麼？高高興興地交公糧、賣餘糧去了。

　　早在一九五八年，九隊的糧食，每畝就收到了七百九十三斤四兩。前幾年，在六七百斤上兜了一陣圈子，今年，一跳，剛好超過了"綱要"規定的指標。隊長徐振才，滿臉光彩，渾身是勁，一根桑木扁擔，兩隻毛竹籮筐，挑了整整一百八十斤圓鼓溜溜、金光燦燦的稻穀子，走在全隊的最前頭。

　　除了這些青壯年之外，還有一二十人，老的老，小的小，有的扛著布口袋，有的拎著竹籃子，多的不過幾十斤，少的只有兩三升。就連老貧農余大爺家十四歲的閨女余志芳，也背著兩書包稻子，超前落後，奔來跑去。

　　忽然，余志芳見徐振才領著人馬上了河堤之後，沒有沿著河向東走，反而跨上了大石橋，要過河北邊去，就連忙追到他跟前，說：

　　"徐大叔，河這邊是小彎子，到糧管所近便；過河是大彎子，繞遠了呀。"

　　徐振才望望余志芳，壓低了嗓門，說："這你就不懂了！"

　　余志芳眨眨眼睛，想想，是不懂。

　　徐振才指指河北邊，開導她："給他們二隊促進促進，懂了吧？"

　　余志芳抬頭一看，河北邊的第二生產隊，一點點聲響也沒有，靜悄悄的。

　　"大叔，他們還在睡覺嘛！連二全子跟夢田大哥也沒起來哩。"

　　徐振才聽了這話，停了下來，回過頭，喊了一聲：

　　"哎，九隊的社員們，把號子打響啊，給他們醒醒瞌睡。"

　　說著，就帶頭打起了送糧號子，跨上大石橋，過了小涼河。

　　在河北邊的堤埂上，離橋 El 丈把兩丈遠，有一棵老槐樹，樹陰底下，有一塊大石頭，是當年造橋多下來的。徐振才哪裡曉得，這一刻，石頭上端端正正蹲著一個人，三十六七歲，瘦挑個子，精幹得很。這是個什麼人？

他就是二隊隊長周昌林，人稱："火燒心"！

一九五八年，成立人民公社的時候，周昌林就當了二隊隊長。那一年，二隊真是紅火得很。論土質，論勞力，都比九隊差一大截子，居然跟九隊下了戰書。雖說年終一算產量，沒有比得上九隊，可跟自己的老底子比較起來，總算是翻了個身。

沒想到，第二年碰上了自然災害，天乾地旱，連小涼河也能踹水過去。周昌林提出：抗旱抗到天低頭，災年也要奪豐收。領著大家到長江裡挑水澆地，一擔江水半桶汗，勁頭真是足得很。

不曉得從哪裡刮來了一股風，說是要反什麼"小資產階級狂熱性"。

隊裡有個人，名叫白漢成，學問大得很，他說："'火燒心'，意思就是'狂熱性'，早在一九五八年，我就不贊成他這麼搞，眼下，不能再讓周昌林當隊長了，要選個穩當的人。"

正在這個當口，縣委有個書記，說是要寫一篇什麼大文章，到處收集材料，一聽這話，高興得不得了。心裡想：難得，難得，一九五八年就反對"小資產階級狂熱性"，這樣的人，打著手電筒也找不到。幸虧他來得巧，發現得早，要不然就埋沒了人材。當即，指定白漢成代替周昌林，當了二隊隊長。

當不當隊長，周昌林還是個"火燒心"。一九六四年，毛主席發了號召："農業學大寨！"周昌林心裡又添了一把火。恨只恨白漢成大路不走走小路，正道不奔奔邪道，農業學大寨運動，在二隊一時搞不上去。

不過，對白漢成來說，隊裡有周昌林這些人，他也總是不得稱心如意。開初，白漢成對周昌林說：

"你又不是沒有手藝，非要守在田裡不可。你是個活魯班，圓木、方木，樣樣行。我代你弄幾套木匠傢伙，你帶幾個人出去吧。不管你一天掙多少，一塊錢也好，十塊錢也好，我只要你交隊裡五角。幹不幹？”

　　周昌林說：“不幹。”

　　白漢成說：“你不幹，我讓別人幹！”

　　周昌林說：“別人也不能幹！”

　　白漢成看看眾人。

　　眾人跟周昌林一個腔：“對，不能幹！”

　　白漢成說：“那你要幹什麼？”

　　周昌林說：“要抗旱！”說著，挑起水桶，帶著大夥朝江邊挑水去了。

　　白漢成攔住周昌林說：“你要是認定了，這種大旱年成，還能收到莊稼，也好。我把隊裡最好的幾畝田，包給你，不管你最後收多少，三百斤也好，兩百斤也好，我只要你交隊裡一擔。行不行？”

　　周昌林臉一板：“不行。”

　　白漢成冷笑一聲：“你說不行，有人說行。”

　　周昌林逼近一步，問他：“哪個說的？”

　　白漢成說：“縣裡那位書記說的。”

　　周昌林說：“我認理不認人。”

　　白漢成看看當時的大隊支部書記。

　　支部書記跟周昌林一個口徑：“對，要我們走回頭路，就是不行。”

　　他跟周昌林在一起，領著社員們，把每塊田，每坡地，每棵苗，邊邊角角，全都盡心盡力澆到了。

　　白漢成簡直拿周昌林沒有辦法，把他當成了眼中釘。

　　不多時，毛主席親自主持制定的《二十三條》發佈了，社會主義教育運動轟轟烈烈開展了起來。周昌林連夜寫了一張大字報，題目就叫:《我們要社會主義！》

　　白漢成呢？他也真是來得快，一夜功夫，寫了一份檢討。在會上一念，社員們都搖頭："不行不行，咬文嚼字，浮皮潦草。"

縣裡邢個書記一看，點頭嘖嘴，說是設身處地想想，一個生產隊長能寫出這樣的檢查，很好。適可而止，就此算了吧，不要搞過了頭啊。沒有合適的人選，就讓他還是代理隊長。

大隊黨支部，有一位青年委員，叫李玉華，對這樁事情，有她的看法，她對老支書說："白漢成，不是他光桿子一個人，他有靠山吶！"

隔了一年，毛主席親自點起了無產階級文化大革命的烈火。周昌林跟李玉華，帶頭造了縣裡一小撮走資派的反。一九六七年，社員們提出：該派還是讓周昌林當隊長。

白漢成頭一個發言，說："我舉兩隻手贊成。"

周昌林愛人王秀英站起來說："趁早不要選他，你們都曉得的，他是個火燒心……"

大家說："我們看準了，就是要他這個火燒心。"

周昌林第一天當了隊長，第二天，小涼河就嘩嘩發了大水。好幾年堤埂沒有認真治理，大水一衝就決了口子，田被淹了一大半，糧食登場一算帳，兩季不如九隊一熟。

王秀英急得不得了，問周昌林："這種時候，讓你當隊長，你能幹嗎？趁早，現在回掉還來得及！"

周昌林斬釘截鐵："開弓沒有回頭箭。"

白漢成暗地裡又是一聲冷笑："哼，任你周昌林心裡燒多大的火，擋不住小涼河滿河的水，把你從頭淋到腳後跟。"

白漢成哪裡看得透周昌林的心，經過這一淹，周昌林發了大狠：要治水！

今天，聽說九隊送糧的隊伍，要從村頭上過，周昌林明白了徐振才的心意。邢邊徐振才還沒有起床的時候，他就在這塊大石頭上蹲著了。徐振才的話，他聽得清清楚楚，九隊社員的送糧號子，直往他心裡頭鑽。他身子動也沒動，眼睛眨也不眨，緊緊盯著大石橋上過來的送糧大軍。小菸袋鍋裡裝滿了菸草，火柴棒從盒子裡拿了出來，他沒顧上點火，心裡倒真是火燒火燎。

徐振才沒有看到周昌林，文化大革命後新任的大隊黨支部書記李玉華一眼就看到了，她走到老槐樹底下，叫了一聲："老周！"

周昌林從大石頭上跨了下來。

李玉華問他："沒睡呀？"

周昌林說："睡？"他指指村子裡："玉華，哪一家也沒睡呀。"

李玉華朝村子裡望望。她曉得：二隊社員家的門，都是關著的；窗子，全都是開著的。每一扇窗子後頭，都有好幾雙眼睛，盯著這邊哩。

忽然，有一家的窗子後頭，一個孩子喊了起來："爹，我們也去呀！"大人沒有做聲，孩子急了：

"你們不去，我去！"

這是余志芳的同班同學張二全，他奔了出來，上了堤埂，找到余志芳，把她身上的一書包稻子搶過來，背在自己身上，跟著他們去了。

九隊送糧的隊伍剛剛走過去，就像刮了一陣南風，二隊家家的門，都被刮開了，社員們一起奔了出來，奔到周昌林的跟前，一條聲地問他：

"老周，我們怎麼辦？"

周昌林把社員們一個一個看了一轉，說："開大會！"又轉身對李玉華說：

"玉華，你給我們講一段大寨人三戰狼窩掌的故事！"

社員們一聲"好"！轉身就往場上跑。

周昌林追上幾步，喊了一聲：

"帶大鍬！"

李玉華點點頭，心裡想：“好啊！真是個火燒心！”

一

到了一九七〇年。

這一年夏天，刮大風，下大雨，發大水，小涼河這段彎道，差一點點出了險。虧得無產階級文化大革命這幾年，認真整治了堤埂，再加上河這邊周昌林，河那邊徐振才，兩個生產隊長帶頭跳到水裡，打樁護堤，戰勝了洪澇災害，奪得了好收成。

秋收秋種一掃尾，縣裡發了個通知，要一些農業學大寨的先進單位，派代表到城裡開幾天會，學習《人民日報》的社論。

臨去開會的前一天，周昌林在田邊地角轉了轉，走到離場頭不遠，見張二全那小夥跟副隊長白漢成在爭執什麼，姚夢田也夾在裡頭。他就快走幾步，向場上走去。

剛才是這麼個由頭爭起來的：姚夢田看見場上的糧食，堆得像座小山頭，就得意地說了一句：“打了幾年翻身仗，今年總算翻過身來了。”

這句話本來沒有什麼錯，白漢成聽了湊過來接上腔：“是啊，像個小火輪，又像火車頭，‘撲禿，撲禿’，‘呼嗤，呼嗤’，跑個不歇，直喘粗氣，是苦的，忙的，累的，如今是船到碼頭車到站了。我的天哪，這會子該躺倒身子睡一覺，歇歇勁嘍！”

在他們旁邊的是張二全，小夥子已經把二百斤的糧包扛上了肩，聽了這話，覺著味道不正，包也不卸，轉過身來，就喊了一聲：“不對！”

白漢成冷不防，兩耳一炸，嚇了一跳。只聽張二全又說：“你這是在洩氣，我們需要的是鼓勁！”

白漢成沒來得及答話，哪曉得姚夢田這小夥偏過去了，對張二全說：“不怪人家喊你是‘沒得剎’。人嘛，總不能老是……”

白漢成把話接過去說：“二全子！關心群眾疾苦，這是我們當幹部的頭等大事，再不能讓隊裡百十口子整天汗淋淋的身子不乾。”

張二全說：“沒有身上的汗水，哪來場上的糧食？天上掉下來？地裡蹦出來？坐在家裡等得來？”

聽到這裡，周昌林插上來說：“群眾生活是得關心，但決不是讓大家躺倒身子睡大覺。依我看哪，帶領大家往社會主義的大道上奔，這就是對群眾最大的關心。”

周昌林說完了這些，又轉臉對張二全說：“這小夥，包也不卸下來，就這麼扛著二百多斤站在這兒，練肩膀頭子啊！”

白漢成這才找到轉彎的地方，笑嘻嘻地說：“看我糊塗到家了，光勸他歇歇，沒見他正累著。”趁勢就要上去把糧包接過來。

張二全說了聲：“用不著。”轉身走了。

白漢成又笑笑：“到底年輕。”也趕忙搭起糧包，溜了。

白漢成走了之後，周昌林看看他的背影，想想這一場爭論裡頭有學問，就開了個黨小組會，商定當晚開個隊委擴大會，出一個題目：“今後我們怎麼幹？”

白漢成又是頭一個發言，說：“隊長這個題目出得好，出得及時。這一陣子，我也在琢磨，跟人家先進隊比比，我們是得找找差距。文化大革命以來，大田收成的翻身仗：我們狠打了幾年，差不多了；社員經濟收入的翻身仗呢，沒顧得上抓。”

他這話一說出口，群眾代表張二全插上來說：“我不曉得你這是什麼糊塗帳，社員收入不從集體收成裡來，從哪裡來？”

白漢成說：“不糊塗，你細想想，就清楚了。”

張二全愣頭愣腦地說：“我想不清楚。”

周昌林不緊不慢地問白漢成：“你說沒顧上抓，今後該怎麼抓呢？說出來讓大家議論議論嘛！”

白漢成想了一下，這才說：“其實，也簡單得很，我是想，今年多天，我們是不是讓社員們出去，抓抓收入。要不然，這一個多天就白荒掉了。"

周昌林說："這一個多天，怎麼會白荒掉呢？我還嫌它不夠用哩！你說狠打了幾年翻身仗，差不多了，我看，要真翻身，這小涼河就不能不治。"

白漢成一愣："治小涼河？"

李玉華這一天晚上，到九隊看了一轉，過河到二隊來，正好聽到這兒，就插上來說：

"你們談小涼河，我給你們露個底，公社黨委已經把根治小涼河的計畫，報到縣裡去了。"

周昌林一聽，忙對大家說："人，不能出去。那不是正道。明天就把鐵匠爐子支起來，把傢伙收拾收拾。不要臨到上陣再磨刀。"

張二全興頭也上來了，說："不是刀，是鍬。"

周昌林把手一揮："刀也是鍬，鍬就是刀，一回事。"

說得滿屋子一陣哈哈大笑。

在場的人又議論了一陣，就散會了。

張二全走了出去，一看，周昌林沒出來，又回頭去，見周昌林還坐在凳子上，在想心思哩！就笑著說："玉華姐你看，你一說，大叔他就悶頭做文章了。"

周昌林笑笑說："我哪裡會做什麼文章？腦子裡過過電影罷了。"

周昌林腦子裡想的是：

這幾年，他們的翻身仗，是怎麼打勝了的呀？是無產階級文化大革命中，跟劉少奇修正主義路線鬥，跟縣裡那一個走資本主義道路當權派鬥，鬥出來的。這一幅一幅戰鬥生活的圖畫，都在老周腦子裡過了一遍。

老周這會子又想：從今往後，少不了還得鬥。不要小看天邊上一片烏雲，那是起風暴的苗頭，不要小看河面上漂下來些泡泡沫沫，那是發水的徵兆。今天場頭上、會場上的這些爭論，話雖不多，他覺著就是一種苗頭，一種徵兆。

想到這兒，他對李玉華說：“我總覺得，白漢成他心裡的話，沒有全倒出來。”

李玉華說：“大概他認爲還不是全倒出來的時候。”

張二全說：“我看他盼不到那種時候，就讓他把話放在肚裡爛肚腸子吧。”

三個人說了一陣站起來，周昌林又叫張二全慢點走，先到他家去一趟，給他寫一副門對子。

張二全問他：“不過年，不過節，換什麼門對子？”

周昌林說：“你把今晚上大家談的，寫兩句。”

張二全跟他到家，一路上皺著眉頭，好不容易想出了一副。周昌林聽他念了一遍，不中意，說：

“我不要你搬弄文才，實打實，就寫上：時刻牢記黨的基本路線，千萬不要忘記階級鬥爭！”

張二全一拍腦瓜：“噢，我懂得你的意思嘍！”

周昌林說著話，就忙著磨墨、鋪紙。

張二全站在桌子跟前，提起筆，懸著手膀子，把這兩句話，分頭寫在兩張大紅紙上，寫得工工整整。

王秀英早已經沖好了漿糊，把門對子貼到了門板上。

張二全又問：“門頭上橫批呢？”

周昌林說：“那個不換。”

張二全說：“我任務算完成了？”

周昌林看著門對子上的字，說：“二全子，這兩年你寫大字報寫得多，把字練出來了嘛！你代我把這橫批，照原樣子重新寫一張吧。”

張二全馬上答應：“好。”

不一會，橫批也寫好了。周昌林一個字一個字地默誦了一遍，然後才認認真真地貼到高處。

第二天一早，周昌林就跟李玉華，還有九隊隊長徐振才，一起上縣裡開會去了。

在會上，徐振才先發言，講完後笑嘻嘻地走下講臺，回到自己座位上，對旁邊一個同志說："提提意見啦。"

這個同志也笑笑說："沒有意見。這幾年，你們年年保住八百斤左右的產量，你真算得上是個不倒翁。"

接著是周昌林發言，介紹他們這四年大打翻身仗的經驗。

徐振才再也聽不清楚他說些什麼，腦子裡盡是旁邊這位同志的聲音："你真算得上是個不倒翁。" "……不倒翁。" "……翁。" 搞得他滿腦袋"嗡嗡嗡"。

好不容易聚了聚神，聽周昌林在說："……今年這一陣大風、大雨、大水，給我們揭了個大矛盾，小涼河這段彎道，是個大毛病，不想辦法開刀根治，就不能除這個病根，就改變不了家鄉的面貌……"

徐振才有一句沒一句的聽了這些，真為周昌林著急："離題了，離題了。"

哪曉得，嘩啦啦一陣鼓掌聲，送周昌林走下了講臺。

周昌林剛坐定了，李玉華站了起來，說：

"我補充一點。這四年，為了大打翻身仗，單老周他一個人，就鑿禿了兩把釘耙，用壞了五副籮筐，挑斷了三根扁擔，磨禿了四把大鍬……這四把大鍬，老周用它開荒啊，挖河呀，裁埂哪……鍬柄子磨光了，磨細了，八寸長的鍬口，磨得就剩下兩三寸了……"

新來的一位縣委張書記一聽，馬上插話說："快把這些大鍬拿來，給大家看看。"

周昌林說："恐怕不行了。"

縣委書記問：“怎麼不行？”

周昌林說：“今年社員們勁頭更足，個個摩拳擦掌，要再幹個大的，隊裡特地搞了個鐵匠爐子，要把這幾年用壞了的釘耙、鋤頭、鍬，全都整治整治。那幾把鍬，恐怕已回爐了。”

李玉華聽了，趕忙打電話回去，要他們到二隊看看，能不能找到一把沒回爐的。

過了一天，隊裡送來了一把鍬，說是送到爐膛口了，被搶下來的。

到會的人看了這把大鍬，哪個都嘖嘖嘖，讚不絕口。

周昌林哩，他倒只管見縫插針，趁大家看鍬、讚鍬的時候，跟縣委書記談小涼河的事。

徐振才在一旁看了，心裡直埋怨：“你別火燒心呀！”

縣委書記轉身問幾位常委：“根治小涼河的計畫書，你們都看了沒有？”常委們說，都看過了。書記很高興：“好！我們也學學火燒心，今天連夜開會研究一下。”

大家看完了鍬，周昌林想把它拿家去回爐重打。

縣委書記說：“不給你嘍！”把它送到了縣裡的農業學大寨展覽館，還親自寫了一份說明書，叫“一把大鍬的來歷”。

會開了五天。散會之後，各個公社的代表，分頭回家去了。小涼河沿岸的代表，是乘的一輛大客車。離開車時間還有十分鐘，點點人數，少了兩個人，無巧不巧，是湖熟大隊的徐振才和周昌林。

有人說，看見周昌林在新華書店轉哩；徐振才在玩具店裡，好像是在買玩具。大家覺得奇怪：徐振才兒子大了，添孫子還早，買玩具幹什麼？

過了兩三分鐘，徐振才來了。大家問他買了什麼好玩的東西？他沒吱聲，只是笑了一笑，把挎包裡的東西摸了摸。

有人正要追問他，只見周昌林滿頭大汗地跑來了。大家就轉過來問周昌林怎麼才來？

哪曉得，前一天大家對周昌林的大鍬，說了一大籮筐誇獎的話，他本人一句都沒顧得上聽，有個人隨口提了一下，說是縣農具廠新搞了一種鍬，這話獨獨被他聽到了。剛才，他先到新華書店轉了轉，買了兩本書和一張地圖，然後到農具廠試了試，比他們原來那種式子好：輕巧、鋒快，他決定要留下來畫個樣子。為此，他趕回來招呼一聲，要大客車不要等他，先開走。

徐振才說：“啊呀，也不在乎這一時三刻，今天先回家，以後再說吧。”

周昌林說：“正要開鐮，碰上了好刀；正要開河，碰上了好鍬。這種機會錯過去，懊悔死了。”

李玉華曉得周昌林的脾氣，今天不畫好，覺也睡不著。就說：“你去吧！書和地圖我給你帶回去，你今晚來不及回去，就在招待所住一宿，明天大早，趕長途車子家去。”

周昌林說：“看情況吧。”又轉過來問徐振才：“老徐，你們要不要？”

徐振才說：“我們用不著。”

周昌林在農具廠畫鍬樣子，廠裡的同志很熱情，照樣子給他打了一把鍬。他想想，九隊不是用不著啊，俗話說，百聞不如一見，我帶回去給你老徐看看，包你要說用得著了，就請人家多打了一把。

周昌林一邊幫著掌鉗子，一邊跟周圍的人閒聊，個個喜歡湊上來跟他搭幾句。有一個人問他：“你是湖熟大隊的？聽說你們今年魚苗搞得不錯，自己塘裡滿了，還支援隔壁縣裡不少。”

周昌林笑笑說：“沒有這麼多。前幾年糧食過不了關，顧不上搞魚塘，這幾年才興起來的，雖說發展得快，也還不是快到這個樣子。”

那個人說：“咦，我一個親戚跟我說的，是從湖熟大隊買的嘛。"

周昌林聽了一愣："啊？有這個事？"忙問人家："是哪個公社哪個隊？"

人家說是某社某隊，姓甚名誰。周昌林問清了，記住了，出了農具廠就趕了去探訪查問，一點不假，是某月某日，從湖熟九隊買的。

"蹊蹺啊！這裡頭一定有些名堂，得趕快告訴老徐！"

周昌林這一耽擱，就到半夜了。人家留他住宿。他看看月亮不錯，正好借光，扛起大鍬就走。四十裡山路，二十裡平川，天不亮就趕到了村子裡。

周昌林的家，就在村頭路口，離小涼河百十丈遠，一個高墩子上，一順三間土牆紅瓦房。房前兩棵老榆樹，房後一排垂楊柳，榆樹挺挺立，柳樹隨風擺。

前一天晚上，李玉華把書和地圖交給王秀英，告訴她如此這般，說老周要遲一天才能到家。

王秀英不相信："哼，他這個人！一年三百六十天，天天在田頭上轉，無病無痛，勁道十足。離了田頭地邊，就腰痠背疼的不自在了。"

一大早，王秀英燒好了早飯，就端了一張板凳，朝門口一坐，手裡納鞋底，眼睛望著大路口，等老周。

果然，周昌林扛著兩把大鍬，三腳兩步地跨過來了。鍬口被剛才出山的太陽照得灼亮灼亮。

王秀英沒有做聲，轉身到廚房裡端飯菜去了。等飯菜端好，筷子擺好，再朝門外一看，周昌林沒有回家來，朝前頭走去了。

王秀英跨到門口，對著周昌林的背影喊道："哎！大門在這裡！"

周昌林轉過身來，說："我先到堤埂上看看，再去找找玉華，談談這小涼河的事……"

王秀英把手一擺，笑道："啊呀！學禹王爺治水的典故哩，打家門口過也不進來。"

周昌林只是笑了笑，大步流星地向前奔去！

二

徐振才是昨天晚上到家的。一進家門，他愛人張玉蘭趕忙上前，搶著要把他的挎包接過來。他把挎包一護，說：

"哎，當心，別碰壞了。"

張玉蘭手一鬆，說："喲，什麼嬌貴東西？泥捏的，面揉的，碰不得？"

徐振才笑笑："哼，好玩意。"

說著，他從挎包裡輕輕巧巧端出一個泥做的小老頭子。這個小老頭子沒有腿，底下是個實心子圓球，朝桌上一擺，穩穩當當。

張玉蘭望望它，見它對人笑嘻嘻的，也覺得有趣。

徐振才說："你看，倒不了。"說著，把它的頭朝下一捺，手一放，它又起來了。徐振才告訴她："這有個名目，叫'不倒翁'。"

張玉蘭說："花錢買這個！不能吃，不能穿，看一次也就夠了，哪個閑著沒事老守著它玩？"

徐振才說："哎，你聽說了沒有？人家喊我是個不倒翁。"

張玉蘭吃了一驚："把你比成個泥捏的老頭子？"

徐振才說："你就不懂了，這叫形象化。"

兩口子正談著說著，余志芳一陣風跑了進來。

四年的功夫，余志芳已經長成個十八歲的大姑娘了！無產階級文化大革命中，她由一個少先隊員成了縣裡紅衛兵的一名負責人。去年回鄉務農，如今，又成了九隊的副隊長。她一進門就喊："大叔，你帶家來什麼好東西？"

　　張玉蘭把不倒翁拿到她跟前，說：「你大叔帶了個泥胎粉面的老頭子，還說就是他自己哩。」

　　余志芳一看：「啊？不倒翁？」

　　徐振才笑笑，問余志芳：「這幾天，隊裡情況怎麼樣？」

　　余志芳說：「大叔，有些事，我正等你回來，要跟你商量哩。眼下我們的情況，不如人家二隊。」

　　徐振才一愣：「什麼？不如二隊？」

　　余志芳說：「人家二隊幹得熱火朝天，熱鬧得很哩。」

　　「他們 ── 當然！文化大革命之前，他們是個什麼底子？」

　　「他們今年畝產，比我們多十三斤七兩，總產也比我們多千把斤。」

　　徐振才耐心地說：「志芳，一年兩年這樣子，並不難。難的是年年都這樣，那才算得上是不倒翁。形勢逼人哪，他們熱，他們鬧，是沒有辦法的事。」

　　余志芳說：「人家這熱鬧裡頭，我看透出一股子氣來。」

　　徐振才問她：「透出一股子氣來？什麼氣啊？」

　　余志芳說：「繼續革命的志氣，敢想敢幹的銳氣，一心一意奔社會主義的正氣。」

　　徐振才笑起來：「啊呀，二隊有這麼多的氣？」

　　余志芳認真地說：「是啊。我跟隊裡一些同志把這情況一擺，大家說，我們應該急起直追。」

　　徐振才更是吃驚了：「什麼？急起直追？追哪個？追二隊？嘻！」

　　余志芳說：「二隊也是農業學大寨的先進單位。」

　　徐振才聽了這話，又笑笑：「你就不懂了，上級黨委是抓兩頭，帶中間。爲什麼要我和老周兩個人去？這是領導藝術。二隊跟我們，是兩頭。」

　　余志芳問他：「我們是哪一頭？」

徐振才說："自然是前頭。他們是在急起直追追我們，你倒說是要追他們，不是弄反了？"

余志芳又說："我聽玉華姐說，縣委對二隊的經驗很重視。"

徐振才不耐煩地說："我們講得多了，他們才是頭一回。"

余志芳也急了："玉華姐也跟我們講過多少次了，要我們不要昏頭昏腦的，當心栽跟鬥。"

徐振才說："看你平常很會分析事理，怎麼直通通轉不過彎子來？黨支部是防止我們驕傲自滿，經常給我們敲敲警鐘的。這也是領導藝術嘛。"

過了一夜，這天大清早，徐振才還是走到大石橋上來，看看二隊到底是怎麼個熱鬧法。

一看，果然熱氣騰騰。老遠的就聽到歌聲、號子聲，響得很哩。

"這個火燒心，當真是有一股火氣啊！"

忽然，背後有人喊他："隊長！"

徐振才回頭一看，是本隊社員阮富剛。

這個阮富剛，是個富裕中農。平時對隊裡百事不管，但在錢財問題上，特別精心。因為他懂得一點養魚門道，深為徐振才看重，派他管理著隊裡的一口魚塘。這時，他正巧路過這裡，就說：

"隊長，看什麼新奇呀？"

徐振才沒有答腔，心裡想：余志芳把二隊誇得了不得，我再聽聽阮富剛是個什麼說法。就問："你看二隊怎麼樣？"

阮富剛說："他們啦？依我看，瞎忙那些幹什麼呀？"

徐振才批評他："也不能這麼說，他們情況跟我們不同，他們打的是翻身仗。"

阮富剛說："翻身了，就行了吧。人心不足蛇吞象。要是都成了千斤隊，國家還沒有那麼多裝糧的倉庫呢。"

徐振才又駁了他一句："要真能都是千斤隊，還愁沒有倉庫嗎？"

阮富剛說："光憑如今這個能耐，真能再高產，河裡的磚頭，也漂起來了。"

徐振才把手一揮："又說這話了。你忘了你那'捧磚頭'的雅號，是怎麼得來的。"

這是個什麼典故呢？

去年春天，阮富剛就在這大石橋上，捧了一塊磚頭到小涼河裡，還招呼河邊、橋口，過路、歇腳的人："各位，各位，都過來看看，二隊糧食能達到'綱要'，這河裡的磚頭，就漂起來了。"

結果呢？二隊的糧食產量朝上一躥，達到"綱要"了，河裡的磚頭，根本漂不上來。阮富剛這個人，從此就得了個"捧磚頭"的諢名。

這會子，徐振才一提，阮富剛真的又在地上揀了一塊磚頭，撲通一聲，捧到河裡。

"這回，你看我說的靈不靈吧。明年，我們隊，他們隊，糧食產量能再高上去，這塊磚頭……"

"就漂起來了？"徐振才打斷了他的話："算了吧，這話，你只在我這裡說說，不要再到大庭廣眾出醜了。"

阮富剛覺得沒趣，笑了笑，回身想走。

徐振才問他："上哪裡去啊？"

阮富剛又笑笑："從春天魚花汛，一直到如今，只顧忙隊裡的魚塘，今天歇一天……"

徐振才見他吞吞吐吐的，就揭穿他說："想去打點魚賣，撈些外快，是吧？若是荒了隊裡的魚塘，當心我敲你的頭！"

阮富剛說："這你放心好了，荒不了！噢，隊長，大圩壙裡的魚，過兩天又可以起一水了。又是一筆好收入哪！"

徐振才心裡得意地點點頭，說："好！今年的副業收入，得靠你這口魚壙好好撈一票呢！"接著，他又想起了一件事，問阮

富剛:

"上次,你把那些多餘的魚苗怎麼處理了?"

阮富剛向徐振才臉上仔細觀察了一下,估計他是隨便問一下的,便早有準備地回答說:

"我已經按照進貨價格轉讓給外縣一個兄弟隊了。貨款剛才已交給了會計。"說到這裡,他馬上轉移話題,說:"隊長,我們隊裡這種安排,就是合理,得人心,怪不得人家都稱頌你領導有方,看他們二隊,整天把人困在莊稼地裡,社員連撈魚摸蝦的空閒也沒有!"

徐振才攔住他:"不要亂講人家隊裡的事情!"

阮富剛忙解釋:"這又不是我說的,是他們隊裡的副隊長自己說的。"

徐振才一愣:"副隊長?白漢成!"

阮富剛一想:白漢成跟周昌林,這兩個人有點不對路,徐振才不一定信服,忙又加了一句:"還有姚夢田哩!"

徐振才又一愣:"還有姚夢田?"他心裡想:連姚夢田這小夥也對周昌林不滿意了,就隨口說了一句:"這個老周,真是,也太過分了……"

阮富剛就又湊過來說:"隊長,我給你透個信,聽人說,周昌林這樣子火燒心,又要吃不開了,就像那一年他跟'狂熱性'掛了號一樣,這會子又犯上個什麼名目了……"

徐振才臉孔一板,衝著阮富剛就罵:"胡說八道!你這是從哪裡聽得來的?'狂熱性'是劉少奇他們攻擊我們大躍進的,文化大革命中批判過了的,你又把它翻出來做什麼?"

阮富剛嚇了一跳,愣了一陣,才又說:"隊長,我是說,我們隊裡的做法,是合上拍子了。"

徐振才問:"合上什麼拍子?"

阮富剛說:"聽人說,這會子,光是把隊裡的糧庫填滿,不算先進，要能把社員的腰包塞滿，才算本事。我們不是走的這一步嗎？」

徐振才停了一下，問他：「你這又是聽哪個說的？」

阮富剛輕輕地說：「二隊白副隊長。」

徐振才說：「少聽這些。白漢成跟周隊長不大合得來，他這些話，不可靠。」

阮富剛點點頭：「哎，我曉得。我只是給你透個信。」說完，走了。

徐振才嘴裡這麼說，心裡倒是翻騰起來：「真是合上拍子了……」冷不防，二隊社員張二全挑著擔子衝上來，把他撞了一個跟蹌。

「哎呀，你這小夥，差點給你撞倒！」

張二全說：「我曉得人家喊你『不倒翁』，是撞不倒的。」

徐振才哈哈笑了起來：「要不是個『不倒翁』，就得被你撞倒了。」

張二全忽然眼睛一亮，大喊一聲：「周大叔！」

徐振才轉臉一看，是周昌林一步跨三尺地走過來了。他帶著剛才的興致，說：「啊，你已經回來了？」不等周昌林回話，又接著說：

「怪不得說你是個火燒心！稻子才進倉，麥子剛下地，氣也不喘一口，這水利又上馬了！」

周昌林笑笑：「老徐，俗話說，笨鳥早出林，笨人早下地。」

徐振才說：「你不要客氣。」

張二全插上來說：「徐大叔，要說不客氣的話，今年讓你們老先進隊屈居第二了。」

周昌林忙攔住他：「二全子，不要這麼輕狂。」

徐振才寬宏大度地笑笑說：「小夥，創業容易守業難，這話你聽說過沒有？今年你能保住這個產量，才算本事。」

　　張二全說："光保住算不得本事。今年，我們要奔到一個更大的站頭哩。"

　　徐振才說："小夥，不能是啄木鳥治樹啊。"

　　張二全問："這話怎麼講？"

　　徐振才說："全靠嘴硬。"

　　張二全說："不，我們靠的是骨頭硬。"

　　"你說話總是不讓人。"

　　"幹勁上，我們更是不讓人。"

　　徐振才一連喊了兩聲 "啊嗬嗬！" 沒拿得出話來抵擋。

　　周昌林笑笑說："老徐，你也服了他了吧？"

　　徐振才說："服了服了。"

　　張二全又頂上來一句："到明年收莊稼的時候，更要叫你服哩！" 說完，挑著擔子衝過去了。

　　周昌林和徐振才，兩個人望著他的背影，笑了一陣子。

　　徐振才轉過臉來說："這孩子不壞。老周，你們要保住今年這個產量，是得有這個勁頭。怎麼？這會子就挖排水溝了？"

　　周昌林說："這些，都是小打小敲敲。老徐啊，等整治小涼河的工程一拉開架子，那場面！就大了！"

　　徐振才漫不經心地說："那當然。"

　　周昌林指指小涼河，說："你看，小涼河這段彎道，總是我們一塊心病，今年真是好險哪。"

　　徐振才說："是啊，總算過來了。"

　　周昌林說："今年，我們總要治它一下，要把這一把彎弓，拉直嘍！"

　　徐振才一聽，忙說："'彎弓拉直'？老周，這個事情，不能火燒心哪！"

　　聽他說這話，周昌林也愣了："不是我火燒心啊，一九五八年，我們就起過這個念頭的哎！"

徐振才說：“那只是個念頭。”

周昌林說：“如今呢？是個完整的計畫。志芳沒跟你說過？”

徐振才想想：“說過。”

周昌林又告訴他：“公社黨委把計畫報給了縣委，縣委也連夜開會研究了。咦，你在場聽到的呀！”

“聽到的。研究歸研究，不一定就會批下來。”

“我看縣委會批準的。聽說玉華一早就和大隊的水利技術員小老王到公社開會去了。”

“也不一定是談這個事。”徐振才說完就想走。

周昌林連忙把鍬一提，說：“老徐，我搞回來兩把鍬，這一把是給你們帶的，你看看。”

徐振才說：“我們是用不著。”說完，轉身又要走。

周昌林又把他喊住：“老徐，不要走啊。我還要跟你講個重要的事哩。”

徐振才停了下來，問：“什麼事？”

周昌林把在農具廠聽到的關於賣魚苗的話，和在鄰縣瞭解的情況，原原本本地告訴了徐振才，又問他：“今年，你們魚苗不是還從外頭進了一些嗎？怎麼又多得出讓給人家的？再說，價錢也有點不對頭。”

徐振才聽他說完了，反過來問他：“就這個事？你親自跑了那麼遠？我真佩服你，為這點事，也值得這麼火燒心？”

周昌林說：“老徐，這不是個芝麻綠豆的小事，不能馬虎，你得查查！”

徐振才心裡想：你周昌林也管得太寬了。這魚苗的事，是他叫阮富剛處理的，他心裡有數。但也不便當面頂撞周昌林，便敷衍地應了一聲：“我曉得。”走了。

周昌林看徐振才走了，剛一轉身，忽然，幾十條嗓子合成一股聲地喊他哩：

"昌林大叔！"

他抬頭一看，挖排水溝的社員休息了，那些小夥子、大姑娘，把鍬插在田埂上，花花綠綠的毛線衣、小褂子，擔在鍬把子頭上，一個個拿白毛巾擦著汗，都衝著他奔過來，把他圍上了。張二全頭一個奔過來搶了一把周昌林手裡的新鍬，左看右看地翻了一下，掄起膀子就幹開了。周昌林也忍不住了。端起另一把鍬和張二全配了個上下手。只一忽兒功夫，一條二十多米長的排水溝，轉眼就出來了。

周昌林挖著排水溝，就跟他前後左右的幹部、群眾聊聊隊裡的情況。他進城開會之前，隊委會討論的幾件事，這幾天一件一件都落實了。周昌林一邊聽，一邊前前後後看了一轉，怎麼看不到白漢成？就問："老白他人呢？"

張二全說："怎麼，你沒見到他？"

周昌林說："沒見到啊。"

張二全說："他前天就進城去了，說是上縣裡瞭解個事。我以爲你們碰到了。"

"哦，瞭解個事？"周昌林跟著又問："姚夢田這一向怎麼樣？"

張二全說："他？不怎麼樣。你走的第二天，我看到白漢成在他新房旁邊轉了幾個圈子，還跟他談了不少話。"

周昌林聽了，眉頭一皺，心裡想："白漢成一向跟小青年們不大來往，這一陣，對姚夢田哪來的這個情分？"

三

中午收工後，周昌林剛回到家，李玉華就跟腳走來，向他報告了一個好消息：根治小涼河的計畫，縣委已經批準，公社已經成立了一個指揮部。

周昌林忙問：“哪一天開工？”

李玉華說：“氣象站來了通知，幾天之後，要有寒流，我們這一帶，河溝港漢，都可能封凍。縣委要求我們在封凍前，就動手幹起來。”

周昌林點點頭：“對。最好是能搶它幾個晴暖天。”

李玉華又說：“考慮到個別生產隊的特殊情況，有的隊可以推遲一兩天，最遲不能遲過三天，還要儘快把進度趕上去。”

王秀英從灶屋裡走出來，一邊解掉圍腰布，撢著身上的草屑子，一邊說：“玉華，我們二隊，秋收秋種結束得早，水利工程其實已經上馬了，明天就全部上小涼河，也沒有問題。”

周昌林接著問：“具體任務怎麼分配的？”

李玉華說：“小老王在那邊畫圖製表，一會子就要來了。”

一提起圖表，李玉華一抬頭，被東邊牆上一張新地圖吸引住了。

周昌林家，堂屋正中，是一張毛主席像。兩面牆上，貼了四張地圖：

大隊地圖，這是一九五六年成立高級社的時候，周昌林請建社工作隊一位同志畫的，後來又根據不斷地治水改土，改畫過三次；

公社地圖，是大躍進那一年，李玉華替周昌林從公社辦公室描來的，上頭也有好幾處改動；

無產階級文化大革命中，毛主席號召：“你們要關心國家大事”。周昌林買了這張全國地圖；

今年，毛主席發表了“五·二〇”聲明，社員們看了報紙，聽了廣播，要找找柬埔寨，要找找巴勒斯坦……全國地圖又不夠用了。昨天他在城裡新華書店就選購了這張世界地圖。

剛才一到家，周昌林就跟王秀英一起，把世界地圖齊齊整整貼了起來。又找出一塊紅布，剪成一面面小旗子，再按照他平常看書、看報收集的資料，在一些搞革命、鬧獨立、爭解放的國家和地區，插上小紅旗。

李玉華走到跟前看看，說："老周，有了這張世界地圖，三大洋，五大洲，在我們這土屋裡就全啦！"

周昌林說："是啊，三大洋，五大洲，都在我們跟前了。"

李玉華又湊到地圖跟前，說："今天早晨，我在床上聽廣播喇叭裡說，柬埔寨民族解放軍又在波成東打了個漂亮仗。我來看看，這波成東在哪裡？"

周昌林指著地圖告訴她："這裡，這裡。"隨手從牆洞子裡拿出一個小紙盒子，又從盒子裡拿起一面紅布小旗子，朝世界地圖上一插，說："又是一面紅旗子插起來了。"

李玉華說："總有一天，這地圖上，到處被紅旗子插滿了。"

周昌林點點頭。心裡想：大家忙啊，累呀，爭啊，鬥呀，為的什麼？不就是為的這個！

王秀英問李玉華說："哎，看看，這波成東離我們湖熟有多遠啦？"

李玉華笑起來："湖熟？你到哪裡去找我們湖熟？連這麼大的北京城也不過一個小圓點，套一個五角紅星。"

王秀英看看大隊地圖："啊？我們湖熟不小哎。"

李玉華說："單開來看，是不小，到了全圖地圖、世界地圖上，就連針尖子大的地方，也占不到了。"

王秀英聽了，直噴嘴："啊呀，全國多大的地方，全世界多大的地方。"

李玉華說："是啊。不過，反過來說哩，全世界那麼大，是一百多個國家並起來的；全中國那麼大，是千千萬萬個湖熟這麼大的地方連起來的；湖熟大隊，又是十二個生產隊合起來的。大家要一條心，一股勁，一個奔頭，就好了。"

王秀英說：“我們湖熟各個生產隊，還算得上心齊，勁齊，腳步子齊。”

李玉華搖搖頭：“恐怕說不上。”

王秀英以爲是說他們二隊，跟別的隊比起來，還有差距。李玉華說，不是的，她說的是徐振才他們九隊。

“九隊？”王秀英一愣：“九隊是個老先進隊嘛。”

周昌林說：“實情。我們在四百斤上掙的時候，他們就八百斤出頭了。”

李玉華說：“是嘛，如今十一個隊都趕上來了，你們二隊還超過他了，他還在八百斤上不動，跨的是什麼步子？”

周昌林說：“他們當真是原地踏步踏了幾年嘛。”

李玉華歎了一口氣：“也不光是原地踏步子，是走走，停停；進進，退退。”她停了停，又說：

“老周，我就爲這件事來找你。往後，你要多說明老徐。”

周昌林一愣：“我？說明老徐？”

李玉華點點頭。

周昌林忍不住笑了起來：“玉華，你這是砌房子找了個箍桶匠，找錯人了吧？我能幫他什麼？”

李玉華說：“他缺什麼，就幫什麼。”

王秀英問她：“他缺什麼呢？”

李玉華說：“他缺的，正是你家老周有的。支委會看中了他身上有這個金剛鑽，才讓他攬這份瓷器活。”

周昌林說：“只要我們有，就行。”

李玉華笑笑說：“那就一言爲定。”

王秀英在旁邊聽得急了：“玉華，你們別打謎謎了，老徐缺的是什麼呢？”

李玉華正要答話，徐振才一步跨了進來，笑嘻嘻地問道：“你們在研究什麼呢？”

王秀英心直口快："我們正在研究你。"

徐振才笑道："哦，怪不得我耳朵發熱。說我些什麼呀？總不會是壞話吧？啊？哈哈……李玉華說："正說你們缺些什麼。"

"我們缺些什麼？"徐振才也一愣："這個，就難說了。你要問我，九隊有些什麼，我一口氣能報給你幾十樣，有良田百畝，有每畝八百斤的產量，錢有積累，糧有儲備……這些，是實實在在的東西，眼睛看得見，手摸得著的。你要問我缺些什麼，那就玄了。嗯，說不上來。"

李玉華插上一句："這麼說，人家幫你們，根本幫不上？"

"人家幫我們？越說越玄了。"徐振才望望周昌林，靈機一動，自以為看穿了李玉華的"花樣"，說：

"玉華，你直喉嚨也說拐彎話了，這幾年，我們對老周他們的幫助，是不夠，你批評我就是了，何必說這個反話？遣將不如激將呀？"說著，又轉身對周昌林：

"老周，往後，有什麼困難，你跟我講一聲，只要我們有，就行。"

李玉華見徐振才這麼麻木，針也紮不出血來，難過地喊了一聲："老徐呀！"

徐振才沒等她說下去，又說："玉華，老周他們不好說，你支部書記多提提。"

李玉華正要再往下說，忽然，門外頭一聲："大叔！"緊跟著，大隊水利技術員小老王奔了進來。

這個小老王，今年二十歲，做事頂真，說話老成，喊他"小王"，覺著對他不夠尊重；喊他"老王"，又怕把人家年輕輕的小夥子喊老了，就來個"綜合平衡"，大家都喊他"小老王"。

這會子，小老王一見李玉華也在這裡，興奮地叫了一聲"玉華姐！"接著回頭說：

"火燒心大叔！你這塊心病，如今要開刀根治了！"

徐振才一愣：「開刀根治？」

小老王又轉過來對他說：「徐大叔，根治小涼河的計畫，縣委批下來了，你還不曉得？」

他說著，就打開兩張《農田水利基本建設規劃圖》，朝原來的公社地圖和大隊地圖上一釘，說：

「明年，我們公社和我們大隊的面貌，就變成這樣了。」

在場的幾個人，一起圍上去看圖。

周昌林心裡開了花，想：小涼河到底要根治啦！這是社員們多少年的心願啊。一想到馬上就要展開的轟轟烈烈的大幹場面，心裡就像有一盆火在燃燒。

小老王見大家對這兩張圖這麼感興趣，就補充說：

「徐大叔，這兩張圖，還是周大叔起頭畫起來的哩，是他打的底稿。」

小老王說的，是實情。早在一九六七年，正是無產階級文化大革命的高潮當中，農業學大寨運動，紅紅火火地搞了起來，周昌林的心裡真像乾柴上潑了油，火越燒越旺。他琢磨：學大寨，就要大幹、快上，這高高低低的地，要挑平坦；這零零碎碎的田，要搞齊整；小涼河的這把彎弓，一定要拉得筆直！……這一樁一樁，一件一件，漸漸在他心裡形成了個譜。他就拉了張二全這小夥，跟他一起，三更燈火五更雞，一筆一筆地畫，一筆一筆地描，終於把重新安排山山水水的一張圖畫出來了！那上頭，哪塊是田，哪條是河，哪裡是路，哪兒是房；大路旁，堤埂上，要栽楊柳多少棵，要栽槐樹多少行，也畫上了。那上頭，要挑多少土方，要動用多少勞力，小涼河拉直了之後，該補給九隊多少田，都算得八九不離十。

他把這張圖，往隊裡倉庫牆上一貼，讓大家來指點、研究，接二連三地議論了幾個晚上，又做了幾處改動，然後才交給了李玉華。

　　李玉華一接到這張圖，當即把十二個生產隊的隊長都找到一起來，有的隊來的是副隊長，像九隊，徐振才就是叫余志芳來參加的。十幾個人忙了頭二十天，搞出了一份大隊規劃圖，交給了公社。

　　小老王指著公社的規劃圖，一葉一瓣地介紹了起來："這邊，新墩，范墩，李圩，幾個大隊，有將近五千畝旱地，只要把小涼河的水引過來，就可以種上水稻。"

　　周昌林心裡動了一下："五千畝啊！是我們二隊的二十六倍。"

　　小老王接著說："這邊，西界，王嶺，幾個大隊，還有三千七百多畝水田，如果搞好了水利配套，就可以實行自流灌溉，有的還可以蓄多水。"

　　李玉華說："你們看看，光是小涼河這一帶，就有多大的潛力呀！"

　　周昌林心裡聽得熱燙燙的。

　　大家正談得來勁，徐振才冷冷地提了一個問題："你說了大半天，對我們湖熟有哪些好處啊？"

　　徐振才這一問，把小老王愣住了："大叔！這個，你還不曉得啊？小涼河根治之後，能排澇，能抗旱，你們九隊的十六畝高坡地，也可以改種水稻……"

　　徐振才說："那十六畝地，我不指望它發財。"

　　"你們隊裡的社員，還指望它增產糧食哩！"

　　徐振才說："小涼河彎弓沒有裁直之前，我們產量也在八百斤以上。"

　　小老王簡直弄不懂：徐隊長說這些話究竟是什麼意思？

　　李玉華是看得清清楚楚，她深沉地喊了一聲："老徐！八百斤，不是山頂，是山腳根；不是終點，是剛剛拔腿起程。"

　　徐振才想了一下，說："好吧！你們硬要上，我們奉陪。工程上攤我們多少土方，派我們多少勞力，定什麼日子開工，限我們哪天完成，通知我一聲，保證不打折扣。」說完就要走。

小老王說：「哎，要派一個副隊長到指揮部開會呀。」

徐振才回了一句：「我叫余志芳參加。」

小老王望望他的背影，問李玉華：「徐大叔是怎麼回事呀？」

李玉華反過來問周昌林：「你看出他們缺什麼了嗎？」

周昌林點點頭：「看出點眉目了。玉華，你說他走走、停停；進進、退退，真是這個樣子。大躍進那一年，他跨了一大步，而後又退回去大半步；一九六五年社教，他朝上頭攀了一下，不多時，又落到了原處；文化大革命一開始，他跟大家一道，朝前頭衝過，這陣子，又在向後頭滑了……」

小老王說：「他滑不到哪裡去。反正他拍了胸脯子，保證不打折扣就行了。」

李玉華搖搖頭：「不行。」

周昌林說：「是啊，不那麼簡單。再給他理理脈絡，什麼時候走，什麼時候停，什麼時候進，什麼時候退，這裡頭有學問哩。別看在全國地圖上連個針尖子大的地方也占不到，但是跟國內國外的大陣勢有關聯哩！」

周昌林說到這裡，突然朝起一站，喊了一聲：「我馬上就去！」

小老王嚇了一跳：「到哪裡去？」

「找老徐談談去！」

王秀英喊他：「喂，你還沒吃中飯呢！」

周昌林已經走掉了。

小老王佩服地說：「玉華姐，周大叔真是個火燒心！」

四

王秀英等了好一會子，仍不見周昌林回來，她管自胡亂吃了頓午飯，收拾好家務。就盛了些飯菜，裝進籃子，決定到徐振才家去找丈夫。可到徐家一看，連徐振才自己也不在家。

徐振才的妻子張玉蘭迎出來說："老周沒來過嘛。"

王秀英歎了一口氣："不曉得又燒到哪裡去了。"

張玉蘭關心地說："秀英，你也應該勸勸老周，一年到頭，這樣燒得著著的，不把心燒空了？何苦啊？"

王秀英聽她說這話，頭一抬，說："不，你不知道，我瞭解他這個人，就這麼一個好處，年年月月，朝朝晚晚，操心勞神，熬油費燈，無事不管，無事不問，倒都不是爲了他自己，只爲集體。我也弄慣了。"

張玉蘭想想，說："自然，你跟他一個鍋裡吃飯，你頂瞭解他了。"

"這是你說的。"王秀英感情深沉地說："他就不是這個說法了。他說，最摸他的心的，是黨，是社員群眾。想想，他這話也在理上。"她精神一振，說："這一頓飯，他反正是吃不成了。晚上，我弄些好的補補他。"

張玉蘭說："應該的。"

王秀英正要走，又一想："他說要來，總會來的，飯菜就放這裡吧！"

張玉蘭說："你帶走。我家裡有現成的，憑他大肚漢，也足夠他吃的。"

王秀英說："我這一刻不回家，下田去了。"她把碗筷放到桌上，就走了。

張玉蘭望望她的背影，笑笑，心裡說："真是，不是一家人，不進一家門。"

　　再說，這一會，周昌林到哪裡去了呢？他出了家門，沒有追得上徐振才，正要過河到九隊去，在橋口碰上了一位年輕姑娘，叫江春梅。

　　這個江春梅，原是小城鎮上的一個高中畢業生，一九六六年，到二隊來插隊務農。

　　幾年勞動下來，江春梅和姚夢田這兩個人，慢慢的有了感情，決定在最近期間辦婚事。

　　周昌林對這件事很關心。他覺得江春梅願意和姚夢田結婚，是表明了這姑娘在農村紮根的決心，是她跟傳統觀念徹底決裂的一個實際行動。這會，周昌林在橋口一見到江春梅，就說：

　　"春梅，婚事準備得怎麼樣啦？"

　　江春梅頭一低，說："日期推遲了。"

　　周昌林一聽："哦？推遲了？也好，等小涼河工程完了，停當些。—— 跟夢田商量過啦？"

　　江春梅說："就是他提出來的。"

　　周昌林點點頭："嗯，好。"一想，前幾天白漢成在姚夢田那邊談過一些話，又有點不大放心，就問："他是怎麼提出來的？"

　　"說是房子還沒準備好。"

　　房子？周昌林疑惑起來了。姚夢田的房子，很早就粉刷、整理好了，怎麼說還沒準備好？

　　江春梅說了一聲："我下田去了。"就走了。

　　周昌林心裡想，江春梅跟姚夢田這件婚事，不光是小青年們個人的私事，這是無產階級文化大革命之後的新人新事，這裡頭就少不得有矛盾。看江春梅的神情，莫非其中有什麼疙瘩？

　　他望望小涼河那邊，見徐振才此刻正跟幾個社員在談話，估摸這一刻也不得空閒，他硬插進去談，理也談不透，不如先到姚夢田那邊去問個究竟吧。

前幾天，周昌林進城去了之後，姚夢田正在興致勃勃地佈置新房，白漢成走了過來，腿不停，腳不住地在房裡房外，屋前屋後，轉了好幾個圈子。

姚夢田一見白漢成，想起前幾天晚上，周昌林曾經跟他談過，批評他不該有歆歆勁的念頭，要他分清好話、壞話，不能稀裡糊塗地吃虧上當。周昌林沒有點白漢成的名，姚夢田心裡也有點數，這會子就不大想理睬他。

白漢成看完了房子，站到姚夢田跟前，大拇指一蹺，喊了一聲："好！"

他說這房子有幾個"好"：房基好，地勢好，木料好，式樣好，屋頂上瓦好，砌房子的瓦匠手藝好，還有，新房裡一對新人配得好。

這幾個"好"一說，姚夢田禁不住笑了起來："咳，你倒編成順口溜了。"

白漢成忽然話頭一轉，說："就是有一樣不好。"

姚夢田問他："哪一樣不好？"

白漢成說："可惜是個泥土牆，真是美中不足。"他搖頭歎氣一番後又說："要說你們年輕人哪，也太不會算計，國家號召晚婚，你就不能推遲一年半載，發個狠心，再掙個千兒八百的，砌個磚牆，多好！人家春梅是鎮上人，將來，老丈人，老丈母娘，到鄉下來住住，好比住的別墅，心裡舒坦，春梅也覺得光彩，也顯得我們農村的嶄新面貌，我們人民公社的優越性嘛。"

九隊的阮富剛從這裡路過，聽了白漢成這一大段議論，插過來說："白副隊長這些話，說得真是不錯。夢田，你要有心改砌磚牆，我給你出個主意。"

姚夢田沒有開口，白漢成搶著說："什麼主意？夢田他們年輕，要的就是主意。你快說吧。"

　　阮富剛說：“我們徐振才隊長的心思，你們曉得吧？光靠在田重地裡掙幾個工分哪能成！這兩年，我們隊在外頭做瓦、木匠活的，多哩！你跟他們出去搭搭手，一來，學學手藝，二來，多掙幾個錢，三來，人又混熟了，磚頭好買。而後他們再回過來幫你砌房子，不費事，快當得很。”

　　白漢成又是大拇指一蹺：“好！這是個主意，人力，物力，財力，技術，都有了，這樣，要不了一年半載，這磚牆就砌成了。”

　　姚夢田停了一下，對阮富剛說：“我們隊裡跟你們不同，不得閒，抽不出身子來，顧不得這些了。”

　　阮富剛大腿一拍，惋惜萬分：“不假，你們隊長是個火燒心。”

　　白漢成說：“這個不用愁。周隊長火燒心，爲的是大家不吃救濟糧，對國家說得過去，如今，公糧交了，餘糧賣了，周隊長也上臺做過報告，總該歇歇勁了。再說，看他這幾年苦的那個樣子，哪個不心疼？他要再那麼火燒心，大家也不能答應他了。”

　　姚夢田說：“嗨，周大叔他自己不是這個想法，他今年要大幹一番，根治小涼河哩。”

　　阮富剛說：“放心放心，他有這份心，恐怕沒有這份力。小涼河是你我兩個隊的事，徐隊長不一定肯搞。”

　　姚夢田問他：“是真的嗎？”

　　阮富剛說：“我才不是說了，徐隊長的心思不在這裡。”他停了一下，忽然想起來了：“咦！夢田哪，只要你們白副隊長同意你出去，那還不是一句話嗎？”

　　白漢成說：“哎，不能這麼說。我們隊裡大小事情都要周隊長一句話才行。”

　　阮富剛說：“他也不能這麼獨、獨裁！”

　　自漢成說：“哎，不能這麼說。根治小涼河，確實是個大事情。周隊長不肯歇勁，我們也應該跟他再苦幾年。──夢田，我們剛才說的話,不算數。房子的事,將就些吧。難看就難看些,老丈人要住得慣,就多住些日子,住不慣哩,就少來幾趟吧。只不過委屈了春梅。要照老古話說,人家這是板門對你的笆門呀……不過,如今也說不得這些了。總怪我們當幹部的,對社員關心不夠。"

白漢成跟阮富剛又東拉西扯,說了一陣,就一起走了。

一離開姚夢田的新房子,白漢成就把阮富剛拉到一邊,輕聲問:"怎麼樣,這次魚苗的買賣,我給你找的客戶不錯吧?"

阮富剛嘴一撇,說:"我也沒叫你白辛苦呀!不過,這事會不會讓隊裡發現,我們徐隊長還問過這事呢!"

白漢成胸有成竹地說:"這個你就放一百個心!隔一個縣呢,怕啥,今後,有這種機會找我好了!明天我又要進城了,我給你再關心一下吧!你們隊不比我們二隊,徐隊長這麼狠抓副業,同當前形勢正合拍。文化大革命快過去了,光把集體倉庫裝滿,不算先進了,誰能把社員腰包塞滿,就算好本事。我們周隊長的為人,你是曉得的,是個'火燒心'!"

阮富剛說:"這倒是的,你應該提醒提醒他。"

白漢成淡淡一笑:"到時候,我會給他提的!"

正說著,迎面過來了一個人,叫陳三。這個人,跟《白毛女》裡的穆仁智,是一樣的角色,是地主孫老財家的大管家,是個二地主,做了不少壞事,土改當中被鬥了,賊心不死,搞反革命活動,被判了個交群眾管制。他見了白漢成,恭恭敬敬喊了一聲:白副隊長!"跟著說:"上回聽了您的指示,難為您體諒我這幾年的苦衷,說是許可我們出去尋些活絡錢,透透風,緩緩氣……"

陳三話沒說完,就被白漢成打斷了:"你急的什麼?第一步是貧下中農,像夢田,等著換磚牆哩,等他有了機會,下一步,才能攤到你這樣的人。去吧!到時候,少不了你。"

陳三走了之後,白漢成說:"照說哩,這幾年,老周對陳三這樣的人，也狠了些。」

阮富剛聽了這話，暗地裡伸伸舌頭，心裡想：「這話你敢說，我還不敢聽哩。當初陳三的德行，我也見過的。要是倒過來，換個位子，哼，陳三對老周，就不光是個『狠了些』嘍！也不單是老週一兩個人沒得好日子過喔！── 我跟你少嚕蘇吧。」

兩個人就分頭走了。

剛才白漢成這些話，可惜姚夢田沒有聽得到。這小夥，他獨自一人，把房子又看了一轉，覺得這泥牆，真不順眼。心裡想，白漢成是個副隊長，他能有什麼壞意？照阮富剛的主意幹一下，有什麼不行？九隊在外頭的人多哩。他發了個狠心，跑去跟江春梅說了緩辦婚事的話。

再回過頭來說周昌林，這會子，他急急忙忙地朝姚夢田新房子趕，老遠的見一個人，站在樹底下，盯著姚夢田家大門看。周昌林認出了這是陳三，就走過去問：

「你站在這裡看什麼？」

陳三正看得出神，一聽到周昌林問話，就心急慌忙地說：「我看姚夢田是不是在家？」

周昌林逼近一步問：「姚夢田在家不在家，關你什麼事？」

陳三打著格楞，慌忙編詞說：「聽說他要成親了，這是個新事，我也想看看熱鬧。」

周昌林把他從頭到腳看了一遍。他的眼睛看到哪裡，陳三身上那裡就冷汗珠子直冒：「隊長，你要說不能看，我就家去了。」

陳三走了之後，周昌林倒不忙到姚夢田家去了，他在一個樹椿子上蹲下來，心裡想：「『關心』姚夢田的人，還真不少啊！」

正想著，張二全過來了。他問周昌林：「大叔，剛才陳三這傢伙搞什麼鬼？」

周昌林說：「他說想看看熱鬧。」

張二全說：「這個傢伙，文化大革命以來，他整天悶著個頭，好像世上沒有他這個人了，這會子，怎麼又像要活過來了？"

周昌林說："嗯，是什麼貓子，狗子，跟他嘴對嘴的接過氣了。"

張二全說："哼，他想看熱鬧，我就讓他看看！"

周昌林低聲關照了張二全幾句，這才到姚夢田家裡來。

周昌林認定了姚夢田的房子問題，跟白漢成、陳三有什麼牽連，左問右問，姚夢田只把話說到這一步："房子不理想，要再搞得理想些。"

周昌林坐了一會子，說："推遲婚期，我贊成。你和春梅，年紀雖說不小了，也不算太大，晚婚有好處，可如果是為了房子，要在什麼土牆、磚牆上頭花腦筋，用功夫，那就不好嘍！"

姚夢田憋了一陣，說不出話來，只聽得周昌林繼續說："夢田，馬上小涼河要動工了，把心思、力氣，都放在這上頭吧。"

這一說，把姚夢田心裡的話挑出來了："大叔！小涼河今年一定要動工嗎？"

周昌林一聽語氣不對，就正面開導他，說：

"你說房子不理想，依我說，小涼河這段彎道，才真是不理想哩！這一段河道，老早也不是這個樣子，就因為河那邊是孫老財家的田，硬逼著河道從他家讓開，當年就是由陳三指派人幹的，把小涼河弄成了他家的護莊河、保田河。如今，我們不能讓它這個樣子拖下去了。"

姚夢田只管聽著，就是不吭聲。等周昌林一走，姚夢田氣鼓鼓地說："公糧交了，餘糧賣了，人也上臺做報告了，還要這麼火燒心啊！"

他媽媽正好走過來，聽到了，兜頭罵了他一頓：

"揍你個嘴巴子哩！你也討厭你周大叔！你要是有你周大叔那把火燒著心，嗨，我就高興了。"

五

余志芳在公社開完了會，一路唱著歌，回來了。

張二全聽到歌聲，停了下來。

余志芳帶小跑，到了他跟前。

張二全說：“你喲！我想，是哪個唱得這麼好聽呀？以爲是廣播站提前播音了哩。”

余志芳笑起來：“你也學會說俏皮話了。——忙的什麼事啊？”

張二全把手上的扁擔一舉：“小涼河的事！你不曉得啊？”

余志芳說：“嗨，我曉得的比你早。”

張二全想起來了：“哦，你是副隊長，去開過會的。不過，我行動得比你早！你看，我換了一根新扁擔。”

余志芳把扁擔從這頭到那頭，輕輕地撫摸了一陣，說：“二全子，你還記得一九五八年時候的大躍進嗎？”

張二全忙說：“記得記得，怎麼不記得？那一年，我們五歲。”

余志芳說：“人家都說七歲才記事，我怎麼五歲那年的事，記得清清楚楚？”

張二全說：“就因爲那是大躍進的年代嘛！”

他們沿著小涼河的堤埂，一邊走，一邊回想起一九五八年的事來。

那一年，疏通小涼河，隊裡托兒所的大媽，領他們到水利工地上來，唱歌，跳舞，慰問。唱完了，跳完了，別的孩子都走了，只有他們兩人偷偷地留了下來。二全子拿表演用的小扁擔，小泥箕子，小芳子拿小鏟子，把兩個隊記土方的界樁，鏟平了，挑光了。

為了這事，徐大叔把他們罵了一頓；周大叔倒表揚他們："鏟得好，挑得好，本來就不該留。"打那往後，全小涼河各個隊，都把界樁子鏟平了。

兩個青年人想起這一段故事，哈哈哈，咯咯咯地笑了一陣。

張二全又想起周大叔說的小涼河整治計畫，興奮地說："志芳，在我們手上，要讓它換個樣子了！"

余志芳說："是啊。二全子，想想一九五八年，那時候，我們多羨慕周大叔他們大人哪！"

張二全說："現在我們也是大人了。"

余志芳說："想想真有趣。一九四九年，周大叔十八歲；一九五八年，玉華姐十八歲；今天，我們十八歲。"

張二全說："周大叔十八歲，打土豪，分田地；玉華姐十八歲，大躍進，成立人民公社。"

余志芳又說："今天我們呢？"

兩個人同時喊起來："無產階級文化大革命！"

真是激動得不得了。

過了一會子，張二全說："哎，我再告訴你一個秘密，我們要趁著根治小涼河，幹一件大事哩。"

余志芳趕忙問："什麼大事？"

張二全故意賣關子："我先問你，小涼河底下是不是有大量淤泥？"

余志芳說："有啊。"

張二全又問她："我們隊裡，是不是有一部分低窪地？"

余志芳說："有啊。"

張二全拿過扁擔，裝著要走的樣子："行了，底下，你自己找答案吧。"

余志芳嘴一撇："喲，看你神氣的！告訴你，我也想好了。"

張二全說："你光一個人想，我們是大家商量過了。而且不但商量了，全體社員早做了決定，馬上就要動手幹起來！懂了吧？"說著，扛起扁擔就走。

余志芳心裡想：看看人家二隊，勁頭子多足啊！這回，我們九隊非趕上去不可。走，去找徐大叔！一轉臉，碰到了阮富剛，就興沖沖地問：

"阮大叔，我們隊裡準備了沒有？"

阮富剛一愣："準備什麼？"

余志芳說："上小涼河的事啊。"

阮富剛說："哦，耳朵裡刮過這麼一點點風，不過，東耳朵進去，還沒到西耳朵，就沒有了。"

余志芳興沖沖的勁頭上給澆了一瓢冷水，氣壞了："對根治小涼河抱這種態度的人，我到這一刻，只見到你一個。"

阮富剛對她這句話，一點不在乎，鼻子一哼，說："根治小涼河，談何容易。"說著，他就彎下腰，在地上想找磚頭。找來找去找不到，就隨手撿起了一塊泥巴，擺開要摔下河的架勢，說："今年要能根治，這塊……"他看看手裡捏的這團東西，不知說"磚頭"還是說"泥巴"好。

余志芳見他這個模樣，反而忍不住哈哈大笑起來，說："阮大叔，你不要再來這一套了，你摔的磚頭，永生永世也漂不起來，等我們挖河的時候，我代你一塊塊撿起來，將來送到農業學大寨的展覽館，跟周大叔的那把鐵鍬放在一起，好作一個反襯。"

阮富剛見余志芳這麼笑話他，也就洩氣了。他把泥團往地上一摔。說：

"你呀，還太年輕，你不知道我們隊長心裡有個聚寶盆！"

余志芳聽出話裡有話，喊他："你說什麼聚寶盆？"

阮富剛頭也不回地說："何止是聚寶盆，還有搖錢樹哩……"

"還有搖錢樹？"余志芳更摸不著頭腦，"阮大叔，你不要對我打啞謎了,給我把話說說清楚!"

阮富剛說:"我不得閒。"

余志芳追上兩步,說:"你不得閒?馬上小涼河開工了,大家都不得閒,你不能老出去跑呀。"

阮富剛說:"哎,我出去,是公的,是明的,是隊長支派的。要不是為了給姚……找人搭線,你連我的影子也見不到哩。"

阮富剛走了之後,余志芳站在那裡,把他的話仔細一猜摸,嗯,這裡面有問題。

她急忙忙跑到隊裡一看,又跑到徐振才家裡一問,真是不錯,徐振才根本沒把小涼河的事放在心上。她急了,說:

"徐大叔,公社今天開會佈置,小涼河馬上就要動工了,我們快點開隊委會討論,開群眾會動員吧。"

徐振才說:"不急。"

"不急?"余志芳差一點點喊了起來:"看看人家二隊,個個摩拳擦掌的。"

徐振才說:"用不著你煩心,船到舵也到,客到貨也到。只要我們下了決心上河工‧拖著鞋子也趕得上。"

余志芳吃了一驚,說:"到這會子還沒下決心啊?我們對縣委和公社黨委的決定,是什麼態度啊?"

徐振才說:"你怎麼能這麼說?根治小涼河,上級黨委做了決定,我們當然堅決服從。幹,是一定要幹。怎麼個幹法,要研究。這裡頭有矛盾。"

"什麼矛盾?"余志芳問他:"是不是怕砸碎了聚寶盆?"

徐振才一愣:"什麼聚寶盆?"

余志芳說:"我正要問你哩。阮富剛說的,說你心裡有個聚寶盆,還有什麼搖錢樹……"

張玉蘭一聽,慌忙插上來說:"這個'摔磚頭'的又在嚼舌頭根了,我們家哪來的聚寶盆、搖錢樹?"

余志芳說：“大嬸，他不是說你家裡，是說隊裡的。”

徐振才說：“隊裡的，我也不曉得有這兩件東西。”

余志芳氣呼呼地說：“管它什麼哩，我看哪，肯定都不是好東西。”

徐振才見余志芳發火，也很不高興，一屁股坐到小板凳上，一聲不吭抽悶菸。

余志芳見他這個樣子，也氣走了。剛跑出門，正好碰上周昌林，就說：“周大叔，你看看我們隊長！”

周昌林問她：“怎麼了？小風車碰到頂頭風啦？”

余志芳說：“大叔，請你給他轟幾炮吧。”說完就想走。

周昌林說：“哎，不要跑，你先給我指點指點，這炮該往哪一處轟啊？”

余志芳說：“目標清楚得很哩，你看徐大叔，渾身是自以為是的驕氣，不求上進的暮氣。”

周昌林聽了這話，想了一會子，說：“驕氣，暮氣，這是明擺著的，就怕骨子裡頭還有別的什麼氣哩。”

余志芳急忙問他：“別的什麼氣？”

周昌林問她：“出賣魚苗的事，你曉得不曉得？”

余志芳搖搖頭：“不曉得。”

周昌林又從頭到尾，詳詳細細說了一遍。

余志芳大吃一驚：“還有這些名堂！徐大叔怎麼不跟我說？”

周昌林說：“我告訴他，他不當個事。你也不要急，只要把它來龍去脈查實在了，老徐會出一身冷汗。”

余志芳說：“我馬上就去。”

周昌林又說：“哎。你先找幾個人商量商量。”

余志芳點點頭：“好。”

余志芳走了之後，周昌林剛要跨進門去，抬頭一看，真是無巧不成書,徐振才家的大門上,也換了一副新寫的門對子,很有文采,對仗工整。上聯是:"憶往日,三戰雨澇小涼河畔奪高產",下聯是:"看今朝,五穀豐登大石橋邊話豐年",門頭上一張橫批:"倉平囤滿"。

周昌林盯著這副門對子和這條橫批,望了一陣,而後才跨進了徐家的堂屋門。

張玉蘭一見周昌林,說了一聲:"呀,來了。"轉身就進了裡屋。

徐振才剛剛招呼周昌林坐下來,張玉蘭一手端碗,一手拿著筷子,又出來了。

周昌林望望大門口的太陽影子,問她:"是晚飯還是中飯?"

張玉蘭說:"中飯。"

周昌林一愣,轉過臉來關心地問徐振才:"你還沒有吃中飯?"

張玉蘭說:"是你自己還沒吃。秀英端了飯碗來找你,你不在,她把碗一放,下田去了。"

周昌林被她一提醒,肚子倒咕嚕咕嚕喊起來了,他這才想起今天還沒吃過飯呢,從張玉蘭手上接過碗來,大口大口地往嘴裡扒。

張玉蘭忙說:"冷了,讓我拿到灶間去熱一下吧!"

周昌林說:"不礙事,馬上出一身汗就好了。"

徐振才笑笑說:"反正他是個火燒心,吃下肚去熱,也一樣。"

張玉蘭埋怨他:"看你說得好哩。"見周昌林已經吃了,也只好算了。

周昌林三口兩口吃完飯,重新坐定下來,一看,對面牆上也是一張圖表:"湖熟九隊歷年穩產高產紀錄",十二個字,顯眼得很，每個字，一筆一劃，又粗又大，像小柳樹棍子擺起來的。

徐振才見他注意這張圖表，高興地說："說起這幾個字來，還反映了我的一段思想過程哩，讓我說給你聽聽？"

徐振才興致勃勃地講開了：起先，他把"湖熟九隊"這四個字，寫得比別的字都大，後來，想想，不大妥當，應該描得粗粗大大的，是"穩產高產"四個字，就把這四個字描粗了。過了一陣，又一想，不對，"歷年"這兩個字更重要，應該把這兩個字突出來……

他說著哈哈大笑："咳咳，我翻來覆去拿不定主張，到後來，覺得這幾個字都重要，要突出，都該突出。我把這幾個字又描了一下，這就越描越粗了。"

周昌林聽他說得這麼津津有味，又聯想到他那副門對子和那張橫批，再想到他聽到魚苗的事，不當個事，本來是要跟他談談小涼河的，這會子想想，恐怕用處不大，要從根子上刨刨。他正琢磨從哪裡下斧子，一眼看到了桌子上的不倒翁。

張玉蘭正好把碗筷洗好了，拿來放在桌子上，見他望著這泥人子想心思，就說：

"老周，我問你個事，有人把老徐比成個不倒翁，究竟是好話，還是壞話？"

周昌林一聽，這倒是個新鮮題目，想了一下，說："依我看哪，是好話，又是壞話。"

徐振才一聽，嚇，這又是個新鮮說法，"你倒說說看！"

周昌林不緊不慢地說："從一方面看，倒不了，是好事情，也確實是不容易的。不過，從另一方面來看，它老在一個地方呆著，一步也動不了，這又是個壞事情。"

張玉蘭點點頭："噢。老周，照你這個說法，它那一面的毛病，還真不輕哩！"

徐振才跳了起來："倒不了就不簡單。"

周昌林問他："難道就不能挪挪窩子，朝前頭奔奔了嗎？"

"朝前頭奔奔？老周，你說還要怎麼個奔法？"徐振才扳著手指頭，數給周昌林聽：

"種，我們全是良種；肥，下足了，再多，就要瘋長，就會倒伏；水，沒淹過，沒幹過；密，歷來堅持合理密植；管，麥子是雨住田就幹，稻子是田裡無雜草；土，我不能從別處偷一百畝好田來……八字憲法，全了。"

周昌林連說幾個"不"，問他："老徐，當真全了嗎？"

徐振才斬釘截鐵地說："全了。"

周昌林更是截鐵斬釘，說："我看沒有。"

徐振才不服："你擺事實嘛！"

周昌林說："前兩年，你是照八字憲法做的，是照毛主席的總路線做的，鼓足幹勁，力爭上游，荒田開成了熟田，旱地改成了水田，一熟變成了兩熟，低產變成了高產。如今呢？你把八字憲法忘了，把總路線忘了，種子在退化了，肥田在返生了，種雙季稻嫌苦了，嫌累了，就連小涼河彎弓裁直有多大的好處，也看不見了。"

徐振才說："要把小涼河彎弓拉直了，就要把田開成河，把河墊成田，反來倒去，這不是沒有事找事做嗎？這田跟河，又不是油盞裡的燈草，可以隨便撥來撥去的。當真幹起來，也不像拿筆在紙上畫畫，就畫得成了的，沒有那麼輕快自如。"

周昌林點點頭："是啊，畫在紙上，容易；畫在地上，這是要人幹的。這人，若是只盯在灶頭屋角，若是只看到眼前的一點成績，就做不成。"

"你！……好，你再說嘛。"

"是要再說。你把平產當成了穩產。你沒看到，過去的高產，如今快要算低產了。老徐啊，你口口聲聲要保住這樣，保住那樣，我總想不透，有什麼東西非保住不可，我老是想，要去爭！總路線要我們力爭上游，是‘力爭’啊，老徐！”

　　徐振才說：“我的老周！我們情況不同，你還不曉得，要保住這份家當，得花些什麼力氣。”

　　周昌林說：“不，這些年，我總覺得，單單想守住攤子，保住什麼，是保不住的。土改之後，我們要保住勝利果實，不走互助合作道路，能行嗎？前幾年，爲了鞏固無產階級專政，防止資本主義復辟，不搞無產階級文化大革命，能行嗎？這會子，文化大革命的勝利成果，要不要保住？要！那就得再朝前頭奔，再去爭，再去鬥！要不，能行嗎？”

　　徐振才沒深想過這些問題，回不上話來，只得說：“老周，這個問題，我們一時說不清楚。我曉得，你今天是爲小涼河來的。我再把我的態度說一遍：第一，我們有難處。”

　　周昌林馬上問他：“什麼難處？”

　　“勞動力不足。”

　　“幹什麼去了？”

　　這一針戳到了地方，徐振才身子一震，連忙說：“這就不用問了。”

　　周昌林把針直朝深處戳，說：“要問！農業勞動力，不用在農業上，幹什麼去了？這不單是個勞動力的支配問題，這是路線問題！”

　　徐振才連忙抵擋：“老周，別說得那麼厲害，一家不知一家事；第二，小涼河彎弓裁直，我們隊副業要受損失。”

　　周昌林又叮住了問：“什麼副業？受什麼損失？小涼河彎弓不裁直，農業上受不受損失？”

　　徐振才被問得有點冒汗了，他想把從阮富剛嘴裡聽來的話，拿出來頂周昌林一下子，又覺著事關重大，不能隨便亂說，一時又找不到其他的理由來抵擋，只得退一步說：“第三，先進生產隊，幫助別人，義不容辭，爲你們二隊著想，爲全大隊著想，我保證上河工，行了吧？"

徐振才只想趕快把這場談話結束，就此"關"上了"大門"，還加了一道"頂門杠"。

周昌林想想：心慌吃不得熱粥，這事一時也急不得。不過，你關了門，我還要在門上"咚！咚！"敲幾下子，就說：

"老徐啊，文化大革命之前，修正主義路線支持了資本主義妖風，弄得人心七股八岔，我們是親身吃過苦頭的。如今，我們就該認定了農業學大寨這條金光大道朝前走啊！只有步步朝前進，不能有半步朝後退！"

周昌林說完了這幾句話，就離開了徐振才的家。

一出大門，周昌林老遠就看到李玉華、余志芳，還有九隊的幾個社員，在田裡一邊做生活，一邊談說著，他走過去，把剛才的情形，跟李玉華說了說。

李玉華指指九隊的社員，告訴周昌林說："大家也正在議論呢！"

余志芳說："玉華姐，你沒看我們徐大叔那個樣子，黏起來不像個粽子，攤開來不像個糍粑，把人急煞了，恨煞了。"

李玉華笑道："看這姑娘，劈裡叭啦一長串，做思想工作，急不得的。他不聽，我們就再跟他磨嘴皮子嘛。"

余志芳說："有什麼用，磨破嘴皮子，他也只當耳邊風！"

周昌林說："志芳，我們要相信：井掏三遍出甜水。"

李玉華說："對。志芳，今天晚上，你們隊裡再開個會。我參加。老周，明天，你們照上河工，不要等。"

余志芳聽了，拍手叫好："對！周大叔，不要停下來等我們，幹起來，促我們。"

九隊的社員也都說："應該這樣。"

有個社員對周昌林說："老周，你放心，我們老徐是一時擱了淺，只要我們大家一使勁，總會離了這塊淺灘，到深水裡去的。

小涼河的事，我們總要幹的！"

　　周昌林聽了，點點頭："這個，我心裡有數。老徐只要認清了方向，離開淺灘，上了路，起步還是會快的。"

六

　　王秀英在張玉蘭面前許了願，晚上一收了工，趕回家剁了一大塊新醃的鹹肉，殺了兩條六七兩重的活鯽魚，又在菜園裡摘了小牛籃子四季豆，利利索索忙了一陣，等周昌林一到家，飯菜都上了桌子。

　　兩口子說說笑笑，面對面坐下來吃飯。

　　王秀英特別開心，把大塊大塊的肉，不住地撿到周昌林碗頭上，還熱情地向周昌林推薦：

　　"你吃吃這個鯽魚看，活蹦活跳的，鮮的能掉了牙。"

　　周昌林說："鯽魚刺多，太費事。"

　　王秀英嘴一撇："不好說你的哩，吃魚也嫌費事。"

　　說著，放下碗筷，把魚刺一根一根剔掉，把淨魚肉子放到一個碗裡。

　　等她把魚剔好了，周昌林飯也吃完了，站起來要走。她連忙喊住他："哎，代你把刺剔光了。"

　　周昌林不忍違背她的好意，端起碗，連魚帶湯一口吞到肚裡。

　　王秀英好笑地說："看你這人，這也叫吃魚！"

　　周昌林抱歉地笑笑："眼下沒閑功夫！明天一早就要上河工，你快把扁擔、鋤頭、鍬，再整治整治。"

　　王秀英說："就為的明天一早要上河工，我才給你忙這一頓飯菜的。一上了河工，你呀，更是一頓安生飯也吃不成了。扁擔、鋤頭、鍬，才不用你操心哩，世上也不光你一個人是火燒心。"

　　當天晚上，周昌林開隊委會去了，王秀英一個人在家裡，拿鉛絲、麻繩、碎布條子、木棍子，綁紮了幾副扁擔、泥箕子，綁了一圈又一圈，紮了一道又一道。她曉得周昌林這個人，穿衣裳不怎麼費，用傢伙費得凶哩，單薄一點的，經不住他三下兩下就缺胳膊殘腿的了……

王秀英忙著，想著，一直到三更天。

忽然，房子後頭一排柳樹，枝條子呼嚕呼嚕響起來，緊跟著，大門外頭兩棵榆樹，樹梢子也"刷拉刷拉"動了起來，起西北風，寒流來了。

周昌林還沒回家，王秀英收拾收拾，就先睡了。

睡到半夜，睡不著，過路行人的腳步聲，風吹門窗的響聲，都疑惑是周昌林。雖說常常是這樣子，想想還是不放心，起來出去找找。只見家家戶戶明光亮火，都在忙著上河工的事情。王秀英心裡頭想："真正不錯，世上不光他一個人是火燒心。"

王秀英找到庫房，那裡只剩下個保管員，隊委會早散了。她想：要麼是在鐵匠鋪？她側耳靜心聽了一陣，斷斷續續聽到有"叮噹！叮噹！"的聲音，西北風太大，像是在幾十里之外，聽不真切。

前些時，有人提出，把鐵匠爐子支在村子北邊，那邊有兩間房子，不錯。周昌林不同意，他說：

"晚上收了工，鐵匠爐子總歸是連夜整治傢伙，冬天西北風多，叮叮噹當，敲得社員睡不好覺。放在村子南邊吧。"

你看看這個人哪！要說他心粗，粗到連吃魚也嫌刺多，要說他心細，又細到這種地步！

王秀英走著，想著，來到了村子頂南邊，鐵匠鋪外頭，從窗口朝裡一望：哼！在哩！

爐膛裡火燒得旺旺的，滿屋子映得紅通通的。老鐵匠正把幾件鐵器朝爐膛裡放。周昌林哩，拿了一把大鉗子，夾了一把燒得紅光透亮的鐵鍬，放在鐵砧子上。張二全脫光了膀子，掄著大錘，一錘一錘的敲啊砸的！一會子，打好了，周昌林把它朝水桶裡一放，嗤啦一聲，氣冒得老高。

張二全放下大錘，就要去拉風箱。

周昌林攔住了他，說："二全子，我們粗工換細活，風箱我來拉，你來念一段毛主席的文章。"

張二全說："好。念哪一段呢？"

周昌林說："念那一段：黨內幾次大的驕傲，都是吃了虧的。"

張二全把《毛澤東選集》翻到九。一頁，一字一句地念了起來：

"我黨歷史上曾經有過幾次表現了大的驕傲，都是吃了虧的。第一次是在一九二七年上半年。那時北伐軍到了武漢，一些同志驕傲起來，自以為了不得，忘記了國民黨將要襲擊我們。結果犯了陳獨秀路線的錯誤，使這次革命歸於失敗。"……

王秀英在外頭盯著他們，望了一陣，聽了一陣，忘記是來找周昌林的了。

周昌林在裡頭，也聽得入了神。

張二全繼續念著：

"全黨同志對於這幾次驕傲，幾次錯誤，都要引為鑒戒。……不要重犯勝利時驕傲的錯誤。"

張二全念到這裡，抬頭一看，爐火隨著周昌林拉風箱的節拍，一閃一閃，就像一面紅旗子在周昌林臉上一飄一飄。他看看周昌林的神情，就輕輕地問："周大叔，你在想什麼？"

周昌林沒有馬上答腔，稍微停了一會子，他說：

"二全子！毛主席說得清清楚楚，一九二七年的驕傲，是因為忘記了國民黨將要襲擊我們，結果呢，就犯了陳獨秀路線的錯誤！"

張二全點點頭。

　　周昌林又說："每一次大的驕傲，都是跟一次大的路線錯誤連在一起的呀，都讓革命事業受了大損失哪！"

　　張二全說："我看哪，徐大叔應該好好學學這篇文章。毛主席的話，就專說給他這種人聽的。"

　　周昌林聽了他前一句話，點了點頭，聽了他後一句話，又搖了搖頭，說：

　　"二全子，毛主席的話，是說給我們大家聽的，毛主席說：要全黨同志都要引為鑒戒。"

　　張二全又點點頭。

　　王秀英在外頭聽了一會子，不聲不響回家去了。

　　周昌林和張二全一直談到後半夜。老鐵匠封好了爐子，先走了。張二全伏在桌子上睡著了。周昌林把小棉襖給他披上，自己也就困在稻草上瞇了瞇眼。

　　雞叫頭遍，二隊的水利大軍就上陣了。

　　男男女女，齊齊嶄嶄，幾十號青壯勞力，分成了幾股：一股，扛著亮閃閃的大鍬；一股，挑著硬錚錚的泥箕擔子；一股，推著靈巧輕便的車子；再一股，抬著沉甸甸的石硪，每人手裡拿著一根麻繩編的硪辮子……他們在小涼河北邊，沿著堤埂，擺開了陣勢。

　　張二全看看河南邊，沒有動靜，說："哎，我們也打打號子，給他們醒醒……"

　　周昌林攔住了他："二全子，不要亂說。"

　　張二全伸伸舌頭，不做聲了。

　　按照計畫，頭一步，要在小涼河這段彎道的上游，打一道攔河壩，把水擋住。雖說多天水枯，三四天也就要把攔河壩漫過去了，為了這個，下一步，要在兩岸開些缺口，把水引到附近的塘裡去。

　　大家都曉得的，小涼河彎弓裁直這副擔子，是擔在二隊、九隊兩家的肩膀上，這會子九隊不動手，二隊打攔河壩就打不起來。

張二全火急火燎地說："周大叔，這下子怎麼辦啦？"

周昌林不緊不慢地告訴他："不礙事，有辦法。"

"還不礙事？"

周昌林想了想，說："我說個辦法，你們看，行不行？"

張二全催他："快說呀，大叔！"

周昌林說："我看，來個靈活性，把原來計畫上的兩步，前後順序，顛倒一下，先開缺放水，把水引到我們塘裡來。"

大家商量了一陣，說："同意，就這麼辦吧。"

周昌林說："把小老王請來，還要聽聽他的主意哩。"

張二全連忙把小老王找了來。他聽周昌林一說，想了一下，說："好辦法。這樣倒個順序，使得後來的打攔河壩，還更容易些哩。只不過，你們這邊的水塘，壓力太大了。"

周昌林說："不礙事。"

小老王又說："你們的水塘，都不是荒塘，又是魚呀，又是藕呀、菱呀，還有綠萍、水花生呀，水浮蓮呀……名堂多啦。"

周昌林又告訴他："不礙事。該遷的遷，該放的放，該並的並，該擋的擋，全都給它安置。"

小老王說："既然這樣，就這麼辦吧。"

事情定下來之後，周昌林領頭開了兩個缺口，就去找李玉華，一來匯報一下這邊的做法，二來問問那邊九隊的情況。

二隊正在忙著，河南邊有了響動。

張二全抬頭一看，是余志芳領著不少社員來了，就喊起來：

"志芳，老先進隊這回怎麼拖在後頭了？"

余志芳沒有做聲。

張二全又說："你怎麼啞吧了？我真代你著急。"

余志芳說："我比你更急！就是，嗨！"

張二全說："你呀！哪個要擋住革命的列車朝前奔，死捺住車剎不鬆手，就把這個絆腳石踢開嘛。"

余志芳說："我在考慮……"

張二全急了："還考慮什麼？考慮就是猶豫，猶豫就是動搖。"

小老王攔住他，說："哪來這個道理？"又轉過臉來，對余志芳說：

"不過，志芳，你們真要早點上來，不能拖。小涼河彎弓裁直，是個重擔子，要搶在明年潮汛洪水到來之前完工。"

小老王話一完，只聽余志芳大喊一聲：

"開缺！"

說著，就挖了第一鍬。幾個社員跟著動起手來。

余志芳又指揮道："你們在這邊開。我去那邊放大圩塘裡的水。"

這時，阮富剛正巧路過這裡，一聽，忙說："人家只把河水引到塘裡，你把大圩塘裡的水放掉幹什麼？"

余志芳說："還問哩！誰叫你不來開會的！"

阮富剛說："哎，我不是說過嗎？我這是明的、公的，是隊長支派的。"

余志芳說："哼，明的、公的！我還沒問你暗的、私的哩？"

阮富剛問她："這是什麼話？"

余志芳說："這會子我先不和你談這個，我先告訴你，小涼河彎弓裁直了之後，河堤就坐在大圩塘上，不但要把水放得乾乾淨淨，叫它滴水不剩，還要用土把它填平，用石頭把它墊實在哩。"

"這一來，大圩塘就沒有啦！"

小老王說："是啊，它就從我們大隊地圖上抹掉了。這是重新安排河山嘛。"

阮富剛喊了起來："塘裡有魚，魚養大了有頭兩千斤！一筆大收入哪，我的小姑奶奶！大圩塘不能填，它是我們隊裡的聚寶盆！”

　　余志芳一聽：“哦，聚寶盆原來就是指這個！”

　　張二全插上來說：“志芳，鍬給我，我來幫你挖！”

　　阮富剛對著張二全就罵：“你這個沒的剎也來管閒事，算是哪一門？我們小姑奶奶就是被你們竄唆的。”

　　余志芳指指九隊的社員，說：“我們自己要革命”

　　阮富剛望望大家，歎了口氣：“我們不倒翁隊長碰上這些‘小風車’，‘沒得剎’，‘火燒心’，算倒楣了。”

　　張二全說：“碰上你這個‘摔磚頭’，才算倒大霉哩。”

　　阮富剛說：“我勸你們少在火燒心後天跟了，當心摔跤！”

　　張二全他們沒聽出他話裡的骨子來，說：“志芳，不要跟他磨牙！”

　　余志芳把手一揮：“幹！”

　　阮富剛一看這架勢，拼命用身子攔住她：“你們等等，我去找隊長！”抬頭一看，“好了，隊長來了。”

　　徐振才怒氣沖沖跑過來，奪過一個社員的鍬，說：“誰叫你們挖的？不準放水！”

　　余志芳說：“不放水，小涼河的彎弓就不能裁直。”

　　徐振才說：“不能裁直就不裁。”

　　余志芳說：“根治小涼河，是公社黨委的決定，是縣委批準的，也是社員的心願，我們不能更改！”

　　針尖子遇到麥芒，話說到這裡頂住了。

　　徐振才停了停，口氣緩了緩，說：“我不是要更改上級黨委的決定，違背社員的心願，志芳，你們冷靜地考慮考慮，彎弓裁直，任務很重，不能看得太簡單了，以為只要舌頭一動就……”

　　張二全說：“只要敢於革命，做起來也不玄乎。”

　　徐振才不理張二全，對余志芳說：“你想過沒有，這麼多勞動力從哪裡來？”

余志芳說："我們隊裡有啊！把出去弄船、拉車的，做瓦、木、鐵匠活得，都找回來。"

阮富剛一聽："啊？你們想扳倒搖錢樹，來砸碎這個聚寶盆？"

余志芳這會子全清楚了："徐大叔，原來是這樣呀！怪不得上回周大叔說，臉上的驕氣、暮氣，這還是容易看得見的，就怕骨子裡頭，還有別的什麼氣哩。哪曉得，是資本主義的邪氣，臭氣！"

徐振才急得罵阮富剛："你真是胡說一氣！這算什麼搖錢樹、聚寶盆？"

余志芳說："管它什麼樹，什麼盆，該扳的扳倒它，該砸的砸碎它！"說完，轉過身子，把手一揮，喊道："開缺！"

徐振才也大喊一聲："不準開！"並對在場的九隊社員說："我是隊長，得由我做主！"

就在小涼河邊，大石橋上，鬧得不可開交的時候，李玉華跟周昌林趕到了。

周昌林問："老徐，出了什麼事？"

徐振才鼻子裡直喘粗氣，指著幾個青年說："他們在瞎鬧！"

張二全說："不對！我們是革命！"

周昌林止住了張二全，拉走了徐振才。

李玉華也把余志芳拉到了旁邊，瞭解了他們爭吵的過程，然後笑著說："志芳，你這小風車，什麼樣的風力該滿篷，什麼樣的風力該張三片葉子、兩片葉子，要會掌握啊。你看看周大叔是怎麼做的？有急、有緩；能收、能放，各樣事情，全都安排得妥妥帖帖，停停當當。要是把'火燒心'當成只是個'急性子'，恐怕就淺了。"

那一頭，周昌林跟徐振才說："老徐，志芳雖說年紀輕，那份志氣，那股勁頭，不瞞你說，我贊成，我佩服。就說二全子，不是我護著他，也是個刮刮叫的小夥子。」

徐振才說：「唔，好小夥，好閨女，剛才你沒看到哩，簡直是，嘿，真把我氣死了。」

周昌林笑起來，說：「好！不瞞你說，看到他們那個樣子，我才高興哩！在他們眼睛裡頭，揉不進一點點沙子，在他們心裡頭，容不得一星半點修正主義、資本主義的髒東西。不管你是他的隊長，還是他的大叔，只要你做得不對，就造你的反。他們正是文化大革命這幾年中長成材的嘛！我看就是比你我強。」

徐振才說：「比我強，我也高興。我真弄不懂，爲小涼河的事，他們這麼急幹什麼？這都是你……」

周昌林說：「他們爲什麼急，你還不清楚嗎？這一段彎道，年年是險工。」

徐振才說：「雖說年年是險工，從來也沒有倒坍過呀。」

周昌林說：「今年形勢不同了，上游各個社隊擴建了小涼河河道，這把彎弓再不裁直，等洪水下來，壓力就更大了。」

徐振才說：「你放心，我敢立下軍令狀，有我徐振才，就有堤埂在，如若倒了堤，我徐振才跟著下水去。」

周昌林聽他說這話，停了一停，說：「確實，每年發大水的時候，你都是跟大家一起，日夜守在堤埂上。餓了，家裡送飯來吃；睏了，團在小蘆席棚子裡閉一閉眼，常常是幾天幾夜睡不到一個安神覺。今年八月二十三，堤埂缺口子，你跳下水去，跟大家排成一道人牆，拿身子堵住了它。」

徐振才說：「你曉得這些，就行了。」

周昌林搖搖頭：「不行。老徐啊老徐，年年這個被動挨打的局面，你怎麼就不想改變一下呢？過去，且不去說它了，如今，根治小涼河，好幾個公社，二十幾個大隊，都撲上去要幹個大的，爲什麼偏偏只有你不感興趣，一再頂撞呢？」

周昌林還有一肚子話要朝外倒，徐振才攔住了他："好，老周，你不要往下說了，既然大家都眼巴巴地望著我們九隊，我們哩，也決不拂了大家的心。"

余志芳耳朵尖，一聽到這句話，就高興得連跑帶跳地奔過來："大叔，你！……"

徐振才全不是她那個激動、興奮的樣子，平平淡淡地說："不過，我們今年先不要彎弓裁直，先來個加坡移頂。"

大家一愣："什麼加坡移頂？"

徐振才向大家解釋："在堤埂的裡半邊，幫一個坡子，把堤埂的頂移過來，今年洪水再大，也不怕了。志芳，學你周大叔，來個火燒心，我們說幹就動手，到大圩塘取土。"

阮富剛一聽，高興得不得了："哎，到底還是隊長有門道，這一來，不但大圩塘不填掉，還擴大了哩，好主意！"

周昌林聽到這裡，眉頭一皺，心裡想：噢，老徐呀，你那個小九九，我先前就摸到一點點底了，你還躲躲藏藏不承認，在這個關節頭上，你自己跟阮富剛一起，全都抖落出來了！

周昌林覺得這種時候，再不能鈍刀子割肉了，就對徐振才說："老徐，這個大圩塘，你說是從哪裡來的呀？小涼河年年出現險工，年年要加固堤防，大圩塘就是取土挖出來的！前兩年，你還愛惜糧田，儘量多跑些路，到遠處，在高坡子地上挖；儘量多費些工夫，把水抽乾了，往深處挖。這一兩年呢？你不管這些嘍！大圩塘是越挖越大了，魚是越養越多了，糧田呢？倒是越挖越少了！"

余志芳也插上來說："你把勞動力放出去找生活做，田裡、地裡的生活，反倒是馬馬虎虎的，隨隨便便地做，水利建設上的投工，又剩下多少？"

周昌林說："難怪這兩年，你單產上不去，總產朝下掉呀！"

停了一下，周昌林又說：

　　"老徐，實說了吧，我急的，不是你產量上不去，我急的，不是你不肯上小涼河，我這心裡火燒火燎，急的是你思想不奔社會主義大道！你在資本主義的邪道上越滑越遠了！"

　　李玉華贊同地說了一聲："對，他的病根就在這裡！"

　　徐振才被周昌林、余志芳他們說得答不上腔，回不上話了，把旁邊的阮富剛急壞了，心裡頭想：這個火燒心，真有兩下子，說出話來，牛也踩不爛。不倒翁你要撐得住啊，這個節骨眼上，你一鬆勁，聚寶盆就保不住了，荷包裡就要少進帳啦。他忽然想起了白漢成的話。嗯，我倒要說幾句了。就鼓足了勁，說："周隊長，你這不是干涉我們九隊的內政嗎？我們生產隊的權力，還要不要尊重？"

　　聽了這話，李玉華說："阮大叔，生產隊的權力，是要尊重，資本主義自發勢力，我們不能不干涉！"

　　阮富剛一聽李玉華駁了他的話，忙說："李支書，你誤會了……"

　　徐振才打斷了他的話："你給我少嚕蘇吧！"

　　阮富剛嚇得縮了回去。

　　李玉華說："阮大叔有話，可以說，說出來好，可以讓我們弄弄清楚，生產隊的權力，是哪裡來的？不能忘了黨的領導，不能離了群眾的監督，也不能拒絕兄弟隊正當的批評、促進。老徐，你說對嗎？"

　　徐振才沒有做聲。

　　李玉華就又對余志芳說："我看哪，這會子，你們還是收兵回營好好開個會。小涼河的彎道要拉直它，"她指指頭腦子："這裡頭的彎子，先得轉過來。"

　　余志芳領會地點點頭，他們正要回去，突然，二隊一個社員跑了過來，一邊跑，一邊喊：

　　"老周！不好了，吵架了！"

大家吃了一驚。

周昌林問："哪個吵架了？"

這個社員氣喘喘地說："是姚媽媽要打她的兒子。"

啊？姚媽媽打兒子？自從姚夢田他爹死了之後，姚媽媽是頂疼兒子的，從來沒動過他一根汗毛啊！

大家回頭一望，真是姚媽媽拉著姚夢田，朝這頭來了。她一見周昌林，就說："老周，你得管管他，這個不識好歹的東西，他不肯上河工，卻要出去做什麼瓦木工！"

周昌林一聽，是這麼回事，心裡頭就明白了八九分，對姚夢田說："哪個要你去做瓦木工？河工上正要人……"

姚夢田只是低著頭不吭聲。這時，滿臉羞紅的江春梅從人群裡走出來說：

"他呀，鬼迷心竅，一心想磚牆換泥牆，誰希罕你的磚牆哩！你，你太看不起人了！"

說罷，一轉身跑掉了。

周昌林走近姚媽媽，說：

"老嫂子，你歇口氣！光是氣他沒得用，你要多喊他幾聲'夢田'，把他這名字的來歷，跟他多說幾遍！"

姚媽媽還沒解氣，周昌林又說："這樣吧，你們先回去，娘倆好好談談，我一會就來！"

七

姚夢田坐在板凳上，低著頭。姚媽媽和江春梅，一邊一個，在批評他。姚媽媽盯住一句話問他：

"你說，你到底是上河工，還是想去做瓦木工？"

姚夢田不做聲。

姚媽媽問他："你怎麼不開口？是存心氣我呀？"

江春梅也急得要命："你說話呀！"

姚夢田還是不吭聲。

周昌林一步跨到堂屋心裡，站在姚夢田跟前，連喊兩聲："姚夢田哪，姚夢田！你把你自己的名字都忘記啦？"

聽到這話，姚夢田一怔："我……"

周昌林在他旁邊，挨著他坐下來，說："你呀，你不曉得嗎？"

姚媽媽插上來對兒子說："天天喊你的名字！忘性就這麼大？"

周昌林重重地說了一聲："是啊！"跟著就說：那一年，寒冬臘月飄大雪，糞缸漲，米缸跌，草堆去了大半截，眼看就揭不開鍋了，你娘在這個關口又要足月臨盆了。你爹愁得沒有辦法，窮得連趕雞打狗的土疙瘩，都是孫老財家的，馬上又要添一張嘴，往後的日子怎麼過啊？

一天夜裡，你爹做了一個夢，夢見他有了一畝三分田。你爹把這個夢告訴你娘。

你娘歎了一口氣："唉，做夢也只夢了一畝三分田。"

你爹說："哪敢夢得太多呢？只想能糊住嘴就行了吧。"

第二天，你出世了。你爹說："就起個名字叫夢田吧。"

從那以後，你爹發了憤。在孫老財家裡幹活，哪一天不是起五更，睡半夜？他還拼死拼活，在小涼河邊上開了荒，好不容易，開了兩畝多田！你爹也只剩下一把老骨頭了，那真是拿性命換的。

有了兩畝多田，你爹一高興，給你改了個名字，說：叫"姚得田"吧！

可憐這個名字只用了半天哪！"夢田、夢田"的喊慣了，還沒來得及改過口來哩，就出事情了。

你爹有了田，孫老財家不就少了一個吃三頓薄粥、幹十六個鐘頭的勞動力了嗎？他能容你？正趕上小涼河發大水，要加堤，孫老財家上千畝田,一鍬土沒動,倒叫陳三領了人,把你爹那兩畝多田,挖成個雞零狗碎的水坑坑了!

你爹恨透了!抱著你說:"你爹這一輩子,只在夢裡才得了一畝三分田。孩子,你還是叫夢田吧!"

土地改革,你家分到了田,領到了土地證,有人勸過你娘,說:"這會子,能把夢田的名字改成得田了。"

你娘說:"不改。讓他記住老一輩子的苦情!"

……

姚夢田眼淚汪汪喊了一聲"娘"!又撲到周昌林懷裡,喊了一聲"大叔"!

周昌林說:"你想想,你爹做夢才夢到一畝三分田,想種田哪來的田種?這會子,毛主席把田交給我們貧下中農,該種田的倒不想種田了嗎?"

姚夢田說:"我不是不肯種田,我只是想……想換磚頭牆……"

江春梅說:"你要靠出去做瓦木工換磚頭牆,我死也不住進這個房子。你說為了我,我為了什麼?我是為了在農村紮根!是為了建設社會主義新農村!"

周昌林點點頭:"春梅說得對啊,離了社會主義這四個字,那還紮什麼根啊?是把根紮在什麼上頭啊?丟了農活去搞錢,靠走邪路去搞錢來蓋房子,只不過是蓋起修正主義的小窩窩,牆再有多厚,樓再有多高,我看還是個小窩窩,蓋不起我們社會主義的新農村哪!"

姚媽媽說:"你聽聽你周大叔這些話!是錢能買得到的嗎?"

姚夢田抹了一把眼淚,說:"大叔!我,錯了,我……不換磚頭牆了。"

周昌林說:"曉得錯了,改了就好。"

姚媽媽問兒子：“上河工了？”

周昌林代姚夢田回答了：“自然是上！”

周昌林接著又把姚夢田朝身邊拉拉，說：“夢田，我問你個事，你要出去做瓦木工，是有人給你出了點子吧？”

姚夢田點點頭，把白漢成、阮富剛說的話，一五一十說了出來。

周昌林聽了這些，一腔怒火，燒向了白漢成：你這是搞的什麼名堂啊？你這是害人哪！

姚媽媽又狠狠地罵兒子：“真是！吃了什麼糊塗藥了！你周大叔的話，當耳邊風；倒相信他的鬼話！”

周昌林說：“是啊，夢田！俗話說，跌個跟頭學個乖。不能再把心思放在新房呀，婚事呀，這些上頭了。你就是想安安穩穩，舒舒服服，過過小日子了，才聽不出好話、壞話，上了當，做了這樁錯事。”周昌林停了一下，又說：

“我們打了幾年翻身仗，糧食多了，收入也大了，這不是爲了自己發家致富。要是只爲了自己鼻子底下的‘一橫’，我們種上一年田，三年不種田，也有吃有喝的。我們是想多儲備一點，多積累一點，像毛主席在‘五・二〇’聲明上說的，要防備人家打過來，國家一聲需要，我們是要糧有糧，要錢有錢，要人有人！”

姚夢田擦乾了眼淚，點點頭。

周昌林離了姚夢田的新房子，來到了李玉華的家裡。

余志芳正在跟李玉華商量事情，一見周昌林，就興沖沖地說：“周大叔，我們剛才開了個會，開得真好。”

周昌林聽了也很高興，問她會是怎麼開的。

余志芳告訴他：“這個會啊，其實是個批判大會，是個路線分析會。”

周昌林又關心地問：“老徐怎麼樣啊？”

李玉華說：“我看他有觸動。特別是志芳發言的時候，這麼冷的天,他一頭的汗嘛!"

余志芳說:"我看哪,他淌這麼多汗,是沒想到大家會對他批評得這麼凶。要說他心裡那捆柴禾呀,水分太多,濕嘰嘰的,光是悶煙,火還沒燒起來哩。"

李玉華說:"你這個小風車一個勁地扇,把它扇乾了,周大叔再給他接個火嘛。"

余志芳又關心地問周昌林:"夢田大哥呢?有轉變?"

周昌林點點頭,把姚夢田的情況說了說。

余志芳笑道:"他要是頑固不化呀,我就不饒他,我就叫春梅姐不跟他好。"

說得李玉華、周昌林也都笑了起來。

過了一會子,周昌林說:"志芳,魚苗的事,你查了沒有?"

余志芳說:"剛才散了會,我就跟徐大叔提這個事,他同意查了。"

周昌林說:"這就好了。"

余志芳說:"他同意是同意查,還是不把它當個事咬!要不我就說他火還沒燒起來了?周大叔,你曉得他說了些什麼?"

周昌林問:"他說些什麼?"

余志芳就告訴他,徐振才說:"志芳,你們會上對我的批評,我也接受,就是有一點,我還沒有想得通,你們說我這樣不對,那樣不對,還有人說我對得很哩。你們說:二隊這樣也好,那樣也好,他們自己還有人擔心老周犯錯誤哩。魚苗的事,準定是老周跟你燒的,他對這事頂真得很,難爲他聽到一點風聲,連夜趕了幾十里路去查問。其實,這些魚苗是我們隊裡買得太多了,我同意阮富剛轉讓出去的。你們要查就查吧,我看查不出什麼大錯處來,眼下的形勢,就是要這麼做咬!"跟著,他就把什麼合情理、得人心,合拍子、塞腰包,這些話,又販了一遍。

周昌林聽到這裡,說:"哦,還一套一套的哩!我聽著這些話，像是我們這邊出產的。他是從白漢成那裡販來的過時貨吧？"

余志芳插上來說："不是過時貨，是資本主義、修正主義的大黑貨。"

李玉華說："不假。劉少奇老早就搞的這一套，文化大革命以來被批判過了的，這會子，白漢成又想把它搽搽胭脂、抹抹粉，梳妝打扮一下，拿來上市了。"

周昌林說："白漢成前兩天進城去了，還沒有回來。"

余志芳說："我倒要看看他還有多少貨色！"

周昌林說："玉華，上回，我們給老徐理了理脈絡，說他是走走，停停；進進，退退。白漢成呢？是另外一種名堂，我看他是：起起，伏伏；伸伸，縮縮。把他的頭尾接起來看，也跟國內國外的大陣勢有關聯。我理給你們聽聽，看是對不對。"跟著，他一樁一件地說給他們聽：

"大躍進那一年，他在背地裡罵我們是‘大要命’；右傾機會主義分子向黨進攻那陣，他頂神氣了，走資派讓他當隊長，他盡幹資本主義的勾當；六五年社會主義教育運動之後，他縮起頭了；六六年我們造了走資派的反，他也跟著一起喊；走資派拿資反路線壓我們，他又時興了一陣，說我們社教搞他搞錯了，鬧著要給他‘恢復名譽’，恢復正隊長的職務；後來，我們奪了走資派的權，他一把眼淚，一把鼻涕的大罵走資派，說上了當，指天指地，賭咒發誓，說要痛改前非，將功贖罪。這會子，怎麼神氣又不同了？"

余志芳說："周大叔，你講得真對，他就是這麼個東西，每回運動來了，他就伏，就縮，過一陣子，他就又起，又伸。"

周昌林說："前一陣的伏、縮，是為了這會子的起、伸。"

周昌林想了一想，又說："明天一早，我們在小涼河堤埂上開個批判會。這會子，我再去找一趟老徐。"

李玉華攔住他："不，你先家去看看大嬸，我看她對你有意見。”

　　經不住李玉華左說右勸，周昌林只得先回家去。

　　一進家門，王秀英就衝著他發了一通火，要他從今往後，不要管小涼河那邊的事！

　　周昌林笑笑，問她：“什麼話？小涼河是國界啊？河那邊是外國啊？有人想搞資本主義，我們也來個互不干涉，和平共處啊？就是外國，還要支援人家革命哩。”

　　王秀英本來還要再發一通，想想丈夫一天到晚在外頭操心勞神，心又軟了下來，歎了一口氣，說：

　　“在收工回來時，我聽到九隊的徐振才跟人說你多管閒事！我為你氣不服！”

　　周昌林說：“這有什麼氣不服的？你想想，老徐是什麼人？我是什麼人？他在孫老財家放過牛，我給孫老財家幫過工；我身上有孫家皮鞭子抽的傷痕，他腿上有孫家惡狗咬的傷疤。他這會子是走在岔道上，站在險路上。所以看問題、說話，都偏了向，對他，要加緊說明。像白漢成那樣的人，那就不同了，不只是氣他恨他，還要拿樹棍子架起來，再澆上汽油，猛燒！把他心裡的那一套髒東西燒焦，燒爛。”

　　王秀英不理解地說：“這不太過分了嗎？”

　　周昌林一聽：“什麼話？太過分了？對這種人，要長期鬥下去！”他望妻子笑笑，掏出短菸袋桿子，裝了一袋菸，盯著門頭上望了一陣，說：“你看看這門頭上的字。”

　　王秀英識字不多，門頭上這七個字，她是認得熟透熟透的了。照她的說法，橫過來，豎過去，哪怕是拆散了，她也不會認錯了的。

　　哪七個字？

　　“將革命進行到底！”

　　二十年前，革命馬上就要在全國取得勝利了，周昌林在離開支前民工隊的時候，解放軍一個政委送給他一本書，他在這本書上抄下了這七個字，貼在門頭上。

二十年了，一個運動跟著一個運動，一場勝利接著一場勝利，笆門換成了板門，兩扇門上的門對子，內容不斷更換，橫批這七個字，從來沒有改過。

"發展生產，支援前線 —— 將革命進行到底！"

"抗美援朝，保家衛國 —— 將革命進行到底！"

"組織起來，互助合作 —— 將革命進行到底！"

"社會主義根深蒂固，人民公社枝榮葉茂 —— 將革命進行到底！"

如今，門上是張二全代他寫的："時刻牢記黨的基本路線，千萬不要忘記階級鬥爭。" 橫批還是這七個字：

"將革命進行到底！"

周昌林自己又盯著門頭上望了一陣，回過頭來問王秀英："對照對照門頭上這七個字，你說我是太過分了呢？還是太不夠了。"

王秀英好一陣沒有做聲。夫妻兩人面對面坐在那裡，停了一會子，周昌林把小板凳朝王秀英跟前靠靠，說：

"革命到底，底在哪裡？蔣介石才被趕下海，就有人說到底了。實骨子呢？沒有到底。人民公社成立了，也有人說，到底了。還是沒有到底。這回，文化大革命取得了勝利，又有人說，到底了。依我看哪，不對！沒有到底。你回過頭來想一下，每回，只要有人嘴裡嘰哩咕嚕說什麼到底了，到底了，這人準定是要倒退了。這張橫批，不但不能改，還要刻在門頭上哩，不，是要刻在心頭上哩！入黨的辰光，說得清清楚楚，講得明明白白：底，在共產主義！你曉得吧，共產主義，單靠一個國家，還建不起來哩，要全世界人民一起搞。你想想，單靠一個生產隊，能建成社會主義嗎？不能嗳！"

哪曉得周昌林想得這麼多，想到了早先，想到了眼前，想得那麼大，又想得那麼遠。大到全世界，遠到共產主義，還都是落到眼面前，落到他自己身上。

王秀英聽得入了神，她站起來，走到那張世界地圖跟前，用手摸了摸上面的一面面小紅旗。過了一陣，她歎了一口氣，說："你前前後後，細細角角，把理說得這麼透，我也懂了。"

周昌林把菸袋頭子在桌腿上敲敲，把剛裝好的一袋菸敲掉了，跟著就朝起一站，剛要抬腿，張二全衝了進來。

張二全一進來就說："大叔，白漢成他回來了。"

周昌林說："哦，回來了！他人呢？"

張二全說："在隊裡轉了一圈，回家了。"

周昌林點點頭："嗯。"

張二全又說："真是蹊蹺，白漢成一回來，陳三就出去了。他沒跟我們治保組請假，我們把他逮回來，看起來了。"

周昌林說："好。沒問他出去做什麼？"

張二全說："我們把他批鬥了一頓。這傢伙滑得很，只承認沒跟治保組請假，是個錯誤，是犯了罪，是罪該萬死，把他自己罵得狗血噴頭。我們問他：出去做什麼？上回盯著姚夢田的房子看什麼？這些，他就不肯交代。"

周昌林說："我跟你們一起去問問他。"

張二全說："好。哎，大叔，你上回說，是什麼貓子、狗子跟他嘴對嘴接過氣了。我看，準定是白漢成。"

周昌林點點頭。

張二全著急地說："大叔，白漢成這趟進城，肯定有花頭，聽說他一回來就放風，說馬上要有好戲看了。不能讓他胡攪呀！"

周昌林說："不礙事。前幾天，他拐彎抹角，吞吞吐吐，心裡頭的話，沒全倒出來。這會子，讓人家把心裡頭的話，全說出來，不好嗎？我倒要看看，他這出戲怎麼開台，怎麼唱。二全子，我們照我們的本子唱下去！一出，審陳三；二出，訪老徐；三出，明天一早，小涼河上開個批判會，往後，再接著朝下唱。」

張二全答應一聲：「好！」就走了。

周昌林跟著跨出大門。

王秀英追上來，喊住他，關照他：「白漢成這個人，心毒，你要留意他。」

周昌林說：「我曉得。」

王秀英說：「光『曉得』『曉得』，真為你擔心啊！本來只是一個徐振才，現在又是陳三，又是白漢成，事情越鬧越大了！你能鬥得過他們？」

周昌林說：「不礙事，天坍不下來！」

王秀英忽然覺得鼻子有些酸溜溜的，眼睛有些潮濡濡的，趕忙掏出手絹子來擦了擦。

周昌林說：「你看看，你這個人，才真是！怕什麼呀，天就是坍下來了，有大個子撐著哩！」

「大個子？」

「是呀！你沒看見？成千上萬，你就是當中的一個嘛。」

王秀英又忍不住笑起來，說：

「去吧，去吧，跟你這個火燒心在一起，就是一塊石頭，也早就滾燙的了。」

八

周昌林跟張二全去審問陳三。打了幾個回合，陳三才交待了。說那一天，他盯著姚夢田的房子看，是看看姚夢田有沒有出去做瓦、木工。

周昌林心裡頭想：嗯，上回問你，你說是看看他在家沒在家，這會子，是看看他出去沒出去了。

"他出去不出去，關你什麼事？"

"是白副隊長允許過的，貧下中農先出去，靠後就攤我了。他說的，到時候，少不了我。"

周昌林冷笑一聲："哼，到時候，少不了你！"

陳三打了一個寒噤。

周昌林心裡頭想：哼，前兩天，還要做做樣子，避避嫌疑，拉姚夢田在前頭給你們開路哩；這會子，連樣子也用不著做了；過一天，就能大明大白地給陳三蓋公章了！陳三這麼竄到臺上一亮，你這出戲到底是唱的哪一家的調子，到底是唱給哪些人聽的，我看也就清楚了！

周昌林審過了陳三，不早了，廣播喇已經停了一會子。

一走出大門，天上就飄起了雪花。走到大石橋上，雪花變成了鵝毛大雪。西北風一刮，雪團子打在人臉上，眼睛都睜不開。到了徐振才家門口，張玉蘭聽到"咚！咚！咚！"敲門的聲音，開開門來一看，地上、樹上、房子上，都白了。

"啊呀！是老周嘛！"

周昌林冒著這麼大的雪趕了來，張玉蘭高興得不曉得說什麼是好。

"快進來吧！" 趕快遞過乾毛巾來給周昌林撣撣身上的雪，一看，蹊蹺！"老周，你身上怎麼清清爽爽，一個雪珠子沒得？"

徐振才把周昌林拉到跟前看看，真是的，就笑著說："他不是個火燒心嗎？雪珠子離他一尺，就化了。"

周昌林也笑笑說："是才在門口撣了。撣在屋裡，不把地弄濕了？"

張玉蘭心裡頭一酸，又笑著說："你看看這個人！你這是大雪天送來了炭火盆，屋子裡頭角角落落都暖洋洋的，還在乎那一點點雪珠子弄濕了地？"

　　她趕忙端了板凳，泡了熱茶，拿了香菸，一邊忙，一邊又說：“今天會上，大家把他一頓狠批，批得才叫個好哩！剛才我還說，叫他上門去給你賠禮道歉！”

　　周昌林說：“玉蘭，你說這些話，是有心趕我走啊？”

　　張玉蘭說：“快坐吧。”而後就到裡屋去拾掇拾掇，讓他們兩個人好談心。

　　周昌林跟徐振才在這裡談心，有人在外頭不甘心哩！哪一個？是白漢成。

　　白漢成這天從城裡回來，一到家，頭一個找周昌林，叫他趁早……

　　到了隊裡，一看到大家熱乎的勁頭，他的氣泄了一些。這兩天在城裡他東奔西跑，也確實累煞了人，心裡頭想，今天還是歇歇吧，養養神。在城裡不是買了一瓶燒酒嗎？半路上又買了兩斤狗肉，先家去樂胃、樂胃。

　　正這麼想著，頂頭碰到了陳三，說是姚夢田不出去做瓦、木工了，還如此如此，這般這般，跟他一說，他吃了一驚。姚夢田，這是他好不容易選到的一個突破口啊，只要姚夢田一出去，再把陳三朝外頭一放，他明天一早在小涼河上一說，就會有第二個、第三個人跟姚夢田走。哪曉得只突破一點點，就被周昌林堵起來了。再一想，管它哩，反正是明天一早，到小涼河工地上，給你攤牌。

　　把陳三打發走了之後，他回家去，一個人自斟自酌，覺著燒酒不過癮，狗肉也不香，心神不安寧。突然又聽人說：陳三被老周拿住了，在審問哩！他嚇了一跳，這還得了！馬上跳起來，想去闖“大堂”，壓壓陣。哪曉得才走到路邊上，就看見周昌林從庫房出來了，肯定是審完了，心裡頭叫苦，這兩天得意，沒當心，露出的尾巴，又被周昌林逮住了。

　　再一看，周昌林冒著大雪過河去了，又是找徐振才談心去了？他心裡可急啊，若是徐振才再被周昌林說動了，他白漢成的地盤就更小了啊！於是他冒雪到這裡放一點風，又到那裡講半句話，想想還是不踏實，明天一早在小涼河，難不成就光靠耍嘴皮子嗎？不行！這是他成敗得失的關鍵一仗，得拿出真傢伙來，要搞它幾個動作，配合配合。

天黑以後，等到外頭差不多沒有人走動了，他就偷偷夾了一把大鍬，到了大圩塘邊上。大圩塘邊上，有一條小圩子，是周昌林回家必定要走的。圩子上有個涵洞，通河。涵洞底下有一道竹籬笆，過水不過魚。白漢成把竹籬笆鏟倒了，讓它順河淌了，又把涵洞頂上抽掉一塊蓋板……

做完了這些，他心裡頭惡狠狠地想：火燒心啊火燒心，你要把我燒死，我就來個"以水克火"，把你淹死！淹不死也凍得你夠受！

他正要走，似乎路上還有人走動，怕深更半夜，大雪飄飄，扛著把鍬在九隊的田裡跑，被人看見，就壞事了。就把鍬朝塘底下一摔，不要了。只要明天早上，大圩塘，魚跑了；周昌林，人倒了；小涼河上，他又把火燒心罵臭了，這把鍬，也就是一本萬利了。

……

這一刻，在徐振才家裡，周昌林正跟他談得熱火。

開頭的時候，徐振才嘴不乾，舌不燥，接連喝了三四口茶，還直勸周昌林："老周，你吃茶呀。"

今天，隊裡社員，對他一頓扎扎實實的批評，是好幾年沒有過的，他感到自己是有點不對頭，不過也還有點想不通。散會之後，李玉華要他再找周昌林談談心。去，還是不去，他還拿不定主張。這會子周昌林冒雪主動上門來找他，心裡頭也禁不住感到一股暖和和的。隨即開口說："老周，要請你說明我哩！"

周昌林誠懇地說："別這麼說！老徐，我曉得，這兩年，你是不喜歡我們這麼幹法。我就是沒想得透，這是個什麼緣故。我這會子來，是想聽聽這裡頭的道理。”

徐振才歎了一口氣，說：“老周，早先，我歡喜你燒，贊成你燒，我也跟你一起燒過。”

周昌林聽了，點點頭。

徐振才又說：“那時候，儘是火燒眉毛的事情，不燒日子就過不下去。如今，不同了……”

周昌林問他：“怎麼不同了？”

徐振才說：“還不清楚嗎？如今是，莊稼長在田裡，是穩產高產田；餘糧存在倉裡，是滿滿一倉；公糧交在國庫裡，都是拿塑膠布鋪在底下，曬乾揚淨交了去的。這些是大家辛辛苦苦勞動得來的。應該讓大家過幾天安神日子。”

“你想過安神日子？”周昌林問他：“你心目中的安神日子是什麼樣的？”周昌林不等回答就接著說：“讓社員走的走，跑的跑，捉魚的捉魚，做瓦木工的做瓦木工；讓阮富剛這樣的人削尖腦袋到處鑽，對農業生產呢，連根治小涼河這樣的大事，都漫不經心，一再抵制。這樣的安神日子過下去，會滑到哪裡去？你想過沒有？別相信‘不倒翁’這種‘神話’，那是騙人的……”

徐振才想煞住周昌林的話，打斷說：“好了，老周，明天我們決定上小涼河了。下雪也照上。”

周昌林說：“你人上去了，思想還要解決問題。根治小涼河，這是為了響應偉大領袖毛主席“備戰、備荒、為人民”的號召。你想想看，如今有幾十萬、上百萬軍隊，駐紮在我們大門口，動不動就想把狗爪子伸進來，我們能睡安神覺？我們能不千方百計，多打糧食，以防萬一。再從我們內部看看，也不簡單。有人贊成，有人反對，根本原因只有一條：到底朝哪個方向走！是按照毛主席的革命路線走呢？還是背離這條路線，滑到資本主義的邪道上去。你看著吧，這會子，有人是吹吹，唱唱，跟著，還有一頓乒乓、乒乓，真刀真槍的幹哩；這會子，是偷偷摸摸，搗搗戳戳，跟著，還要跳到亮處，明打明的鬥哩。我想好了，你我這一輩子，就不要想安安生生過什麼太平日子。今天有個白臉漢子，哪一天又來個花臉漢子呢？有得鬥哩！老徐啊……"

外頭是，西北風捲著雪團子，敲門打窗；裡面呢？是火燒心一股暖氣，直撲到徐振才的心裡頭去。

兩個人談到小半夜。周昌林披了徐振才的蓑衣，出門去，走了。

……

第二天一大早，雪停了，西北風還是緊著刮。

小涼河上，大石橋邊，二隊跟九隊的水利大軍，都上了陣。兩個隊的人，隔著小涼河，老張喊老李，老陳叫老王，相互打招呼；大姑娘，小夥子，奔到大石橋上，挑戰，應戰；說說笑笑，熱熱鬧鬧。

在這個熱鬧場面裡頭，有幾個人，大家沒得看到他們。

余志芳先是來的，跟徐振才說了幾句話，有事，走了。說是過一陣就來。

張二全家裡的人說，二全子昨天一夜沒歸家。走過來問問王秀英。

王秀英說："蹊蹺！老周也是一夜沒有家來嘛！"

這一說，張二全家裡的人反而放心了："準定是跟他周大叔辦公事去了。"

王秀英心裡也想："二全子也沒家來？叔侄倆又忙什麼去了？"心就踏實了一些。

隊長不在場，關係也不大，各樣事情，早有安排，昨天已經幹了一天，今天接著幹，就是了。

正在這個當口，來了一個人，他走上大石橋，東張張，西望望，而後就喊："徐隊長！徐隊長！"

徐振才問：「是哪一位？」

阮富剛朝來人一看，說：「是二隊副隊長白漢成。」

白漢成一夜沒睡好，躺在床上，離天亮還早吶，就聽到小涼河上鬧哄哄的。他趕忙奔到堤埂上，再一聽，有人嘻嘻哈哈地笑！蹊蹺！走到人群裡張張，望望，全都是嘻笑顏開，沒得一個哭喪臉的。看看地上的雪，比前半夜厚了不少，大概什麼事情都還被雪蓋著哩。就先喊了幾聲徐隊長，走過去拉住徐振才的手，親熱了一陣，跟著就說：

「這兩天不在家，一回來就聽說昨天早上出了事。」

徐振才沒來得及答話，白漢成又說：「我們隊裡幹部、群眾干涉了你們隊裡的事情，傷了兩個隊的和睦，真正是太不成話，這會子，我來跟你賠禮道歉。」

徐振才笑起來：「老白，你這是說到哪裡去了？那是我的錯處，我已經跟老周賠禮遭歉了。」

白漢成說：「不！那是老周的錯處！他火燒心，燒得過頭了，燒得太絕了！」

啊？這是什麼話？一剎時，河南、河北，橋上、橋下，社員們一個個議論紛紛。

二隊一個社員問白漢成：「人家老徐已經認錯了。你又說這話，是什麼名堂？」

九隊一個青年人走上來說：「對，白副隊長，昨天是我們老徐錯了，今天，是你錯了。周隊長火燒心，我看燒得好！」

阮富剛攔住這個青年小夥，說：「哎，人家白副隊長也說火燒心錯了，你又說這話，是什麼名堂？」

徐振才喊住阮富剛：「不要吵了！這個錯了，那個錯了，到底是怎麼回事，把人吵糊塗了。」

張玉蘭對徐振才說：「剛才清清爽爽，怎麼又糊塗了？我看你呀！不要一聽人家說你好話，把點子甜頭給你吃吃，你就心裡頭樂滋滋的，腦子裡頭暈糊糊的了。"

　　徐振才說："不是這個意思！我叫他們不要吵，想看看這裡頭到底是個什麼名堂。"

　　這邊二隊一個社員又說："老白，這兩年，你整天'周隊長好，周隊長好，周隊長好得不得了！'掛在嘴上當經念，當歌唱，這會子怎麼說出這種話來？"

　　白漢成說："這會子該是說的時候了。"

　　二隊另外一個社員又說："哼！是說的時候了！我早就看出一點苗頭、聽到一點風聲了，沒想到你真當在大庭廣眾這麼說。"

　　站在一邊的阮富剛心裡在嘀咕："這回，白漢成明打明地幹，我看，準定是火燒心吃癟了。要不，他怎麼又不到場？咦，連張二全這個沒得剎，成天到處咋唬的，也不見了，人呢？"

　　這時，張玉蘭問王秀英："老周人呢？"

　　大家也都問："咦，老周呢？"

　　王秀英說："不曉得哪！"她心裡也有點七上八下地不落實了。就問張玉蘭："昨天夜裡他在你們家幾時走的？"

　　張玉蘭說："小半夜了。"

　　王秀英又問："他沒說再到別處去？"

　　張玉蘭說："沒聽他說。也就沒問他。"

　　小老王說："我一路上去找找。"走了。

　　二隊一個隊委，跳起來對白漢成說："老白，不要乾站在這裡說廢話了，大家還是動手幹起來吧。"

　　大家說："對！"

　　白漢成問："幹什麼？幹小涼河？不要幹了！"

　　"啊？這又是什麼話？小涼河不要幹了？是你說的？"

　　"是我說的。"

　　那邊阮富剛趁機吵起來了："徐隊長，昨天我們不肯幹，火燒心把你說得呀！簡直叫人聽不下去！今天你順從他，硬把我們拉上來了，他們自己呢？倒又不幹了！隊長，我是走了。”

徐振才對他大喊一聲：“回來！”

阮富剛只得站住了。

徐振才望望白漢成，想起了昨天夜裡周昌林的話：“今天有個白臉漢子，哪一天又來個花臉漢子呢？有得鬥哩。”老周說的“白臉漢子”，就是指的這個人哪？到底是怎麼一回事呢？老周他又上哪裡去了呢？

只聽二隊那個隊委又說：“你一個人說了，不能算。”

白漢成說：“哼，這兩年，周昌林獨攬大權，各樣事情，他一個人說了算！我是副隊長，我也得做做主！”

張玉蘭對王秀英說：“老周不在，他爲王了。你罵他幾句。”

王秀英搖搖頭，說：“不礙事。長了癩子，總要出頭，膿擠乾淨了，也就好了。”

張玉蘭說：“話是不錯，總叫人咽不下這口氣！真不巧，二全子跟小芳又都不在。”

王秀英說：“不礙事。這麼多人在哩！”

只聽得白漢成又說話了：“鄉親們，同志們，實對你們說了吧，‘火燒心’這三個字，時興了一陣，這會子，又要犯忌了！你們曉得什麼叫‘火燒心’？就是凡事他都要做過了頭，凡事他都要做絕了！社員腰包塞不滿，他不管，只管任他的性子辦，把人圈在家裡，幹這個勞民傷財的小涼河！”

白漢成的話，句句說到阮富剛的心裡，所以他情不自禁地插上一句：“你們隊裡社員受苦，還想扳倒我們的搖錢樹，還想砸了我們的聚寶盆……”

徐振才罵了一聲：“阮富剛！你跟著瞎說什麼？”

白漢成見周昌林遲遲不來，以爲事情總是全如意了，就大聲說：“徐隊長，老阮說得不錯！這就是火燒心！太絕了！”

突然，一個老年人，對著白漢成，狠狠地唾了一口：“呸！”

大家回頭一看，是姚媽媽！

姚媽媽氣得渾身發抖，臉色鐵青。白漢成見了，忽然感到一陣膽怯心虛。

姚媽媽指著白漢成就罵："你把'火燒心'三個字，這個樣子的糟踏！你！我也要說幾句！"

馬上就有人喊："對！讓姚媽媽說。"

還有人說："姚媽媽，到這邊，站到高處來說。"

姚夢田跟江春梅走過去，一邊一個，攙著姚媽媽，走到老槐樹底下，又把她扶到大石頭上。

在場的人，個個都望著姚媽媽，聽她說。

姚媽媽說："白漢成大罵火燒心，我就說說，老周他這個'火燒心'，是怎麼喊開來的。解放前，你白漢成，一不欠人家的租，二不欠人家的債，忙時能雇上幾個短工，閒時跑幾趟買賣，有一陣，乾脆把土地出租，成年成月不知混在哪裡，日子過得悠閒自在。老周呢？他跟你們不同！他爹為領頭抗租豁出了性命，他娘又氣又恨拖了一身的病，他一個十六七歲的小夥子，要養活全家的人！租子催得他著急，債主逼得他著忙，季節到了，沒得牛耕田，他急得團團轉，沒得種子下田，他忙得滿天下奔。你們操著兩隻手，笑他是個'火燒心'！這些，夢田他們年輕，不曉得，老徐！你是曉得的！"

不少人回過頭來朝徐振才望。徐振才點點頭。

姚媽媽又說："解放了，聽說土地要改革，要分地主的田，要分地主的耕牛、農具，我們高興得幾夜沒閤眼，老周他領著大家，站崗放哨看浮財，支援前線打老蔣。你白漢成呢？還有你阮富剛呢？又不同，你們有田，有地，耕牛，犁、耙、車，該有的全都有，不著急要土改，還說老周他是個'火燒心'！"

徐振才聽到這裡，想起了那一段日子，他跟老周一起，白天黑夜，忙得熱火朝天，心裡頭也不平靜了，真想站起來也說幾句。

只聽姚媽媽又接著說：

　　"土地一到了家，老周他就跟我們幾戶有老有小的人家，搭起了互助組。成立合作社，他領著我們，連夜趕到鄉裡去報名。你們不急不忙，說要等等看，又說老周是個火燒心。一九五八年，大躍進；一九六二年，在戰勝三年自然災害鬥爭中；一九六四年，毛主席又發了號令：農業學大寨；一九六六年，無產階級文化大革命；老周他年年月月，朝朝晚晚，就像是前頭有人拉著，後頭有人推著，他停不下來，歇不下來，一門心思只朝前頭奔，又被說成是個火燒心！要說火燒心，對社會主義，當然是要火燒心。總不能是冷冰冰！你又罵火燒是什麼'狂熱性'，'做絕了'，你到底存的什麼心啊，你？"

　　姚媽媽越說越激動，聽的人越聽越入神。頭二百號人在這裡，靜得就像是一個人沒有。

　　王秀英止不住眼淚水朝下淌："真正不錯，最摸他的心的，是黨，是社員群眾。"

　　這時白漢成還要掙扎："姚媽媽，你話說得再好，也沒有用處。我們要看周昌林的行動。他一天到晚說要根治小涼河，這會子下了一夜大雪，西北風像錐子刺人，社員們都來了，他怎麼倒不露面了？你說他做對了，他人在哪裡？"

　　只聽得霹靂一聲："我在這裡！"

　　眾人一看："老周！"

　　像是多少年沒見過周昌林了，一個個朝周昌林擁了過去。

　　王秀英擦擦眼淚水："你這個人，跑到哪裡去了？"

　　是呀，周昌林是跑到哪裡去的呢？

　　昨天夜裡，周昌林披了徐振才的蓑衣，離了徐家，走到大圩塘邊上，聽到塘裡撲拉撲拉的水響，再一看，有個人影子，走過去問："是哪一個？"

　　"我。"

周昌林一聽聲音，就曉得了："二全子？這麼大雪，你在這裡幹什麼？"

"我不放心，來看看你的。"

張二全說著從塘裡朝上爬，泥滑，又坍坡，上不來。

周昌林伸過手去，把他拉了上來。"怎麼掉到塘裡了？雪厚，眼花了？"

張二全說："不是的。"他指指塘邊子，說："涵洞頂板坍了一塊，上頭雪蓋得平平的，朝上一跨，就捽下塘了。"

"哦？這個涵洞，老徐他們是新修的嘛！"

張二全說："哎，是爲了塘裡的魚，能得著活水。怎麼竹籬笆也淌掉了。"

周昌林蹲下去一看，不假，大圩塘裡的魚，朝那邊河裡跑了！

張二全說："這會子是下雪，上凍，又不是夏天發水。我看，恐怕是人搞的。大圩塘在九隊爭論大得很，聽說才決定了把魚並到別的塘裡去，到明天一看，魚全跑掉了。事情不是更複雜了？"

周昌林點點頭："是這個道理。不過，恐怕還有更辣的點子，要不，怎麼在人來去必經的路上，把涵洞又弄壞了？"

張二全一想："對！哎，大叔，你到徐大叔家，還有人曉得吧？"

周昌林想了想，說："我們先把這個口子堵起來吧。要不，魚就跑光了。江裡撈來的魚花，下功夫養這麼大，又全跑到江裡去了。"

張二全說："是啊。我找人借把鍬。"

周昌林說："家家都睡了，來回跑也耽擱時間，魚又多跑一些。我們先拿手扒扒。"說著，就脫了鞋襪，捲起褲腿，跳下了水。

張二全也要下去。周昌林忙攔住他："你在上頭。上下搭手，快當。"

　　兩個人才要動手，忽然，周昌林輕輕喊了一聲：“啊呀！”

　　張二全忙問：“什麼事？”

　　周昌林說：“不礙事。塘底下有件鐵器，扎了腳。”反正不是細皮嫩肉，全是老繭疙瘩。周昌林拿腳在塘底下撥拉幾下子，一挑，出水了，是一把大鍬！

　　張二全笑起來：“說沒有鍬，鍬就來了。”

　　周昌林就著雪光看看，說：“是才摔在塘裡不多時，看樣子，這個口子，就是這把鍬搞的。”

　　張二全說：“我們就拿它再堵起來吧。，’

　　兩個人一直忙到天快亮，才弄好了。

　　周昌林說：“二全子，你不要家去了，家裡人見你這個樣子，要心疼你。我家裡哩，也去不得，你嬸子也要嚕蘇的。”

　　兩個人到了鐵匠鋪，把馬燈點起來。周昌林又就著燈光，把鍬仔細看看，說：“還是我們這鐵匠爐子加的鋼口哩。這事啊，先不要聲張出去。”

　　張二全點點頭。他想靠在爐子旁邊烘烘。

　　周昌林攔住他，說：“在雪地裡凍長了，不能烤火。來，我們兩個人團在一起。你把腿放在我懷裡。”

　　張二全不肯。周昌林把他拉了過來。張二全兩條腿，真的，就暖和了。

　　“大叔，你也把腿伸到我懷裡來。”

　　周昌林搖搖頭：“我用不著，你徐大叔這件蓑衣，是頂暖和了。說著，自己腿上。這兩條腿已經凍紫了，怕凍著了張二全，又離他遠些閤上了眼。

　　兩個人天不亮，就起來到李玉華家裡，說了大圩塘的事。李玉華說：

　　“小老王剛才到處找你們，說堤埂上熱鬧哩。你先去吧。我等個人，就來。鍬留給我。”

　　周昌林跟張二全到了堤埂上，白漢成正在胡說八道。張二全要站出來說話，周昌林攔住了他。

　　後來是姚媽媽說話了，周昌林又想走過去。張二全深怕他打斷了姚媽媽這些貼心的話，就又拉住了他。

　　這會子，周昌林走到姚媽媽跟前，說：“老嫂子，你不要再說了。”

　　姚媽媽氣起來：“你也不讓我說？我要說！”轉過來又指著白漢成，說：

　　“這幾年，個個都喊‘火燒心’，有的是誇，有的是罵，有的是心疼，有的是怨恨……老周他擋住你們走歪門邪道，你們怕火燒心，罵火燒心，你們怨恨火燒心！我們哩，我們就是贊成他，信得過他這個火燒心！”

　　在場的人一條聲地說：“對！”

　　周昌林說：“老嫂子，我自己有個譜。實骨子，我心裡頭這把火，燒得還不旺哩，常常要玉華他們，要你們大家，拿個撥火棍子撥撥，拿個吹火筒子吹吹哩。不過，雖說火燒得不旺，想要我歇歇火，是不行。親人們勸我，我不能聽勸；有人罵我，我也不能怕罵。”

　　周昌林在跟前一站，白漢成就大吃一驚。再看看社員們的神情，心裡頭實在有點發虛。他定定神，對自己說：莫慌，莫慌，不要看這些人全圍在周昌林身邊，等等我要他們一起圍到我白某人這塊來。就打起精神，說：“周隊長，大家叫你歇歇火，不管是勸也好，是罵也好，全都是為的疼愛你。”

　　周昌林輕輕一笑，說：“你呀，要這個停港靠站歇歇火，要那個躺倒睡覺歇歇勁，這會子又來個新鮮說法，勸也是疼，罵也是愛。你還真是會疼愛人哪。”

　　白漢成也跟著笑笑：“說，是啊，當幹部的，頭一樁大事，就是關心群眾疾苦。這幾年，大家對你有些埋怨，也就是為了你這個上頭的毛病。現成的樣子，擺在旁邊哩。我們希望你向九隊徐隊長學學。"

白漢成說完了這句話，兩隻眼睛一溜，見九隊、二隊的人，都盯著他望哩。大家是一時沒猜透他葫蘆裡賣的什麼藥。他心裡頭倒想：對了，在群眾面前，就要談群眾疾苦，才能奪得眾人的心。

周昌林心裡頭想：你想拿"關心群眾疾苦"做招牌，正是要當著群眾來扒你的皮，正是要讓群眾來批駁你，讓你看看眾人的心。就不緊不慢地說：

"要說向九隊學習，我倒要問問你：一會子那麼反對向九隊學習，說他們是熱昏了頭的人，一會子怎麼又熱心起來了？你說說，我們該向九隊學的是什麼呢？"

白漢成說："這個，眾人皆知，周隊長也該有數。我們周隊長一向最最謙虛，從一九五八年那陣，就要我們向九隊學習。這回，雖說糧食產量超過九隊了，總不見得把九隊的經驗，馬上就摔在一邊吧？九隊在糧食超了綱要之後，他們徐隊長關心群眾疾苦，待人寬厚，各樣事情的安排，都是合乎情理，得人的心，家裡有人幹活，外頭有人掙錢……"

張二全忍不住衝上來問他："你要我們也搞什麼搖錢樹，聚寶盆？"

九隊一個社員也問他："我說白副隊長，你這是表揚人啦？還是揭人的瘡疤？"

阮富剛說："什麼瘡疤？寶貝！他們二隊少的就是這個。"

張二全說："要有，就糟了。"

白漢成見他們在爭執，心裡想：我看你周昌林怎麼開口說話吧！你說不該學，就讓徐振才跟你作對；你說該學，就正好進了我的套子，說明你們文化大革命批這些批錯了，往後，乖乖的照我的主張辦。他在這裡得意地想著，只聽得周昌林還是不緊不慢地說：

「九隊值得我們學的東西，是不少。你說的那種‘合情理’、‘得人心’的事，我們獨獨不能學！」

白漢成一聽這話，實指望馬上要全場大亂，哪曉得場上是寂靜無聲。他望望大家，猜不透這是個什麼緣故。心裡頭只覺得，萬萬不能讓它這個樣子靜下去。就連忙說：「好啊，周隊長！真正沒有想到，你是這個樣子的人！越是‘合情理’、‘得人心’的事，你越是不肯照著做，硬是要做那些不合情理，不得人心的事啊！你……」

白漢成哪裡曉得，剛才周昌林的話一說出口，是硬梆梆的，格崩脆的，沒得一點點含糊，大家都是在等著聽他的下文。白漢成這一開腔，一個小夥子就跳起來說：

「不要吵！聽老周朝下說。」

周昌林說：「不礙事，就讓他先說下去。」

白漢成就接著剛才的腔調，說：「老周啊老周，這不是我栽在你頭上的罪名，這是你在大庭廣眾承認的呀！不是聾子都聽到的。這幾年，你一心只巴望隊裡多收多得，就不管社員窮苦。若是讓你再當兩年隊長，社員就要窮得連鋪的，蓋的，穿的，戴的都沒有了……」

他這話一說出來，倒是真的馬上就全場大亂了，一個個問他：

「你不是睜著眼睛說瞎話嗎？哪個窮了？要跟老早比，我們不是糠籮跳到米籮裡了？」

「你這不是自己打自己嘴巴子嗎？集體多收多得、富裕了，怎麼社員倒窮了？」

「小老王！把我們的收入帳，一五、一十、報一大串數字，給他聽聽，跟解放前比給他聽，跟文化大革命前比給他聽！」

……

白漢成直著脖子喊：「聽我說完，聽我說完！」

周昌林擺擺手：“讓他說完了吧。”

大家就靜了下來。

白漢成又喊起來：“鄉親們，同志們，社員們！……”

張二全不耐煩地問他：“盡喊什麼？你說嘛！”

白漢成點點頭：“我是說。鄉親們，我們倉庫裡的糧食，是裝滿了。從今往後，哪個能把社員的腰包塞滿了，哪個才算是最最關心群眾的疾苦。我們累死、累活，忙的不歇，圖的什麼？不就是圖個幸福生活嗎？幸福生活，就不能守著隊裡的糧倉，乾瞪眼，要能隨手在腰包裡掏出票子來。有的總比沒的好，多的總比少的好，姑娘們都曉得，五角錢一尺的花布，少一分錢，到店裡就買不到啊……”

張二全朝他跟前一站：“你不要再說了！我告訴你吧！我們幹社會主義的心，你拿花言巧語哄不到，你拿金銀財寶也買不到！”

周昌林說：“二全子！說得好！，’

白漢成喊起來：“同志們，我也是個幹部，我說的也不是搞資本主義，我們是要人人腰包塞滿，隊隊倉庫裝滿，這就是爲的社會主義生活啊！”

周昌林狠狠地罵了他一聲：“騙子！”

白漢成又喊：“同志們……”

人群裡有人喊起來：“聽老周說！我們要聽老周說！”

周昌林朝當中一站，說：“你口口聲聲‘關心群眾疾苦’，你關心的是哪一個？是姚夢田嗎？是九隊社員？是二隊社員嗎？你關心的是陳三！是你自己！是你們一夥大騙子，小騙子！只要姚夢田出去了，陳三就能跟著跑了，你也就好做文章、好說話了，你就能把文化大革命前你搞的那一套，又拿出來幹了。這種點子，你當人不曉得？要說關心群眾生活，依我看，就是要讓大家學習馬列著作，讀毛主席的書，堅決走大寨的道路！就是要批判修正主義路線，讓人人都能為建設社會主義獻出力量。若是只叫大家冬天曬太陽，夏天乘風涼，實骨子是最不關心群眾，是打擊群眾，是壓制群眾的社會主義積極性。若是像你那樣，拿‘關心群眾’當招牌，勾引人走資本主義歪門邪道，那就像雨天堆泥牆，堆著，倒著，集體糧倉滿了也要空，社員生活富了也要窮，那就是有心坑害群眾！”

小涼河邊，大石橋上，一條聲：“對！”

白漢成一看這個陣勢，沒想到，要說“得人心’的話，還是周昌林最得人心啊！就裝出一副苦巴巴的樣子，說：“周隊長，你這是罵我呀，還是罵人家徐隊長？”

周昌林正要答腔。忽然，徐振才站起來，攔住周昌林，走到白漢成跟前，說：

“我看，是罵你，也是罵我！”

白漢成一聽，好，又逮住一根稻草了，就笑嘻嘻地對徐振才說：“我看也是。”

徐振才反過來問他：“是什麼？我是合了你的情，背了社會主義的理；順了你的心，違了眾人的意！還不該罵？我老被你抬出來，做樣子招引人，當棍子打老周，還不該罵？該罵！”

場上的人活動起來，九隊的社員，為他們隊長叫好；二隊的社員，也給他撐腰：“老徐，對！”

只有阮富剛岔出來，說：“哎，隊長，你這是……”

話沒說完，余志芳跟一個女社員來了。這個女社員走上去就對阮富剛說：“你不要在這裡廢話了，你老實交代你的問題吧！”

阮富剛一愣：“啊？”

余志芳說：“徐大叔，魚苗的事，查清楚了，阮富剛他們利用你給他買賣魚苗的事，大搞投機倒把，轉手買賣，損人利己，損公肥私，賺的錢都塞進了他們的腰包。”

“啊？”徐振才大吃一驚，跳到阮富剛跟前：“你！”

張二全說：“看看，他是把腰包塞滿了。”

徐振才對阮富剛說：“快去交代問題，寫檢查去！嗨！我……也要檢查。”他轉過來對白漢成說：

“這就是你說的，是我寬厚待人的好處吧？呸！”

阮富剛眼見問題被揭出來了，連忙結結巴巴說：“隊長，隊長，我交待，這是白漢成給我拉的線，他從中撈了一半的錢。我還要揭發他哩，他說周隊長對社員太苛刻，對陳三太狠了！”

白漢成說：“徐隊長，老阮，你們不要糟蹋自己呀！你的做法，是跟當前形勢合拍子的，這話是縣裡一個書記說的。”

周昌林問他：“哪個書記說的？”

白漢成說：“一九五九年到我們這裡來過的。”

周昌林說：“他？他一九六六年就被群眾鬥倒了。”

白漢成說：“哼，你們搞他搞過頭了，是給他加了些不明不白的罪名。”

周昌林說：“他是個叛徒，是個頑固不化的走資派，條條罪狀，清清楚楚，明明白白，文化大革命定的鐵案，翻不了！”

人圈子外頭一個人，禁不住喊了一聲：“對！他翻不了！”

大家回頭一看，是新來的縣委張書記。李玉華跟在他後頭。

大家馬上讓開一條路，讓他們走到前頭來。

縣委書記老張說：“白漢成說的那個人，是個死不改悔的走資派，歷史上出賣過革命，在文化大革命中，躲在陰暗角落裡，與社會上的一些牛鬼蛇神勾結一起，大搞翻案活動，惡毒攻擊無產階級專政和無產階級文化大革命。”

李玉華插上來說：“白漢成也參與了這些罪惡的反革命活動。他還到處造謠，污蔑當前農村的大好形勢！”

張二全說：“肯定是編造謊話騙人！”

縣委書記說：“有的是謠言，有的，我看也是事實，站的立場不同，得出的結論也就是反的。他們說，這幾年，農村裡到處是火燒心這樣的人在掌權，把陳三這樣的人管得透不過氣來，他們說這是搞過頭了，這是文化大革命搞糟了的證據。我們說哩，到處都是建設社會主義的熱心人，無產階級專政更加鞏固了，這正說明，無產階級文化大革命，好得很！"

縣委書記話沒落音，緊跟著，就響起了一陣鼓掌聲。

白漢成低下了頭。突然，他看到李玉華的手上，拿著一把鍬，頭一暈，差一點點栽倒在雪地上。

只聽得縣委書記繼續說："根據有關部門掌握的情況，白漢成，有嚴重的政治問題和經濟問題，責令他立即停職檢查，並根據他的交代再作處理！"

"嘩 — "，群眾中暴發出一陣熱烈的掌聲。擁護這個大快人心的決定。

這時，李玉華看到徐振才站在那裡不做聲，就走過去，說：

"老徐，這會子你看到了，階級鬥爭，兩條道路鬥爭，哪裡都有，不抓綱和線，好人會走上邪路，抓了綱和線，敵人也翻不了天！"

縣委書記也說："是啊，今天對我來說，也是上了一課。什麼是'火燒心'？對黨，對毛主席的革命路線，是火紅火紅的，沒有一絲一毫的雜色；對同志，對人民群眾，是火熱火熱的，沒得一星半點的私念；對敵人，對資本主義、修正主義，是火辣火辣的，不留半點情面，決不施'仁政'。"

徐振才聽了這些，走到周昌林那邊，說："老周，我心裡就是少了你那樣的火啊！好，這會子，我跟你接個頭。"

周昌林聽了，先是一愣，而後臉紅了，不好意思地說：

"老徐，你不要說笑話了，我也是……老徐，我們是不是就動手幹起來吧？"

徐振才說："好。"他忽然想起了什麼事，轉身對李玉華說：

"玉華，這是你的領導藝術呀？抓兩頭，帶中間？"

余志芳忙問：“我們是哪一頭？”

徐振才說：“不是明擺著？老周是前頭，我是後頭。”

李玉華說：“我看，這兩頭，不是前頭、後頭，是東頭、西頭，是社會主義一頭，資本主義一頭。對資本主義一熱心，就必定對社會主義冷冰冰。不朝社會主義那頭奔，就必定朝資本主義那頭滑。”

徐振才點點頭：“是啊，這會子，我得調轉頭來，拔起鞋子，緊緊腰帶，急起直追，追二隊。”

余志芳說：“我們一定追得上。”

徐振才著急慌忙地說：“志芳，你先跟大家一起來，我家去有個事。”

余志芳問：“什麼事？”

徐振才說：“這個事，是一時三刻也等不及了。”

他離了堤埂，跑到家裡一看，只覺得這樣那樣都不順眼。頭一件，大門上一副對子，門頭上一張橫幅，就不行。他上去，撕拉、撕拉，撕掉了它，打算找人重寫。

第二件，牆上那張圖表，好幾年產量上不去，箭頭子不是向上翹的，往日看了得意，這會子看了喪氣，慌忙把它揭了下來。

他慌慌張張把桌子一碰，轉臉一看，桌上的不倒翁，搖搖晃晃，嘻皮笑臉，實在討厭。抓起它來，朝外就跑，跑到堤埂上，就用足了勁，朝小涼河裡一摔。

芝麻掉在針眼裡，獨巧被站在河心裡的張二全接住了，笑著說：“大叔，我以為是阮富剛來摔磚頭哩。”

堤埂上下，一陣陣歡笑。

昨天一天，二隊把小涼河水引到了他們的塘裡，上游攔河壩，也打了一點，河面上水枯了，結了一層薄冰。

剛才，徐振才走了，周昌林就脫掉鞋襪，捲起褲腿，踩碎了冰塊子，下了河。

張二全回來一看，喊起來："大叔！你在雪水裡泡了小半夜，腿上血脈還沒暖過來哩。"

周昌林瞪了他一眼："二全子！"

一個小夥跟著下去，一踩到冰上，連打了兩個寒噤，又跳上岸來："啊呀，冰冷徹骨！"

張二全馬上跳到水裡，說："不礙事，你們摸摸看，周大叔替我們把水燒熱了呀！"

那個小夥一聽，馬上又下去了，水是沒有熱，他心熱了。

跟著，一個個都踩著冰碴子，站到河裡，挖泥打壩。

縣委書記跟李玉華也下去了。

姚媽媽直喊：

"你們看看，你們看看，一個個都成了火燒心了！"

小涼河上的冰，一塊一塊，真化開來了。

不是尾聲

跟白漢成說的相反，小涼河的水，沒有澆滅了"火燒心"，是成百上千個"火燒心"，把小涼河燒得滾開滾開。整整一個冬天，小涼河上上下下，就像蒸籠揭開了蓋子，真是熱氣騰騰。

周昌林，這一個冬天，又沒穿上棉襖、棉褲，整天只穿單褂褲，還是汗氣蒸人。他常說："寒冬臘月，凍死懶鱉。"

那一天，縣委書記跟常委們一起，又到小涼河工地參加勞動，拉起了家常，王秀英對他們說：

"一九六六年，給他做了一套棉襖褲，四五個冬天了，沒穿過幾回，還是簇嶄新的。今年，又要拿它們壓箱底了。"

書記對常委們笑笑，說："我不好意思把他這套棉襖褲再拿走了。"

忙到第二年春天，小涼河完工了。

　　大石橋下游那一段彎道，被拉得筆直、筆直。新堆的大堤上，種了扒根草，根串根、枝連枝，一下子綠絨絨的，蓋嚴了。堤埂下頭，栽了三排柳樹，一發青，很快就枝葉蓬蓬，壯實了。河兩邊，田平，溝直，地成方。大石橋南北兩個橋口：兩個新建的電力排灌站，是紅瓦蓋的頂，遠遠看上去，真是萬綠叢中點點紅。

　　四月中，茅山，赤山，青龍山上的水，都下來了。滿河的水，流得歡歡暢暢。小老王把電灌站裡的電閘板一開，電動機就動起來了，水，就通過大大小小的幹渠、支渠、涵洞、渡槽，流到剛剛翻耕過的田裡，流到了社員們的心裡。

　　這一天，又是九月二十三，樹梢上，星還沒有落盡，竹籠裡，雞子剛才啼晨，小涼河兩岸，就歡騰熱鬧起來了。河南邊，是九隊的送糧大軍，河北邊，是二隊的送糧大軍，通過批修整風運動，他們更是意氣風發，兩支人馬，隔河相望，朝前頭直奔。

　　徐振才在河那邊喊：“老周，你領頭，把送糧號子打起來！”

　　九隊的社員一條聲：“好！”

　　周昌林愣了一愣。

　　那邊九隊社員又喊：“快呀！”

　　周昌林咳了一聲，順順嗓子，就領頭把送糧號子打起來了。

　　過了一會子，他們碰上了本大隊另外十個隊的送糧隊伍。

　　又過了一會子，又跟別的大隊的送糧隊伍走到了一條路上。

　　張二全把擔子換了換肩，一轉臉，見到了旁邊九隊隊伍裡的余志芳，說：

　　“志芳，看你臉上，像吃了喜鵲蛋了。”

　　余志芳說：“嗨！我心裡頭像打翻了蜜糖罐子，甜得朝外淌。”

　　張二全又說：“你看這麼多人，就像去年春天，我們抗議蘇修侵犯珍寶島的示威遊行一個樣。”

　　旁邊有一個人插上嘴說：“事實也是一個樣。”

　　他們回頭一看："玉華姐！"

　　這時候，周昌林領頭打號子，越打越起勁，越打越響亮，遠近幾里路，都能聽得到。

　　　　　　　　　　（原載《戰地春秋》，上海人民出版社 1975 年 3 月版）

深　度

張　士　敏

一

　　外羅門航道的深度驟然變淺了！這消息在航道公司革委會生產組中引起一場激烈的爭論。

　　公司革委會委員，生產組副組長，舵工出身的新幹部浦清泉認爲，這責任是在革委會副主任、生產組組長樂正平和疏浚技術員哈化身上，是他們將附近一條黑沙江工程挖出的大量泥沙，沒有按規定輸送到外海去，卻拋在外羅門航道的深潭中，造成泥沙擴散，從而影響了航道的深度，因此必須立即停止在外羅門航道深潭拋泥，同時要從思想路線上進行檢查，吸取教訓。樂正平和哈化卻不以爲然，他們認爲深度變淺與深潭拋泥關係不大，可能是今年從上游來的流量比往年大，夾帶的泥沙比較多造成的。

　　不同的觀點，不同的態度，針鋒相對，互不相讓。

　　此刻，哈化看著航道圖，一面用胖手在那油光光的禿頭上摸著，一面思慮怎樣對付這位雖然年輕，卻是很厲害的副組長舵工阿浦。哈化這人解放前曾做過幾年跑街，由於職業的習慣，養成一個特點：見人就打哈哈。用他自己的話說："面帶三分笑，見了人不惱。"加上他名字的諧音，因此大家都喊他"哈哈"。這時，他照例笑道："哈，阿浦同志，無論從書本知識還是實踐經驗來說，深潭拋泥法都是可行的。"

"對,"阿浦點點頭,"但得看具體情況,拿外羅門航道來說,水流急,潮汛大,拋下去的泥沙就不會如想像的那樣都聚結在深潭中。"

"哈,"哈化頭一仰,"這可能,可能。可是我的副組長同志,請你別忘了,水下面的事情,肉眼是看不見的啊。"

阿浦說:"可你也別忘了,一個人執行的是什麼路線,群眾是看得見的!"

哈化一愣。

這時一直在旁邊不緊不慢地踱著方步的樂正平插嘴說:"我看不必爭了,沒多大意思嘛。"

"為啥?"阿浦感到詫異。

"航道寬著呢,深度差那麼幾釐米有啥了不起。"

"什麼!一個月淺了十釐米,沒啥要緊?"阿浦跳起來,那一雙黑白分明,多少還帶點孩子氣的大眼睛直愣愣地看著樂正平,"老樂同志,你怎麼可以這樣想呢?"

"為什麼不可以?"樂正平看著他。

"現在工農業生產飛躍發展,海上運輸十分繁忙,船員們都千方百計滿載多裝,他們的口號是:'寸水必爭'。如果我們提供的航道深度不準確,不用說幾十釐米,有時候哪怕幾釐米也可以造成船舶擱淺。"

"這些都是說說的。"樂正平笑笑,"你說說,生活裡有多少這樣的事兒?"

哈化附和著:"哈,我吃航道飯二十幾年了,這樣的事兒還從來沒聽說過哩。"

"等到碰上就來不及了。"阿浦激動起來,"我踩過甲板,當過舵工,我知道,對船舶來說,關鍵時刻差幾釐米就是不行;對我們革命者來說,腦子裡如果有這種思想,就要偏離毛主席革命路線!"

　　"偏離毛主席革命路線？哈，好大帽子。"哈化故意看著樂正平。

　　樂正平手一揮："好，時間寶貴，不談了。深度就差那麼幾釐米嘛，有機會派兩條船去挖一下就行了。眼下深潭拋泥照常進行，完成任務要緊。"

　　"不行！"阿浦毫不放鬆，"不僅立即停止深潭拋泥，還得把路線是非搞清楚。"

　　"你這什麼意思？"樂正平警惕地看著他。

　　阿浦沒有回答，注視著哈化，說："哈化，黑沙江的航道和漁碼頭的疏浚工程，不是安排在第四季度施工嗎？爲什麼要大大提前呢？"

　　"這……哈哈，"哈化摸摸腦袋，"他們幾次派人來，說生產任務緊張，希望我們無論如何能協助他們，提前在一季度施工。我分析了一下情況，我們不能提早施工的主要困難，是泥沙挖出來後運送的拖輪和泥駁不夠……"

　　"於是你就想出在外羅門航道深潭拋泥這個新方案？"

　　"哈，對嘞，"哈化很得意，"這樣做不但可以幫助人家解決困難，而且我們又可以超額完成今年的疏浚生產指標，大大降低生產成本，真可以說是一箭雙雕，兩全其美。你不在家，我匯報給樂副主任……"

　　"我同意了。"樂正平悶悶地說，"再說一遍，我不明白說這些有什麼意思？"

　　"很有意思。"阿浦固執地說，看著哈化："老哈，人家都說你是個出名的鐵算盤，這回對黑沙漁業指揮部怎麼……"

　　"這……"哈化避開阿浦那銳利的眼神，爲了掩飾自己，他習慣地一笑："哈，爲了積極支援漁業生產嘛。"

　　"真是這樣？"阿浦走到牆角，提起那只他親手縫製的帆布水手袋，"嘩啦"一下將六七條大黃魚倒在地上。哈化面孔一紅，樂正平也顯得不自然起來。阿浦指著地上的黃魚，說：“你爲什麼把它送到我家裡？是哪裡來的？”

“哈……”哈化強打著笑臉，“這是漁業指揮部的同志爲了對我們的支援表示感謝，送來的……”

“是送來的還是要來的？”

“哈，送來的也好，要來的也好，反正是一碼事，這叫互相幫助，大家有數。哈，我知道你喜歡吃魚，瞧，這樣新鮮的大黃魚你花錢也買不著。”

“哈化同志！”阿浦忍不住提高嗓門，“你怎麼可以這樣做呢？”

“……”哈化沒料到這一手，臉上的肌肉一下僵住了。

“我們是社會主義的企業，我們手中的職權是黨和人民託付給我們的，我們怎麼能夠利用它去爲個人謀私利呢！”

哈化被斥得面紅耳赤。

阿浦轉向樂正平：“老樂，我看這黃魚不能吃，必須上交給黨委處理！”

樂正平不禁緊皺雙眉。這位四十八歲的革委會副主任在文化大革命前是航道公司的副經理，跟著公司經理，大搞“左挖右拋”的土方掛帥，犯了不少錯誤，文化大革命初期受到過群眾的批判，但由於他檢查時態度較好，受到群眾諒解，結合進革委會，負責抓生產。這次黑沙江工程和漁業指揮部送黃魚的事兒，他聽哈化說了，哈化也是第一個送魚給他；但他並非因爲嘴饞，看在這幾條魚的面上同意提前這一工程，而是被哈化這個深潭拋泥法所吸引 ── 這樣一來今年的疏浚土方指標篤定超額完成。想不到這個年輕的阿浦會小題大做，死死抓住這一點，硬把深度變淺的事同黃魚的事情聯繫在一起，事情搞大了不僅對哈化沒好處，對自己也不光彩，更重要的是往後工作難以開展。他很想將這些話一股腦兒倒出來，但礙於哈化的面，又不好說，想了想，說：“走吧，我們出去散散步。”

　　阿浦領會他的意思，他覺得問題的根子還是在作爲黨員領導幹部的樂正平身上，很想同他思想見見面，於是高興地說：

　　“對，出去呼吸點兒新鮮空氣。”

二

　　他倆走出公司大門，通過一段林陰路，然後走上一條佈滿碎石子的斜坡，登上一座小山頭 —— 這是伸進海中一個小小的半島。從這兒可以俯瞰疏浚船隊、航測船隊的碼頭和整個弧形的海灣。那無邊的大海在春天的陽光下閃爍著，蔚藍、遼闊、深沉、透明。

　　樂正平坐在一塊光滑的岩石上，“啪嘶”點燃一根香菸。阿浦平伸雙臂，做了一個擴胸動作，深深地吮吸一口那潤濕清涼、微帶鹹腥的海的氣息。遙望著遠方兩艘冒著淡淡黑煙的海輪，他滿懷激情地說：

　　“老樂同志，看到那兒兩條貨輪嗎？記得兩年前那條航道還無法行駛大海輪，經過我們的努力，現在終於正式通航了。”

　　“嗯。”樂正平噴了一口煙。

　　阿浦繼續熱情地說：“隨著國內外革命形勢和造船工業的迅速發展，海上運輸越來越繁忙，領導上號召我們迅速改變港口和航道面貌。我們航道工人肩上的擔子重得很啊。”

　　“嗯。”樂正平又噴出一口煙，他很明白阿浦的意思。說實話，他覺得小夥子這種革命熱情很可愛，也很可貴；但同時又覺得未免可笑和幼稚 —— 呵，難道我樂正平還不懂這些嗎？光憑熱情工作是不行的！

　　兩人默默地坐了一會，樂正平終於開腔了。他說：“我們倆是公司生產方面的主要負責人，考慮問題得全面點。哈化要人家魚當然不太好；不過，他畢竟是爲了大家……”

“爲大家？”阿浦打斷他的話，“爲哪個大家？你我，還有幾個船員，這叫大家？”

樂正平一時回答不上來。

阿浦說道：“再說，像哈化這種滿腦子資產階級思想的人，他決不可能真正爲大家，我看他就想用幾條魚來塞住大家的嘴巴。老樂啊，這可是意識形態領域裡的階級鬥爭啊！”

樂正平不高興地說：“不要動不動就上綱上線嘛，我覺得你今天對哈化的做法太過分。”

“過分？”

“對，過分！”樂正平望著遠方，“付錢吃幾條黃魚，這有啥了不起？”

“不對，這種‘有啥了不起’的事，值得我們共產黨人嚴重注意，這是一種歪風邪氣，應該與之作堅決的鬥爭。”

“鬥爭？”樂正平聳聳肩膀，說：“何必搞得那麼頂真，挫傷下面積極性，也搞壞了兄弟單位關係，怎麼開展工作？”

“原來這樣！”阿浦沉吟著，半晌，才一字一句說：“現在我明白了。”

“你明白什麼？”樂正平噴了一口煙。

“明白了問題的實質。過去，我總認爲你對哈化那一套資產階級的舊思想、舊作風鬥爭不力，是個工作方法問題，現在我才明白，其實你們之間的思想在某些地方是共通的 — 不過表現形式不同罷了。你這樣做不但爲哈化的資產階級歪風邪氣提供土壤，而且道道地地成了他的保護人！”

“你？……”樂正平像觸電似的忽地跳起來。阿浦平靜地看著他，一動也不動。半晌，樂正平說道：“好吧，就算我爲他提供土壤，就算我是他的保護人，這又有什麼了不起呢？哈化他不是‘王國祿’，也不是‘錢守維’！”

“從某種意義來說危害更嚴重。”

“嘿嘿，別嚇唬人。充其量，哈化不過有些舊思想和舊意識罷了！”樂正平譏諷地笑著。

阿浦十分嚴肅地說：“列寧曾經指出：‘戰勝集中的大資產階級，要比“戰勝”千百萬小業主容易千百倍；而這些小業主用他們日常的、瑣碎的、看不見摸不著的腐化活動製造著為資產階級所需要的，使資產階級得以復辟的惡果。’因此，怎樣對待這些資產階級的腐化活動，是搞馬克思主義還是搞資本主義的一個重要問題。”

“⋯⋯”樂正平想不到這個舵工出身的新幹部會說出這樣一番話來，一時竟無言以對。

阿浦繼續說道：“就拿目前來說吧，他這樣做已經造成外羅門航道深度變淺的惡果，如果我們不鬥爭，不反擊，讓這種資產階級思想作風任其氾濫，那我們航道的深度怎麼能有保證，我們的社會主義企業會走上什麼道路？！”

“好吧，”樂正平在石頭上撳熄菸頭，慢慢站起來，“你對黃魚的處理我同意 —— 全部退回去。可是你對深度變淺的原因所下的結論，我不同意！”

“老樂同志⋯⋯”

“我是生產組組長，我有權決定深潭拋泥繼續進行！你有不同意見，向上反映好了。”說罷轉過身，順著那道斜坡急步向山下衝去。

阿浦一怔，隨即猛喊一聲：“老樂！”但不知是頂風，還是樂正平沒聽到，抑或是聽到了不想答應 —— 反正沒回頭。

“你呀！”阿浦感到渾身一陣燥熱。他用手抓住領口使勁一扯，一粒扣子掉了下來。那疾厲的海風，舞弄著他的頭髮，吹拂著他的衣角。

“阿浦，你頂得對！”背後忽然響起一個沉重有力的聲音。

他回過身，原來是自己師傅老舵工許長發。

"師傅！"阿浦親切地喊了一聲。十年前，當他踏上"勇敢"號的船甲板，就是這位與大海打了三十多年交道的老舵工，手把手教他掌舵，教他識羅經，認航向，辨風雨，戰海浪，而且介紹他加入了中國共產黨。如今阿浦雖然離開"勇敢"號，走上了領導崗位，但這絲毫沒有影響他們的感情和戰鬥友誼。阿浦一有空就上船去摸舵柄，師徒倆邊勞動邊談心，阿浦從他那兒吸取養料，聽取群眾的要求、批評和反應。這次黃魚事件就是他第一個向阿浦反映的。

"別忘了我們舵工的那句老話：只要舵穩，不怕浪掀。"許長發那溫暖的眼睛親切地看著阿浦。

"忘不了。"阿浦感到心頭一陣溫熱。

許長發點點頭，抖開手中的大字報，笑道："阿浦，你看看，這是我們寫的大字報。"

阿浦一看，只見一張大字報上赫然寫著："外羅門航道深度突然變淺，是資產階級思想的污泥濁水造成的！"另一張則寫著："我們要革命！我們要前進！向資產階級歪風邪氣開炮宣戰！"阿浦越看越激動，越看心頭越熱呼，好，火燒起來了，工人群眾的力量是多麼了不起啊！

許長發說道："一些分到魚的工人都主動把魚送交支部和黨委。並且紛紛起來揭露哈化。"

"啊，太好了！"阿浦高興地說，"師傅，我覺得我們應該立即出海，到外羅門航道去，調查研究，掌握深潭拋泥影響航道深度的確鑿資料，取得更大的發言權，制止深潭拋泥。"

許長發手一揮："乘我們的'勇敢'號去。"

三

航道公司生產組辦公室裡，樂正平和哈化各自懷著只有自己知道的心情注視著剛剛從海上回來，工作服上沾滿白花花鹽霜的阿浦。阿浦從一隻塑膠袋裡拿出一團黑糊糊的爛泥，鄭重地放在兩人面前，笑瞇瞇地說：

"請你們欣賞一下。"

"這哪兒來的？"哈化詫異地問。

"外羅門航道附近扁擔島上一位老漁民送的。"阿浦舉起黑泥團團，"這次我和‘勇敢’號的船員同志在外羅門航道訪問了好多漁民，瞭解了這條航道歷史上的變化情況，增加了不少知識。在扁擔島上，我們看到一個老漁民在起網，我看那網挺沉，心想：裡面一定有不少大魚，就走過去幫忙，誰知拉起一看，網裡面卻是……"

"這玩意兒？"樂正平一愣。

"對，"阿浦點點頭，"當時我也很奇怪，就問老漁民，這是怎麼回事？誰知他笑道：‘嘿嘿，還問我，這都是你們航道公司幹的。’我一怔：‘我們？’老漁民說：‘那還用說。這兒捉魚的人誰個不知道，這外羅門航道水底下都是又細又硬、顏色發黃的鐵板沙，這號黑泥只有前面黑沙江裡才有。自打三個月前，你們把黑沙江裡挖出的爛泥拋進這外羅門的深潭裡後，我們起網時就常常撈起這些黑泥團團。’"

樂正平沉吟了一會兒，從抽屜裡取出一張表格，送到阿浦面前："你看看這個。"

阿浦一看，是一張填滿各種數位記號的外羅門航道水文測驗報告表。他首先看輸沙量一項，只見寫著："大約占總拋泥量的10%"，那就是說，拋進外羅門航道深潭中的數百萬立方米的黑

沙江泥沙,只有十分之一成了隨水漂流,能夠影響航道深度的"漂移質"。無疑,這一定又是哈化在搗鬼!便不動聲色地說:

"哈化,這份東西是你負責搞的?"

"是喲,是喲,哈。"哈化警惕地看著阿浦。

樂正平也關切地看著阿浦。自打海邊那場激烈的爭論後,樂正平心裡一直覺得不踏實,便讓哈化親自帶人到外羅門航道去進行水文測驗。當哈化弄回這張表格後,他才算放了心。

"奇怪!"阿浦看看那張表格,再看看那塊黑泥團團,自言自語地說。

"哈,"哈化笑道,"這也不奇怪。吃航道飯的人都知道,水流的速度中間快,兩邊慢。由於流速緩慢,泥沙就很容易在岸邊沉積下來。大概你那位老漁民是在岸邊起的網吧。"

樂正平不由得連連點頭,同時用眼角瞟著阿浦。

阿浦皺皺眉頭,忽然神情一轉,給長發師傅打了個電話。過不多久,長發來了,手裡拿著一張墨蹟未乾的水文測驗報告單,阿浦連忙上前接過來看著,不住地點點頭,然後遞給樂正平,說:"老樂同志,請你也看看這一張。"

樂正平接過一看,一樣的表格,上面輸沙率竟是 50%!

"這?……"樂正平忽又抓起哈化的那張報告單,"怎麼搞的?"

"那就問他吧!"阿浦看著哈化。

哈化摸摸腦殼,說:"哈,這種輸沙率的測驗本身就是大約數字,不太準確的。"

許長發說:"那也不會相差這麼多。"

哈化支支吾吾地說:"那……那我就說不清楚了,啊,興許我們用的儀器有毛病。"

阿浦說:"恐怕不是儀器有毛病,而是思想有毛病!"

哈化避開阿浦那灼人的目光。樂正平疑惑地看著他。

阿浦說：“你說不清楚，我倒可以幫你說清楚。你弄虛作假，將表層含沙量較小的水樣代替底層含沙量高的水樣進行化驗分析⋯⋯”

“沒⋯⋯沒有的事！”哈化叫著，脹紅了臉。

“這是鐵的事實！”阿浦逼視著他，“不要自以為聰明，老實告訴你，群眾的眼睛是雪亮的！”

“可恥！”長發師傅的大手一揮。

“你呀，嘻！”樂正平氣得直跺腳，他覺得哈化把他的臉都丟盡了，特別是在阿浦面前。“老哈，你怎麼可以這樣做呢！”

“我，我⋯⋯是遵照你的精神辦事的啊⋯⋯”哈化囁嚅著說。

“我說過什麼？”

“只要土方到手，在那茫茫大海裡航道深度差那麼幾釐米無所謂，所以我⋯⋯”

樂正平氣急敗壞地瞪了哈化一眼，一屁股跌坐在椅子上。

阿浦問道：“哈化，你從漁業指揮部到底弄來多少魚？”

“四⋯⋯四百斤⋯⋯”平常笑聲響亮的哈化現在聲音像蚊子。

“不！”阿浦大喝一聲，“是一千四百斤！可能還更多。”

“你？⋯⋯”樂正平嚇得站起來。

“哈化，你這胃口真不小嘞！”許長發冷笑著。

“那些魚哪裡去了？”樂正平憤怒地看著他。

阿浦笑笑：“放心，不會是貓叼去了，哪兒去了，哈化他心裡有數。”

許長發說：“下一步就看你是不是老實了。”

哈化早已縮成一團。

此時，樂正平真是又氣又惱，又恨又愧。驀然，他想起什麼，對許長發說：“長發師傅，請趕快通知疏浚船隊，立即停止在外羅門航道深潭拋泥。"

許長發正要出去,桌上的電話鈴急促地響起來,樂正平拿起電話:"嗯,我就是,對,對……什麼?啊!啊!……"他那光潔的額角上剎時沁出一粒粒汗珠,而且看得出,拿聽筒的手在微微發抖哩。

阿浦、長發師傅都從未看到過自信果斷的樂正平會慌亂成這樣,不由得對看了一眼。

樂正平放下聽筒,垂頭喪氣地坐在皮轉椅上。

"老樂,怎麼回事?"阿浦關切地走過去。

樂正平有氣無力地說:"港口調度來電話,根據我們半個月前測量提供的外羅門航道圖紙,三號燈浮附近淺灘的深度,今天驟然又淺了十釐米,滿載的萬噸貨輪'海洋'號在那兒拖底了,現在進退兩難,情況很危急。"

"真的?"許長發忍不住驚叫一聲,哈化也恐懼地抬起頭。他們都清楚地知道,萬一真的擱淺,將會出現不堪設想的後果。

阿浦緊皺雙眉,走到窗前。外面開始下雨了。他凝視著那煙雨迷茫、怒濤千頃的大海,兩隻拳頭攢得緊緊的緊緊的……

"長發師傅!"樂正平忽然抬起頭,眼裡閃過一線希望的光亮,"現在潮水情況怎麼樣?"

許長發看看壁上的鐘:"還在繼續落,深度還要減淺,那時……"他不願多說,也不需要多說下去了。

"唉!"樂正平無可奈何地歎了一口氣。

"老樂,"阿浦突然轉過身,"'海洋'號準確的方位?……"

"三號燈浮東偏北半裡。"樂正平不知他想幹什麼。

阿浦打開桌上的海圖,默看一會,猛然說道:"走!"

"哪兒去?"樂正平、哈化以及長發師傅都一驚。

"立即趕到出事地點,引領'海洋'號繞過三號燈浮,插向正北，通過劍門水道，駛上正航道。”

“通過劍門水道？”樂正平走到海圖面前，“唔，這倒可以考慮。”

許長發說：“是個好辦法。不過……”

阿浦知道師傅的心意。劍門水道是一條戰備航道，形勢非常險要，正像漁民中一首民謠說的：“劍門道，船難跑，尖刀礁，黃泥灘，七轉十八灣。”不久前才去勘察測量，航標還沒來得及佈設，這樣的夜晚引領“海洋”號通過是多麼危險啊！可是他卻平靜地笑道：

“長發師傅，記得嗎，‘勇敢’號去測量時是我幫你掌的舵。”

許長發點點頭，怎麼會不記得呢，在那些險惡的礁石上留下過他們這些勘察者的腳印，在那些金黃的沙灘上滴落過他們晶瑩的汗水，可是天這麼黑，風雨這麼大，沒有任何助航標志，引領的又是一條滿載的萬噸輪！萬一……作爲師傅，作爲同志，作爲一個老舵工，爲阿浦想想，這個責任實在太重大了！可是他又能說什麼呢？他憤怒地掃了一眼哈化和樂正平，凝望著阿浦那雙黑白分明，多少還帶點稚氣的眼睛，從心底深處發出一聲呼喚：

“阿浦！……”

樂正平聽了阿浦的方案心裡百感交集。是啊，許長發的擔心是有道理的，這樣做確實太危險，於是他激動地說：“阿浦同志，再想別的搶救辦法吧，我決不願意你爲了我……”

阿浦鏗鏘地說：“時間不等人，長發師傅，老樂同志，走！”

“我？”樂正平一怔，隨即大踏步跟上去。

三個人衝出門外，消失在那呼嘯的狂風暴雨中。

四

“嘩！嘩！⋯⋯”狂風夾著驟雨，捲著巨浪，向“海洋”號船身猛襲著。

駕駛臺上靜悄悄的，只有回聲測深儀輕微的“嚓嚓”聲和阿浦不時發出的沉重的舵令聲，打破那神秘而又深沉的寧靜。海圖桌上那盞加了防護罩的柏燈的光亮，映照著一個個神情嚴肅的臉，這一切，使這寬大的駕駛台更加肅穆莊嚴。

頭髮花白的“海洋”號老船長，年輕的操舵工，以及許長發和樂正平，都站立在玻璃窗前，眼看著那漆黑無邊，危機四伏的大海，耳聽著那暴雨狂濤的喧鳴，心都繫在年輕的阿浦身上。

老船長看看阿浦那稚嫩的臉，再看看身邊的許長發 —— 這已經是第三次了，那意思是：這個年輕人行嗎？

許長發的回答是堅定的點頭。

樂正平站在阿浦的旁邊，看看阿浦那凝視前方，閃閃發光的眼睛，他的內心真像外面的大海，波濤洶湧，心潮難平。他想說，卻又沒法說。難忍的沉默，這是回憶和追溯往事的最好時機。樂正平不由得想起，當著哈化的面，阿浦拎起水手袋，“嘩啦”一下將黃魚倒在地上的粗獷動作；想起在海岬頂端那場激烈的辯論⋯⋯

就在這無數雙眼睛的注視下，就在這無聲的沉默和激情中，年輕的阿浦引領著“海洋”號，頂著狂風，劈開惡浪，頑強而又小心翼翼地向前行駛著。航過黃泥灘，轉過八道彎，眼看天就要亮了。正在這時，好像有誰的巨掌在水下把龐大的船身拉了一把，船速頓時慢了下來，船身微微顫抖著。

嘴唇緊閉的老船長又不安地看看許長發。

許長發輕聲說道：“要過尖刀礁了，這是最後、也是最危險的一道難關。這兒水流湍急，礁石密佈，而且有一股渦流。」

阿浦點點頭，神情更加堅定。

全船沒有一點聲音。雨漸漸小了，借著天空的微光，可以看到遠方那一堆堆礁影，就像一隻蹲伏著的野獸。周圍的海水像煮沸了一樣，沸騰著，翻滾著，那聲音真如同千軍吶喊，萬馬嘶鳴。

「加速！」阿浦沉著命令，「把穩舵！」

但不知為啥，舵卻不那麼聽使喚，船身兩邊搖晃著。

「我來！」阿浦從年輕的舵工手中接過舵輪。

老船長又疑惑地看看許長發。

許長發輕輕一笑：「舵工出身。」

阿浦那有力的雙手緊握舵輪，對正航向，「海洋」號龐大的船身慢慢向礁群靠近、靠近。只見正前方一塊黑糊糊的礁石像一把鋒利的匕首倒插在海浪中，浪花飛濺，猙獰恐怖。阿浦將船頭正對著它，五百米、四百米、三百米……人們都睜大眼睛，屏住呼吸，終於那位老船長忍不住了，哇一聲叫出來：

「快！……」

許長發一把按住他：「別出聲！」

阿浦似乎沒聽到這一切，他嘴唇緊閉，目光前視，那有力的雙手緊握舵輪，對準礁尖，不偏不倚……二百九十米、二百八十米、二百七十米……說時遲，那時快，阿浦猛然一個右滿舵，「海洋」號像一條靈活的劍魚，挨著礁邊滑過去了……

全船禁不住爆發出一陣熱烈的歡呼。

老船長還沒弄明這到底是怎麼回事。許長發笑道：

「剛才那把『尖刀』的名字就叫『對我來』。」

「『對我來』？」

「在那礁石四周，你看看是一片汪洋，其實暗礁密佈。航行船舶，要想安全通過，只有將航向正對這把尖刀，在距離二百五十至三百米的地方快速轉向，就像剛才阿浦操縱的那樣。」

　　老船長看看年輕的阿浦，忍不住連連點頭："多好的新幹部，多好的年輕人啊！"

　　當東方天邊出現那第一條玫瑰色曙光時，阿浦他們告別了老船長和"海洋"輪，登上前來接應的航測船"勇敢"號。

　　走進駕駛室，阿浦習慣地從舵工手中接過舵輪。跟在後面的樂正平，驀然看到他旁邊海圖桌上那團黑泥，遲疑了一下，輕聲說："阿浦，把它送給我吧。"

　　阿浦點點頭。

　　樂正平手捧黑泥，激動地說："大夥說得對，真正影響航道深度的不是這些黑泥團團，而是資產階級的歪風邪氣和修正主義的污泥濁水。"

　　阿浦感慨地說："是呀，看來航道中的污泥不挖除，深度就不能保證，船舶航行就有危險；舊社會遺留下來的這些污泥濁水不清除，我們的無產階級專政就不能鞏固，資本主義就有復辟的危險。"

　　長發凝望著那金波閃閃，水天相接的遠方，深沉地說："對！所以我們要爭取做一個鞏固無產階級專政的自覺戰士。"

　　這時，那一輪紅日已躍出海面，鮮豔奪目，光芒四射。

　　阿浦緊握舵輪，加快速度，向著那太陽升起的地方，他們飛速駛去。

（原載《朝霞》1975 年第 3 期）

戰　友

張　笑　天

一

炎夏盛暑的一個傍晚。

臥虎山鐵礦籌建處黨委副書記叢振，駕著北京牌吉普車，後面緊跟著一台“黃河”十輪大卡，飛速趕到火車站。

叢振跨下車子，習慣地抬起腕子看看錶，緩步走向收票口。後面跟著的人跳下卡車。一列上行車剛剛進站，車門雙開，吐出無數股人流，朝收票口湧來。

叢振顯然是挑選個顯眼的地方，特地踏在玉蘭花石墩上，翹起花白的頭，目不轉睛地在月臺上搜索著。

人快走淨了，並不見老戰友的影子。失望的情緒爬上了他那微蹙的眉峰。

“老叢！”突然，一個五十多歲、打扮簡樸的女同志，在收票口喊起來。她手裡還牽著一個六七歲的小女孩。

叢振猛轉頭，一眼看見了手提網籃、背著行李捲的這娘倆，稍一愣，才又驚又喜地迎了過去。

“劉敏！我們的老護士長！你這身打扮，簡直和你參軍時山東大妞那咱沒啥兩樣，哈哈哈。”說著搶過行李，逗著有點眼生的小姑娘：“這個是二號的還是三號的？”

劉敏拉著往後躲的女兒，笑道：“最小的那個了。小戈，成天吵著要見你叢叔，怎麼現在又認生了？"

小戈骨碌著一雙溜圓的大眼睛，在微微發胖的叢叔身上打量著，小聲對媽媽嘀咕道："不像嘛，照片上，叢叔哪有這麼胖？"

叢振和劉敏都忍不住哈哈大笑起來："這不是打遊擊那陣子嘍！"他冷丁記起了還缺一個主角，就四處張望起來："老馬呢？這老夥計，也不來和我熱乎幾句，就上行李房了？"

劉敏沒等答話，小戈搶著說："爸爸前天夜車就打前站來了！"

叢振掃興地"哦"了一聲，向劉敏伸出手來："運單呢？我去給你提行李包裹。"並且用下頦點著身後的大"黃河"："喏，這傢伙夠載吧？"不知為什麼，劉敏卻嘎嘎笑起來："一部大卡車？"說著一個勁搖頭。

叢振雙手卡在腰上，疑惑地歪起頭："我倒不敢相信，你們的家當，一個大黃河還拉不下！"

劉敏止住笑，指了指堆在地下的兩個網籃、一個行李捲："喏，這就是全部家當。

你一個人騎台自行車來，就馱去了。"

叢振啞了半晌，才哭笑不得地搖了搖頭："還是遊擊作風！哼，上車！"

二

臥虎山鐵礦坐落在離市區五十里地的荒山野嶺。三個月前，根據群眾報礦情況和初步普查資料，省裡決定，派出一個地質大隊和一部分礦工，組成了臥虎山鐵礦勘測籌建處，並且派叢振負責籌建。

經過第一階段勘測，省委接到了籌建處黨委打來的報告：東虎山有礦，而且很富，但更大面積的西虎山卻始終找不到礦脈。

礦脈違反了通常的規律：出現了稀有的"斷條"，礦床失蹤了。這樣，就存在這樣一個問題：臥虎山現有一點礦，是否夠採？因此他們建議，撤下大隊人馬，取消籌建處，把東虎山頭鐵礦交給地方去開採。

這個報告，省委還沒來得及作出答覆，礦上三結合籌建小組派了個小姑娘爲全權代表，給省委送來了請戰書。他們告了籌建處副書記叢振一狀，說他"不願艱苦創業，見硬就回，不肯支持廣大工人的革命創議"。他們拿出了許多規律性的證據，帶來了一大露頭鐵礦標本，證明這條礦脈的突然"失蹤"，是個怪現象，但只要找到"怪"的根由，就一定能找到一座大礦。

這位全權代表是個剛從冶金技術學校畢業的小姑娘，叫叢唯雋。這是個不見兔子不撒鷹的手，直到省委答覆她，不但不同意籌建處下馬，而且答應即日派出一位建設西部油田的老幹部前往臨陣，一定要把臥虎山的勘測工作搞個水落石出，不獲全勝，決不甘休，她才心滿意足地連夜乘車趕回臥虎山。

這是叢唯雋從省裡回礦的第二天清早。

叢唯雋從工棚裡爬起來，跑到響水河邊洗了幾把臉，掉轉身，在山坡上，蹬著沾滿露水的草棵，追上三結合小組的夥伴，又去實地勘測了。

這時東方剛剛破曉，金色的朝霞灑滿了嶙峋的東山。叢唯雋他們下山吃飯時，遠遠看見一個穿一身灰衣服的人，站在東山頭上，托著幾塊石頭在凝神沉思，從那灑滿銀粉似的短髮，從那背在背後的塗了綠漆的柳條帽，從那旺盛充沛的精力，都使她想到礦山那些信心百倍的老地質隊員、老鑽工。由於急於下山去領料，叢唯雋並沒有認準這到底是誰。

早飯後，叢唯雋鑽進油氈紙苫頂的臨時辦公室裡去找主任批條。只見屋子裡擠滿了人，吵成了一鍋粥，這個要鑽桿，那個要棚架木。那位總是笑容可掬的辦公室主任蘇南淨，回答卻總是婉轉而又千篇一律的："無貨，上級沒有撥下來……"

叢唯雋這時發現，在人群背後站著一個面目清癯的老同志，看上去有五十歲了，但那兩隻熠熠閃光的眼睛，卻和這年齡大不協調，給人一種剛毅的印象。儘管他穿著普普通通的工作服，可不知為什麼，叢唯雋總覺得像在哪見過他。在哪呢？難道是銀幕上出現過的南征北戰的將軍嗎？她突然看見了老同志背在身後的綠漆柳條帽，哦，這不是早晨見到的那個人嗎？他到底是誰呢？

叢唯雋剛要走過去和老同志打招呼，辦公室主任蘇南淨打電話的聲音吸引了她。她擠進了人群。

蘇南淨左手拿著紅藍鉛筆在桌面上磕嗒著，打電話的調子抑揚頓挫，而且夾帶著笑聲："你聽我說，哈哈，臥虎山籌建幾個月了，還是手無寸鐵。哈哈，沒礦啊！本來就沒米，安鍋立灶頂啥用呢？說不定啥時候捲簾散朝呢。哈哈，你問我哪天投產，這不是紙上談兵嗎？"

叢唯雋一掀柳條帽，劈手奪過聽筒，大聲向授話器喊道："喂喂！我是工人！對！我們礦散不了朝，現在正在找那條失蹤的礦床。我們一定爭取今年，也就是七四年末，抹掉'籌建'兩個字！"說完，吭當一聲掛斷了電話。

蘇南淨從眼鏡後頭向這姑娘投過一瞥異樣的眼光，憋了半晌，反倒笑了："這是國民經濟計劃，不是撲克打百分！"

叢唯雋抿緊的嘴角可一點沒有笑意："我們工人搞社會主義建設，要的是沿著大路跑快馬，不喜歡老牛破車疙瘩套！"

屋子裡響起一片贊同的笑聲。

那個精神矍鑠的老同志，望著叢唯雋，嘴角上浮現出顯而易見的笑意。他忽然又轉過頭，用冷峻的目光看了看蘇南淨。

叢唯雋從屋裡出來，推起獨輪車，走上了山崗。吱咀一聲，車輪掩在亂石突起的半山腰，車子險些顛翻。

跟她出來的老同志說了聲："別動。"繞到車前，背起拷繩，向左一擰，兩人一推一拉，向山頂走去。

　　到了山頂，叢唯雋撂下車把，把毛巾扔給一臉汗水的老同志，自己抬起袖頭抹了一把汗，說：“你還有股子勁呢！退休不下崗，真叫人佩服！”

　　老同志呵呵一笑，點著她的鼻子：“是個小實幹家，可有點先驗論！”說得叢唯雋也咯咯笑起來。

　　老同志坐在一塊臥牛石上，掏出漆布菸包，問道：“你叫啥名呀？”

　　“叢唯雋。”

　　“哦，”老同志抽了一口菸：“咱，不帶先驗論的。你小名叫山刺梅，對不？”

　　叢唯雋臉騰地紅了，急得亂搖手：“不叫，不叫，就不叫！……唉呀，我知道了，你是馬叔，你是油田黨委書記馬驥同志！”

　　老同志仰起臉哈哈大笑起來。

　　叢唯雋一把挎住馬驥的胳膊：“馬叔，原來你就是新來的黨委書記呀！你怎麼沒有到市裡停留一下，見見我爸爸呢？”

　　馬驥說：“我想，他是籌建處的負責人，還能不在礦上？”

　　叢唯雋的嘴唇一噘，說：“哼，他是遙控式的，來了也是點點卯，全靠他的一員大將主事。”

　　“是那個戴眼鏡的辦公室主任嗎？”

　　叢唯雋點點頭。

　　馬驥問道：“你是當過全權代表進省的，你看，咱這礦，是能抹掉‘籌建’兩個字呀，還是連‘處’字一齊抹掉，乾脆下馬？”

　　叢唯雋說：“調到礦上的老地質隊員、老礦工，都說礦床絕不會只有前不著村後不著店的一小塊，肯定西山有大礦。”

　　“那，怎麼個找法呢？”

叢唯雋說："吃大苦，流大汗，把科學和實幹結合起來！"

馬驥若有所思地站起身來。

兩個人又推起了獨輪車。

馬驥在工人當中，一起戰鬥了三天。

這天，當夕陽落進西虎山豁口的時候，馬驥裹在下班的人群裡，走下山來。

山腳處，在一台鑽機旁，蘇南淨陪著叢振一路打聽著走過來。

馬驥邁著大步迎上來，喊了一聲："叢振！"

這耳熟的聲音，把叢振的腳步拉了回來。他費了好大氣力，才把四處搜尋的目光定在馬驥的臉上，愣了一霎，冷丁"唉呀"一聲，撲了過去，抓住馬驥的膀子，又是搖又是拍："老夥計，你的頭髮倒是白了，可精神頭不減當年啊！哈哈哈！來到我的地皮上三天，也不打個報告！"

馬驥給了叢振一拳："你倒是更有風度了，看來你至少增加了二十斤體重！"兩個老戰友又是一陣大笑。

剛巧趕上這個場面的叢唯雋，望著這兩個闊別多年，重逢在礦山的老戰友，簡直像剛過完暑假又回到一個操場來的一對小同桌，瞧，那股子快活勁！這時，叢振一把拉過叢唯雋："山刺梅，還不來認認你天天叨咕的馬叔，這不是小時候教你唱《軍民大生產》的那個叔叔嗎？"

馬驥笑道："咱的山刺梅，還真有股子南泥灣精神哩！"

一直被叢振丟在一邊的辦公室主任蘇南淨，這時毛遂自薦地走上來和馬驥握握手："我是蘇南淨。"

叢振大笑："樂忘了。這是咱礦上的一流'外交家'，辦公室主任。"

馬驥微笑著，不介意地在這個舉止文雅的人身上打量一下。這時，蘇南淨以請示的口吻問叢振道："馬書記的家，就安頓在市裡南馬路那所房吧？"

叢振點著頭：“先住我那，粉刷一下再搬過去。”

可是，一定要隨叢振來看看礦山的小戈，這時不知從哪鑽出來，不等老馬搭話，中間插了一杠子：“爸爸在家就和媽媽說好了，住礦上，住工棚呢！”

叢振彈了小戈一個腦瓜嘣，不以爲然地說：“這回呀，你爸說了不算嘍！得聽你叢叔的。”

三

由於馬驥的堅持，叢振只好領著新到任的黨委書記到東虎山坑口，到各工段工棚裡走了一大圈。使叢振奇怪的，倒不僅僅是馬驥一點不減當年的體力，更重要的是他到礦上不過三天，卻居然認識了不少工人，甚至知道爆破隊隊長李鐵的外號叫鐵頭。

他倆下了東山坑口，翻上通往駐地的最後一個小山包，走在四十五度的坡道上。上氣不接下氣的叢振，抬頭望望走得雖然吃力卻十分頑強的老戰友，慨歎道：“你一點也不減當年勇啊！連走路也還是挺胸揚頭。”

馬驥側過臉來，望望山窪裡的落照，一字一板地說：“上坡路嘛！一個人肯走上坡路，總是得挺胸揚頭；走下坡路嘛，那當然了，只能耷拉著腦袋往下溜。”

叢振“唔”了一聲。他分明品出了馬驥這句意味深長的雙關語，於是，像感慨又像解釋似的說：“……好漢不提當年勇！倒退二十年，我會比小唯雋她們差一個成色？”

“唔？你是這麼個比法？”馬驥的腮幫子一鼓一鼓的，好像要把叢振的話一字一句地嚼過，品透滋味似的。

兩個人爬到山包頂上，腳下亮起一片星羅棋佈的燈火。馬驥掏出菸包來，說：“外國專家不是判定這玄武岩覆蓋區，是找礦的‘禁地’嗎？咱們一不靠洋資料，二不靠洋設備，不是在東虎山找到鐵礦了嗎？咱這地區，'手無寸鐵'的歷史已經過去嘍。"

"可是我們面臨的困難是不易解決的。" 叢振不想就這個問題談下去，看了看夜光錶："七點多了，下山。我弄點好酒給你洗塵。'送行的餃子接風的麵'，今個你嘗嘗我煮的沙鍋麵，還有點海味呢。"

好像給叢振的邀請作配合似的，山下的司機撳著喇叭，那聲音在靜下來的礦區，顯得格外震耳朵。

見馬驥沒表態，叢振又說："小戈可能都在車裡等睡了 — 又坐了一天火車。"

馬驥邊走邊說："免了吧。唯雋那個工段，今晚要召開批判會，批判林彪、孔老二'上智下愚'、'官貴民賤'的反動觀點。咱們應當去參加這個會，會後再一起跟他們夜戰打鑽，幹它一班。"

叢振面有難色地瞟了馬驥一眼，笑道："我說老馬，我大概得提醒你了：我現在不是當年陝北咱炮團的摔跤冠軍，你也不是跳木馬的能手了！鋼刀已鈍！"

馬驥哈哈大笑："再淬淬火嘛！我說老叢，你就告老了？"

叢振說："這多少年來，關在療養院裡，淨打針吃藥了！你怎麼樣？看不出比我強多少！"

馬驥高抬腿邁大步："我？銅幫鐵底！啥病和我都沒緣！"

"你來了，我打心眼裡高興。我比不了你，我這副身子骨，不中用了。在城裡幹點一般機關工作，倒也勉強，對於這種開闢性的工作，實在適應不了啊。老馬，你就把這裡的各項工作全面抓起來吧……"

"噢！"馬驥轉頭看一眼叢振，笑了笑，"你想下山嗎？不中。咱們這些老戰友，還得並肩戰鬥！"

兩個人並肩來到草叢裡的吉普車前。司機一踩離合器，引擎轟轟地響起來。叢振探頭望望車裡，小戈躺在坐墊上，抿著小嘴睡的正甜。無論怎麼說，馬驥還是堅持要參加批判會、參加夜戰，沒辦法，叢振也只好留下陪他。

突然，叢振側耳俯身聽了聽，馬上提醒司機："給油管有毛病，注點意。"司機簡單調整了一下，掛了檔，叢振伏在司機耳朵邊說了句什麼，司機點點頭，把車子開走了。

叢振對馬驥說："這是市裡的一台舊車，想賣給咱礦上。我才不揀破爛，有了舊的，就別想來新的了。"

馬驥說："你不簡單，聽聽聲，就知道車哪有病。"

叢振含糊地笑了笑。

工人已經吃過了飯，馬驥和叢振來到食堂，啃著饅頭，喝著菜湯。叢振拿筷子敲著桌子說："你是幹茬子，我從來不否認，可是在這裡，我畢竟比你多吃了幾天飯，我不得不告訴你 ——"

叢振打了個哏兒，扔下了剩下的半個饅頭，歎了一聲："我剛一來礦上，也是信心百倍，可事實總是和理想有距離的 ——"

他又一次煞住了話頭，審度著馬驥的臉色。

馬驥拿筷子衝他手敲了兩下："你這傢伙，啥時候學會這麼小心勁了？我可還是炮兵的性子 —— 直炮筒子，一出膛就是一聲雷。"

叢振從上衣兜裡掏出個小本子，打開一頁，上面畫滿了臥虎山等高圖，打著各種三角形紅藍標記。他用筷頭戳點著："……這是東虎山，找到了礦，可是你看，這一大片呢？沒有！再往外圈又有一點，你說，這礦怎麼幹法？若光是東虎山那一點，頂好是交給哪個生產大隊去搞小土爐！"

馬驥仔細翻了一遍，說："你的說法，和工人反映的一致。結論呢？這是關鍵。"

叢振敲擊著桌面，說："從黨的事業來考慮，我覺得不宜再打這種消耗戰！當然，你來了，要等你一槌定音啦！"

"當然只能從黨的利益考慮。"馬驥表示同意："難道能從別的角度考慮嗎？可現在的問題是，廣大工人並不認輸，結論正好和你相反，他們根據群眾報礦，根據礦帶規律，都肯定西虎山大面積有礦。"

"可是打不出礦來是否認不了的現實。"

馬驥說："所以，得找準為什麼打不出來，為什麼建礦受到干擾？"

叢振攤開兩手："那，你說怪誰？總不能怪天怪地吧？"

"怪人！"馬驥聲音不高，但很堅定。

"人？"叢振有點迷惑不解。

"人，而且具體點說就是我們這些作領導工作的人！"馬驥說。

叢振微微一笑，反駁道："我也時常下去蹲點呀！"

馬驥毫不相讓："如果連群眾的呼聲都不清楚，那這個蹲法就值得研究。"

叢振略顯驚訝地望瞭望多年不見的老戰友。他變了嗎？不，沒變，叢振又一次從馬驥的臉上、話語裡，找到了抗戰年月裡那股衝勁。他對於馬驥的批評，是不能同意的，可是，他又不願在這久別重逢的喜興日子裡惹馬驥激動、生氣，於是他緩解地說："好了，也許你對，叫事實說話吧，晚上我和你一起去夜戰。"說著站起來，對一個走進來的工人說："叫蘇主任找兩套工作服來。"

那工人走了，馬驥問道："這個蘇南淨，怎麼樣？"

叢振不假思考地答道："你別聽一面之辭。是個好幹部，滑點不假，可幹後勤這行你還不知道，費力不討好，交下五個，也少不了得罪兩對半！"馬驥皺起眉頭："你這麼看待群眾意見嗎？"

四

當馬驥和一群夜班工人走下山來，大聲爭論著的時候，蘇南淨從後面追上來，叫住了馬驥。

蘇南淨說：「如果往深層打鑽，我打算明天馬上出去搞那種鑽頭。」

馬驥點點頭。蘇南淨又說：「現在，後勤人員太多，人浮於事，是不是應當都動員到東虎山礦上去運礦石？我看，哪怕一天只能採一噸礦，也應當邊采邊探，雙管齊下！」

馬驥說：「好啊，你早就想出這個主意了嗎？」

蘇南淨哈哈笑道：「以前我跑材料跑得昏頭漲腦，哪有這份心。」

馬驥望著這個被工人稱做是‘神通廣大’的辦公室主任，想起了白天在辦公室他向省計委打電話的情景，心裡不禁畫了個大問號：是這個人彎子轉得快，還是腦瓜活？有的工人說，蘇南淨是代表叢副書記說話的人物，現在他說這些話，難道也代表叢振嗎？要知道，直到現在，叢振仍然下不了大幹一場的決心啊。

又一夥吵吵嚷嚷的工人擁下山來，為首的叢唯雋拿電筒往這邊一照，光柱正射在蘇南淨臉上，她咯咯一樂，就勢走過來：「蘇主任，我找你要木材來了。」

「幹什麼用的？」蘇南淨問。

「樹鑽架的呀，二百米木材不是發來了嗎？」

蘇南淨說：我明早就派人到鐵路去查詢。」他一邊說著「屋裡說去」，一邊鑽進了辦公室，大家也都擁了進去。

外號叫鐵頭的李鐵，第一個跟進來，敦實實的個頭往那一站，說出話來也像鐵蛋子一樣硬梆梆的：「算了吧，我的蘇主任！我替你查詢明白了！你拿二百米木材換京吉普去啦！」

蘇南淨顯得有點狼狽，但他的語調仍很沉靜："這是暫時挪用，我會再弄到二百米，儘快發來。"

這時精疲力竭坐在辦公桌前喝開水的叢振發了話："換車的事，黨委要研究，協作單位給咱台車，又是工作需要，大家不要爲這事吵了。"

"這絕對不行！"叢唯雋大聲說："打鑽找礦第一，還是領導坐車第一？"

女兒當衆撞了爸爸，多少使叢振感到難爲情，他只得說："大家提的有道理。不過，總得徵求一下馬書記的意見啊！"

馬驥就站在門口。聽見叢振這麼一說，工人呼地一下全掉過身來，圍住了馬驥，無數雙期待的眼神投到他臉上。馬驥掃視了一下四周，說："木材，要馬上追回，吉普車可以不要，礦，不能半途扔下。有困難嗎？有，而且很大！但只要有礦，咱就是用手摳，也得摳出它來，咱工人不就長著一雙鐵手嗎？明天，按山上諸葛亮會的辦法，我帶人去鷹脖嶺走訪老獵人景大爺，新標位的地點，明天正式開鑽！"

話音未落，屋子裡像滾油鍋倒進了水，炸開了，歡呼聲連成了片。

在一片歡樂的聲浪裡，叢振悄悄走出了屋門。下露水了，寒意襲人。疏淡的上弦月已經西沉，他覺得腳步十分沉重，心裡更沉，像墜上了鉛塊一樣。

有人給他披上了一件外衣，他回過頭來，見是蘇南淨，就說："你不是說搞京吉普，人家不要木材嗎？怎麼搞的？"

蘇南淨爲難地說："犁碗子往一面翻土，長了也不行啊，事到如今你看……"

叢振斷然地一揮手"追回木材，不要吉普！"

身後邊響起一片雜遝的腳步聲，馬驥談笑風生地和工人一起走出了辦公室，向前邊一排工人宿舍走去。

　　叢振閃到路旁，不解地望著這個曾經熟悉他的老戰友老同志，他現在多少有點感到陌生了。這究竟是怎麼回事呢？是他變了，還是自己變了？這個問號，固執地往腦子裡鑽，儘管他極力要擺脫掉，可是不行。

　　一道雪亮的車燈光，筆直地掃過來，叢振這才記起了自己曾囑咐司機半夜再辛苦一趟。他一步步走到車前，赧然抱歉地對司機說：“小劉，又叫你白跑一趟。看來，馬書記不能到我家去了。”

　　“哈，別封門呀！”不知啥時候馬驥又轉了回來，一把拉開後車門，幽默地說：“你那有海味的沙鍋麵，這會兒肚子倒需要它了。”

　　叢振弄得哭笑不得，不過畢竟可以和老戰友在一個飄著酒香的安適的房子裡好好敘敘了。他覺得有一肚子話要向老戰友解釋清楚。想到這，方才的不快，也暫時被他丟到一邊了。

　　馬驥坐著這台借來的吉普車，想到了二百米木頭換小車的事，想起了“神通廣大”的辦公室主任，想起了他的建議……當然，馬驥半夜三更改變主意下決心進城，不會是被一碗沙鍋麵所吸引。有吸引力的倒是叢振的生活。闊別多年，戰友顯然地變了，他是以著什麼樣的方式在生活呢？

　　這個問號，一直持續到馬驥拉開叢振的房門。在走廊裡，叢振的愛人，當年在炮兵文工團裡演過《白毛女》的李瑩，紮著圍裙，從廚房裡跑出來，冒出了一大串埋怨：“可倒好，一個過家門不入，一個去找又搭在裡頭，你們再不回來，我和劉敏乾脆要插上門，叫你們睡露天地！”

　　馬驥哈哈笑著往裡走：“人都老了，還是個背臺詞的好手！”

　　女主人搶在頭裡拉開了左邊的房門。馬驥的腳步停在門口有一剎那。這顯然是一間會客用的房子，打蠟的地板油光閃亮，水銀燈下，一張六門茶色寫字臺臨床安放，背後是一把轉椅，靠左，兩張沙發中間擺著一個式樣別致精巧的方形茶几，右側是一個椴木燙花本地本色的書櫃，一排排經典著作整齊有序地擺在那裡。

馬驥如同發現了另一個世界似的，好奇地回頭看了叢振一眼。叢振大約是領會了老戰友這一瞥的意思，微微不安地催促道："快進屋吧！"

馬驥把橫在門口的拖鞋用腳踢到一邊，仍舊張望著，帶著一腳泥土，徑直走了進去。叢振瞟了一眼老馬留下的一串泥鞋印，視線又趕緊避開，換上拖鞋，忙著到書櫃裡拿香煙。

馬驥全神貫注地注視著燙花櫃上的一幅山水畫，那是一條大河，一片蒼山，一輪落日，題字是"白日依山盡"，落款的名字寫的是篆刻，馬驥彎下腰看了半晌，才辨出是"臥虎山草莽文人"。馬驥的眉頭皺成了一個大疙瘩，瞥了一眼叢振，"這'草莽文人'是誰？"叢振哈哈大笑道："聽他胡謅，除了寫一手好毛筆字的蘇南淨，還有別人？"

馬驥望著那有點近乎'西風古道'的畫面，和那'白日依山盡'的題字，心裡像有人狠狠地抓了一把，陷進了沉思。

馬驥坐在茶几邊上，李瑩笑著進來泡了茶："你們倆將就著再餓幾分鐘，我和劉敏馬上炒菜！"

照叢振的意思，這時候，這種環境，總該嘮點別後的知心話了，可是馬驥的心似乎並不在這，問了好多關於蘇南淨的經歷、嗜好以後，又將茶几上的酒杯、碟子擺了個亂七八糟，東一個西一個，比作打鑽方位，拉著心不在焉的叢振一勁討論。叢振不得不應付著。

熱氣蒸騰的沙鍋麵端了上來，這四個戰友圍坐在茶几四周。

馬驥喝了一口酒，在沙發上顛了顛，問道："你們還記得咱們分手時在一起吃的那頓飯嗎？"

李瑩打機槍似的說："咋不記得，那回連老叢那五音不全的嗓子還唱了一支歌呢！可惜那次是在油田的工棚裡，沒這麼敞亮。”

　　這話正中馬驥下懷，他馬上來了個借題發揮：“是呀，那時一沒沙發二沒寫字臺，更不用說地板打蠟了。”

　　“你別老敲打我，彼一時此一時嘛！我這受過傷的腰，坐硬板凳真是要命！……身體不饒人啊，不服老不行嘍！……”

　　“打鬼子的年月裡，我們轉戰南北，在荒山露營，在雪地上過夜，連條硬板凳還沒有哩！”馬驥停下筷子，兩眼盯望著叢振，“當時的那些老同志，那些負過傷的同志，還不是跟我們一樣地衝鋒陷陣？”

　　“我認為睡過山坡野嶺的人，今天坐坐沙發也不算過分。”

　　“難道我們當年睡山坡野嶺為的是日後坐上沙發嗎？”

　　“咱倆可是一直在一個班裡、一個連隊呀！”

　　“我承認，當時你是一個心眼打鬼子，可是現在，你的理想、感情和趣味，卻發生了變化！”馬驥突然放下筷子，站起身來，激動地說：“毛主席教導我們：‘中國革命是偉大的，但革命以後的路程更長，工作更偉大，更艱苦。這一點現在就必須向黨內講明白，務必使同志們繼續地保持謙虛、謹慎、不驕、不躁的作風，務必使同志們繼續地保持艱苦奮鬥的作風。’老叢啊，我們要永遠用這兩個‘務必’嚴格要求自己呀！唯雋他們召開的大批判會，對林彪、孔老二‘官貴民賤’的黑經批得多透啊！可惜在人家發言中間你被蘇南淨找了出去，沒有聽全。……”

　　叢振的脊樑漸漸地離開了沙發靠背，輾轉不安地搓著手，嘴唇努動幾下，終於沒有說出什麼。

　　看到兩個人如此嚴肅起來，劉敏和李瑩早已不由自主地放下了筷子。憂心忡忡的李瑩幾次張口要勸，又無從說起。劉敏拉了她一把：“咱走，他倆也該認真地談一談了。”李瑩不解地望瞭望劉敏，跟著走了出去。

五

　　兩天前，馬驥帶著叢唯雋翻過幾道山，到一百里以外的鷹脖嶺去請獵人景大爺這個顧問去了。據說這個"山裡通"，先後十幾次報礦，他曾經到礦上來過，他的話咬得很死："臥虎山找不到礦，衝我說話！"

　　按照黨委決議，鑽機在西虎山新標位往深打了。

　　這是一個大雨滂沱的天氣，工人們整天冒雨打鑽。快打到預計深度時，蘇南淨和叢振披著雨衣，一言不發地來到鑽機房。

　　"結果"出來了：無礦！

　　李鐵紅著眼睛吼著："再往下鑽！"

　　"停下！"叢振發話了："你們嫌國家的鑽頭太多了嗎？"

　　工人們都站在大雨裡。山雨澆在帶眼的玄武岩上，嘩嘩作響。

　　叢振望瞭望人們的臉色，低沉地說了一句："李鐵，馬上下山開黨委擴大會。叫大家換換衣服，休息一下。"

　　李鐵的嘴張了幾張，沒有說出什麼，他狠狠扔掉手錘，向山下一陣風似的奔下去。

　　黨委擴大會由叢振主持，在辦公室召開了。用李鐵的話說，"會議由於缺了一根臺柱子 —— 馬驥，總有點支撐不住的樣子，"無論叢振怎樣擺事實、亮資料，會議還是開得和天氣一樣悶人。

　　悶了一陣，叢振不想再拖下去了。他從文件包裡拿出一疊紙，說道："這是一份'關於臥虎山鐵礦下馬的報告'，是草稿，我念念。"

　　李鐵一下子炸了："下馬？這兩個字，咱工人的字典裡早摳去了！"

　　"我反對討論下馬的方案。"

　　"這要等老馬請顧問回來。"

"……"

黨委委員們紛紛表態了。

叢振沉著臉，聲調異常嚴肅地說："幾百人，一個鑽井隊，一個探掘隊，三個多月，這筆帳不能不算，我們是籌建，探礦爲主，不是死任務！我們是一級黨委，我們不能看著黨的事業受損失，仍舊一味蠻幹下去……"

不知什麼時候，叢唯雋領著馬驥走了進來，雨水順著他們的臉流淌著，腳下是一片水漬。

叢振只顧滔滔地說下去："……這份下馬報告，我願意打嗎？可是我們一次又一次地失敗了！……我先念念大家聽聽好不好？"

"沒有這個活口！"李鐵大聲說。

"可以念念嘛！"這時，馬驥大步流星地走到屋子中間，黨委委員看到，馬驥臉色又略見消瘦，卻是神采飛揚，渾身濕透，可是步履如常，他身上沒有一點長途跋涉的勞頓影子。

他的出現，使叢振爲難起來，他下意識地捲起了那份"下馬報告"，和馬驥打了個招呼，坐下了。

馬驥向叢振要過那份"報告"，從頭到尾看了一遍，就大聲替叢振念了起來，當他念到"光憑良好的願望，解決不了無礦的現實"時，屋子裡責難的聲音一下子淹沒了馬驥的聲音。

馬驥放下那份報告，徵詢地望著黨委委員們，半晌，他才說了幾句似乎與此不相關聯的話："我們已經把景大爺這個顧問請來了，他領我們冒雨細緻看了東西走向的山麓，他說，他十幾次報礦的標本，都是在西虎山揀的，他懷疑，是不是西山沉下去了？"

李鐵眨著眼，想了半天，叫道："有門！大夥想想，東虎山打鑽五米見青石，西虎山見青石是十米、二十米，最深的三十米，這是咋回事？"

馬驥回頭對叢唯雋說:"去把咱的顧問請來。"

老景頭已經換了一身乾衣服,一進屋,就響亮地講起來:"小夥子們,礦,是鐵板釘釘的,一個字:有!看咱有沒有苦幹勁,我就不信東山有礦,西山沒有。西山沒有,西山根為啥又有,又不是神仙撒芝麻鹽撒的,從前,在山上打圍,東山泉子多得很,西山呢,越往西越沒有泉子,這也是個怪事。"

這還當然只是現象,俗話說:山有多高,水有多高,這西虎山的反常,說明了什麼呢?

經過一番熱烈的討論,"下馬報告"被擱置了,彷彿黨委成員們根本忘了這回事。黨委最後通過了兩項決議,一是請地質和地理研究機關協助,根據景大爺提供的線索,搞清這一帶的地殼變遷史、地質結構,這面,再往深鑽,雙管齊下。

這決定,對於叢振來說,簡直是不可思議的。散會以後,叢振對馬驥說:"你不是提倡苦幹嗎?這個決議,等於種下了苦瓜,你自己去嘗吧。"

馬驥合上了本子,略微揚起頭,透過窗外如麻的雨腳,望著灰濛濛的礦山、黑糊糊的鑽塔,無限憧憬地說:"五年後,這裡應當是另一番景象了。不過,我想,那時將不是把鐵礦石運到別處,而是在西虎山下的西大甸子,建起一座現代化的聯合鋼鐵企業。革命、建設需要我們做的,實在太多了……如果這些你都認為是苦瓜,我將樂於去嘗!"

叢振聽著老戰友這個苦戰的遠景規劃,簡直有點呆了,他想都不能想像,這規劃,是出自一個頭髮花白的人口裡!然而,他捫心自問,又不能不承認,馬驥是有雄心的。可這雄心,這氣魄,好像都是叢振過去曾經有過的,而現在卻消失了。

靜了一會,在嘩嘩的雨聲中,馬驥依稀聽到叢振喃喃地說:"好吧,我支持你的創議。我是有點落伍了!你還要求我幹什麼,我盡我的力就是了。"

面窗而立的馬驥霍地掉過身來，一隻手搭在叢振的肩上，眼裡閃射著鼓勵和期望的光焰：“老叢，什麼要求都沒有，現在只要求你一條 ── ”

叢振疑惑地抬起頭，睜大了眼睛。

馬驥加重語氣道：“最起碼的一條：捆上行李捲，搬家！搬到礦上，搬到工人的板鋪上來睡吧！”

叢振不知是由於冷的還是怎麼，不由自主地打了個寒噤。

六

霪雨連綿的天氣，持續了五天。

馬驥和工人們在風雨中露天滾了五個晝夜。每一個進展和成功，都鼓舞著馬驥，鼓舞著這個未來宏偉的礦山。

他們經過深層打鑽，終於揪住了那條失蹤的礦脈！西虎山到底找到了鐵礦。

這是傳出喜報後的一個小時，天上浮雲動了，雨停了。馬驥和叢唯雋扛著開礦急用的火藥，一步一滑地向西虎山挺進。

跑在前面的叢唯雋冷丁一回頭，發現落在後頭的馬驥腳步有點不穩，急忙撂下沉重的筐子，替馬驥扛過炸藥，只見馬驥臉色發白，豆大的汗珠順兩頰滾淌著，由於咬牙過於用力，腮幫子鼓起一個包。

“馬叔，” 叢唯雋扶住他，“你盡騙我，你現在一定有很重的病！”

馬驥頑強地一笑，從兜裡摸出一片什麼藥，扔到嘴裡，說：“孩子，我不是給你講過了嗎，在戰爭年月裡，腦袋都可以別在褲帶上，建設這社會主義江山，為什麼就不能那樣？有點小毛病，沒關係嘛！”

叢唯雋欽敬地望著這個一臉剛毅的老同志，眼前又浮現出爸爸的影子來。她一甩短辮說："今晚我要下趟山,採取點革命行動!"

馬驥好像猜到了她的"革命行動"是什麼,哈哈笑道:"拿條繩子把你爸爸綁到礦山來嗎?"

叢唯雋也樂了:"起碼得把行李捆來。"

馬驥的痛勁顯然見輕了,他彎下腰一挺,扛起炸藥包,說:"走!捆住行李捆不來心,那也不行。"

前面突然急驟地吹起了哨子,有人擺著紅黃兩色方旗,拼命向這邊搖,剛剛點過炮的李鐵大步跑過來,對他倆說:"快到坡下避避。"

一聲聲天崩地裂的響聲接連爆響,碎石急雨似的亂飛。叢唯雋剛要起身走,李鐵吼了一聲:"別動,還有一炮沒響!"

三人都和石坡下的工人一樣,睜大眼睛望著硝煙彌漫的炮區。

一分鐘,兩分鐘,五分鐘過去了,硝煙散盡的炮區一片死寂。三個人不禁面面相覷。

李鐵一個鯉魚打挺站起身:"啞炮!"

下坎另外兩個人也躍了起來。

"站住!"馬驥大喝一聲,扭頭問李鐵:"這些雷管是我方才裝的那批嗎?"

李鐵說:"是呀,估計有的雷管潮了。"

"不!"馬驥艱難地站起身來:"我都仔細挑選過的。這不是一般啞炮,在陝北開礦時,我碰見過各種啞炮情形,我上去。"

不等別人醒過腔來,馬驥已經敏捷地躍進,頑強地向炮區跑去。

"不行,他現在有病!"叢唯雋一個高躥起來,和李鐵拼命追上去。

還是馬驥最先跑到了炮區。

　　原來一塊崩坍下來的大石塊，不偏不斜地壓住了燃著的導火索。馬驥回頭看看李鐵，說：“這是最險的啞炮，只要一掀掉石塊，炸藥就會立即引爆。”

　　只見他探頭看了看，一把將李鐵、叢唯雋推下石坎，伸出左手猛地掀掉石頭，以迅雷不及掩耳之勢掐住冒青煙的導火索，用力一拔，導火索與藥包脫節了。

　　李鐵和叢唯雋高興得蹦起來，向人群招手，跑上來。當大家看見了盼望已久的鐵礦石的時候，都情不自禁地歡呼起來。

　　可是，馬驥仍然一動不動地側臥在長滿青草的石山上，他手裡握著一塊鐵礦石，臉色灰白，冷汗如雨，他昏厥在那裡。

　　叢唯雋小心翼翼地擁起馬驥花白的頭，放到自己的肘彎裡，又去迅速翻馬驥的口袋，她好像記得馬叔的那個口袋裡有藥。

　　但是，叢唯雋翻出來的卻是一個顯然準備扔掉的、揉搓得不像樣子的紙團！小叢展開一看，激動地喊道：“馬叔啊，馬叔，你是在拼命啊！”

　　“馬書記！”李鐵大聲叫著。

　　人們聞訊趕來，抬來了擔架。

　　馬驥漸漸甦醒過來，他看了看身旁的人群、擔架，看了看急得要掉淚的叢唯雋，一虎身坐起來，指了指身上的土屑，笑著說：“嚇，在炮區瞇了一小覺！走，小叢，咱倆快送炸藥去，今天是勝利見礦的大喜日子呀！”

　　人們說什麼呢？人們幾乎是異口同聲地喊了一句：“馬書記呀，你的心血，都澆到臥虎山上了！”

　　儘管馬驥總是那樣樂觀，裝作若無其事，可是工地的大夫劉敏，以及在場的工人卻不答應了，他們逼著馬驥進城去休息治療，而且強制地把他塞到運料大卡車的駕駛樓裡，還派了個頂頂厲害的監護人——叢唯雋。

　　馬驥出人意料地並沒有申辯和執拗。當卡車開到市區，離叢振家不遠的時候,馬驥叫車子停住,對叢唯雋說:"走,先看看你爸爸,他這幾天身體也不好。然後再上醫院。"

叢唯雋無奈,只得隨他下車。

一連幾天罩住大地的陰雲,此時如破敗的棉絮,向西天根退去,月亮在雲隙中快速地穿行著。土路可不如山路,到處是泥濘難行。

馬驥此時的心情,也和天氣一樣,越來越亮堂了。三天以前,地質和地理科學工作者趕到礦區,提出了他們的分析報告:在幾十萬年前,這地方由於火山爆發引起過強烈地震,使臥虎山形成了斷裂層,西虎山正是下陷的那一部分。這就一下子打開了謎底,再把景大爺提供的泉水情況綜合起來分析,完全證明了三結合小組的方案是對的:西山要比東山深挖,才能找到這個"失蹤"的礦脈,今天西山爆破見礦,已經是勝利在握了。此時,馬驥揣在兜裡的手,捏著那硬梆梆的鐵礦石,心裡是異常的高興,他要把這高興,叫老戰友馬上分享。另外,他在叢振的同意下派人著手對"神通廣大"的蘇南淨作了一番調查瞭解,他現在感到有必要馬上找叢振把這個問題捅開了。今天不正是個最好的機會嗎?

叢振家的門燈亮著,馬驥沒等敲門,叢唯雋一路嚷著:"媽媽,馬叔來了!"便衝了進去。

叢振正伏著寫字臺在臺燈下寫著什麼,聽到女兒的喊聲,他下意識地拉開抽屜,想把那張紙收起來,猶豫了一下,又關上了抽屜,把那張紙反扣過去,這才披上外衣來到門口。

門一拉開,叢振不禁愣了。眼前的馬驥顯著地瘦削下去,衣服上掛了好幾個三角口,泥水點子甩滿了半截褲腿,兩隻腳沾滿了爛泥,已經看不出鞋的形狀了。

馬驥呢,呵呵一笑,說:"老夥計,你倒穩坐釣魚臺啊!"

叢振強作笑容,從沙發上欠了欠身子。

寫字臺綠色臺燈下那張扣過去的紙,這時跳進了馬驥的眼簾。他伸手翻了過來，眼光閃電似的一掃，立刻坐直了身子。

叢振瞟了一眼觸電似的馬驥，栽到沙發上，腦袋埋在兩隻大手中。

那張紙上的幾個大字，好像無數根芒刺，刺痛了馬驥的眼睛，刺痛了他的周身，使他無法再坐下去了。

叢唯雋拎著一個行李捲，跑了進來，根本沒看火候，笑嘻嘻地嚷道：“爸爸，這回你該上礦上去了吧？看，鵝毛褥子也打裡了，你身體不好，多帶點，你看打的行李合不合格？”

叢振沒有反應。

馬驥手裡抖著那張紙，像是抖著一團燒手的火球一樣，左手倒到右手，右手再換到左手，最後送到叢唯雋的眼前：“小刺梅，行李捲打上也沒用了，那裡已經沒有能吸引你爸爸的東西了。你看，這是什麼？”

叢唯雋吃驚地奪過那張紙，疑惑地看出了標題：“退休申請書”？

叢振有點慍怒地斥了女兒一句：“去，我和你馬叔嘮嗑，沒有你什麼事！”女兒不服地撇撇嘴。馬驥給了她一個眼色，叢唯雋才不情願地退了出去。

馬驥帶嚴門：“你有火衝我發，何必拿孩子出氣？哼！退休？虧你寫得出！”

叢振不滿地說：“這是什麼意思？我身體不好是事實啊！”

“事實！”馬驥更加氣憤了：“事實是你叫艱苦奮鬥嚇住了，你已經看不慣礦山上的木板床，聞不慣坑口的硫磺味，你願意得到的是蘇南淨給你設計的安逸環境……”

這幾乎是一口氣說出來的話，像開了閘的流水，衝得叢振站不穩腳跟。他不得不承認，在自己身上確實沒有馬驥那種勁了，他被對方一語擊中了要害，他雖然有種種理由去反駁，去辯護，但他此時沒有一點情緒。

馬驥平靜下來，在屋裡一步步地踱著，踱著……

馬驥坐到叢振右邊。

馬驥重重地歎了一聲，溫和地說："趙程那個本本呢？你還不至於扔掉吧？"

叢振孩子般馴服地從書櫃底層拿出了一個紅布包，一層層打開來，現出了一個泛黃的草紙本。這本本，立即化成了一片戰爭的風雲，在叢振眼前飄浮起來……

在那本本上，扉頁寫著一行字："小叢、小馬，廢鐵礦找到了，萬一我歸不了隊，按我畫的標誌，帶隊伍進山開礦，造我們自己的土炮，保衛咱們革命的紅色邊區！"

這行力透紙背的重重的鉛筆字，像一道猝至開源的瀑布，把兩個戰友一下子捲進了回憶的漩渦……

那是抗戰時期的一個隆冬季節。為了抗擊日本帝國主義的侵略和國民黨反動派對陝甘寧邊區的封鎖，造自己的土槍、土炮，排除萬難幹革命；除了收集廢鋼舊鐵之外，馬驥、叢振和他們的班長趙程，還接受了一項特殊任務：找土鐵礦。那時節，一沒鑽機，二沒地質資料，可是趙程說得好，革命戰士有一雙腿，可以踏遍青山，有革命群眾支持，一定能開出自己的礦來。

他們背上炒米，拿起鐵錘，冒著風雪出發了。他們先後訪問了陝北多少個村落，總算得到了線索，張家灣的一個牧羊老人反映，聽說西崗山下，民國年間，有一家土財主曾倚仗權勢，霸佔一個小礦窯煉過鐵，後來這個財主覺得油水不大，礦不富，扔掉了。

三個人不顧一切地鑽進了西崗山老山嶽。吃著炒米，喝著雪水，白天還好，一到夜晚，光禿禿的高山頂，冷風咆哮而過，凍得他們只好來回走，躺下睡一會，就隨時有凍死的危險。

在一個風雪之夜他們走散了。叢振和馬驥還在一起，卻不知班長趙程的去向。叢振當時看馬驥身體很弱，讓他下去，可是馬驥笑著，堅定地說：“我這匹馬你還不知道嗎？一個心眼兒往前拱，沒學過退坡。上！”

在一個陰冷的早震，他們終於以驚人的毅力，攀過大寒嶺，找到了西崮山那個小廢鐵礦。也就是在那裡，他們找到了班長蓋滿雪花的遺體。班長的頭向著延安，嘴角帶著嚮往的微笑，手裡緊緊地捏著那個小本本。在他生命的最後一秒，他想的仍然是前進，而不是後退呀！

馬驥手捧著小本本望著陷進痛楚回憶中的叢振，激動地說：“在那種年月，如果黨需要你，我毫不懷疑，哪怕是英勇戰死，你眼都不會眨一下。可現在呢？你同意用建礦木材去換小車，你不願像過去那樣，以忘我的拼命精神幹了！正因為如此，那些修正主義的毒蒼蠅，就要在你這裡見縫下蛆！同志，不要忘記了黨的基本路線，現在，還有產生資產階級的土壤，還有變修蛻化的危險！”

叢振不服地但是聲音微弱地說：“你說得太嚴重了吧？”

馬驥走到燙花書櫃前，面對著那幅“白日依山盡”畫面，沉痛地說：“就拿你的‘草莽文人’蘇南淨來說吧——”

叢振打斷他的戰友：“不至於查出什麼問題吧，我自信還瞭解我周圍的同志！”

“不！”馬驥低而嚴厲地說：“你瞭解什麼？你瞭解這個‘三反’、‘五反’運動中被鎮壓的聖德堂藥店大老闆的二姑爺，背地搞了些什麼鬼名堂嗎？你瞭解他打著你的旗號把上級撥給礦山的建材拿去搞投機倒把嗎？你瞭解他拉一夥人在家裡聽黃色唱片，大搞黑俱樂部嗎？還有……”

叢振的眼睛漸漸瞪圓了：“還有什麼？那二百米木材？”

“對！”馬驥說：“那二百米木材被他以著礦上的名義私賣了，又拿你的章子蓋上，把款撥到臥虎山戶頭上，一筆筆支了出去，你的小車在哪裡？你是叫小車迷了眼啊！”說著從挎包裡取出了一疊材料,擲在叢振的面前:"你看看幾人的揭發吧!"叢振眼睛有點模糊了,他眼前那幅"白日依山盡"劇烈地浮蕩著,化成了一團障眼的雲煙……

馬驥依然指著那幅圖說:"這是什麼用心?這是反動階級陰暗心理的反映!我們的祖國經過文化大革命和批林批孔,是朝陽如錦、蒸蒸日上!展望未來,前途無限美好!咱們這些老戰士,要馬不停蹄,人不下鞍,拿出朝氣蓬勃、艱苦奮鬥的勁頭來,把革命工作幹到底!可不能放鬆看書學習,放鬆世界觀的改造;稍一放鬆,就會忘記黨的基本路線,資產階級思想的毒菌就會鑽進我們的頭腦裡,腐蝕我們的靈魂……我想這個道理,你應該懂得的。"

叢振由吃驚,變成了自愧。

不知什麼時候,躡手躡腳走進屋裡的叢唯雋,這時正奇怪地看著這兩個長輩表情的變化。

叢振到底抬起了頭:"這幾年,我的年齡和身體……"

叢唯雋嘩地從兜裡掏出一張紙,這正是馬驥昏倒在炮區,她從他兜裡翻出的那張。

叢唯雋的手顫抖著,一步步走過去,把這張紙鋪在沙發扶手上,無比激動地說道:"爸爸呀,別再提你的身體了吧!"說著背過臉去。

叢振抓起那張紙,倏然跳起來,這是一張揉皺了的診斷書,上面清晰地記載著醫師的診斷記錄:"低血糖、全休靜養半月。"在診斷書眉頭,這位醫師破例地添了這麼一句話:"一定注意休息,防止出現昏厥!"

他的心緊縮起來,更加自愧之感油然湧出心底,這七個大字,像七根鞭子,鞭打著叢振的心。

叢振的眼角淌出了一滴晶瑩的淚花,他的手抖著,他的嘴角顫動著,一步一步地向若無其事、精力充沛的老戰友走去。

突然，叢振丟開那張刺目揪心的診斷書，雙手如同一把虎鉗，牢牢地抱住老戰友那瘦削的肩膀，用力地搖撼著，不住聲地叫著：「老馬，老馬呀──」

叢振臉上熱淚縱橫，再也說不出話了。

一行閃光的熱淚，湧出了馬驥的眼角。這是歡喜的淚、激動的淚，幾天來，他從來沒有這樣如釋重負的感覺。他抓住老叢的手，語重心長地說：「因為我們是共產黨員，在共產主義理想沒有實現以前，尤其在當前無產階級專政的條件下，我們都沒有權利歇氣、換肩，要永保革命青春哪！同志，堅強起來，用生命捍衛我們曾經用鮮血換來的無產階級江山吧！」

叢振抓起女兒打好的行李，解開，扔掉了鵝毛褥子，扔出了那床花被，重又從箱底翻出了一條草綠色的軍用被子，飛快地打起來。打完之後，得意地拍了拍軍用背包，不勝感慨地說：「這才是最寶貴的東西啊！」

叢唯雋舒眉笑了。馬驥也會心地笑了。

叢振囑咐女兒送馬驥上醫院。馬驥豪爽地說：「住醫院，也無非是吃藥、打針，這個，劉敏不都可以在家為我辦到嗎？再說，我這身子骨，練出來了，我想幹到二十一世紀，沒有問題！」

一句話，逗得叢振哈哈大笑，便饒有風趣地贊佩道：「你這真是：老驥伏櫪，志在千里呀！」

馬驥止住話頭，沉吟少頃，忽然眼一閃，從衣兜裡掏出一張地質結構圖，把那塊礦石往圖紙上一放：「老叢，你看！」

「成功了！？」叢振吃驚地一拍茶几，興奮地站起身來。

鮮紅的朝霞染紅了窗子。向著朝霞升起的地方，向著灑滿金色光輝的大道，兩個戰友在寬闊的大路上，留下了一串深深的、不間斷的、堅定的腳印。

（原載《吉林文藝》1975 年第 4 期）

小 雪 花

蕭 福 興

　　金色的秋天。一個清晨,農林局派我瞭解農業學大寨的情況,前往燕山腳下一個叫萬泉大隊的村子去。當我跨過清亮亮的響水河,登上萬泉山的石子路時,九年前的往事就一件件浮現在眼前……

　　九年前,我還是一名紅衛兵呢。那正是文化大革命的洪流席捲全國的時候,我和夥伴們組織了長征隊,在一個雪花飄舞的清晨,步行到了萬泉村。貧下中農熱情地歡迎了我們,大隊黨支部委員會芳嬸安置夥伴們的住處,她指著前面不遠一座敞開柵欄門的院落對我說:"你就住我家吧!你先去。"

　　我問:"家裡有人嗎?"

　　會芳嬸笑了笑,說:"有!我在外面忙,她在家裡忙,從天還沒亮一直忙乎到現在,就等著你們來呢!"說罷,向我揮揮手,忙別的去了。

　　當我走進那個打掃得十分整潔的院子時,在貼著剪紙窗花的玻璃上露出一個圓乎乎的小臉兒。眨眼間,那張小臉又消失了。只聽屋門"嘩啦"一響,從屋裡蹦蹦跳跳撲出一個小姑娘,長著撲閃閃的大眼睛,梳著一雙羊角辮。她搶著幫我拿背包,一邊讓我進屋,一邊緊緊盯著我臂上的紅衛兵袖章。

　　我問她:"你叫什麼名字,今年幾歲了?"

　　她抬起頭,告訴我:"我叫小雪花,九歲啦!"

　　我看了看屋的四周，乾淨俐落。炕燒得暖烘烘的，灶洞裡還跳躍著紅紅的火苗。我又問：“你家裡留的人呢？”

　　她拿著一把炕笤帚，踮起腳尖，掃著我身上的雪，對我講：“我不就是嘛！”

　　我這才明白：會芳嬸說留在家裡的人，原來就是她！

　　她端來一盆熱水，幫我脫下外衣。我洗著臉，水是熱乎乎的，心也是熱乎乎的。小雪花坐在旁邊，一雙水汪汪的大眼睛看著我衣袖上的紅袖章……

　　晚上，我跟會芳嬸剛邁進家門，小雪花指著我臂上的紅袖章說：“媽，我要是能戴上紅衛兵袖章就好了！”

　　會芳嬸笑笑說：“你還小呢！”

　　她一仰頭，小鼻子一翹，大眼睛一閃，揮著小拳頭說：“人小，也要造汪大川的反，戴上紅衛兵袖章鬥爭，就是大人了，多來勁。”

　　白天聽會芳嬸和幾個貧下中農介紹村裡情況時，我知道汪大川是這個大隊的隊長，這人在公社走資派的指使、慫恿下，棄農經商，走黑道，跑邪路，上山燒石灰投機倒把，荒了山，廢了地，自己卻肥得直流油。會芳嬸和村裡貧下中農跟他鬥了好幾年，眼下鬥爭還在繼續。我拉過小雪花，故意問她：“告訴我，為什麼要造汪大川的反？”

　　小雪花使勁“哼”了一聲：“你還不認識汪大川呀？這傢伙可壞了！他不讓我們學大寨，走毛主席指的路。頭年我媽就跟他鬥，他愣說我媽不服從領導，要把我媽這個婦女幹部扒拉掉。黨支部不同意，他就逼我媽寫檢查。我媽寫呀寫，寫了封揭發他的信，交我去送。我一口氣跑到公社，親手交給了公社的杜書記……”

　　我聽著，稱讚地點點頭。可是小雪花又在盯著我胳臂上的紅袖章！

我笑了，激動地把袖章摘下來，給她戴上。她高興地跳了起來，叫道：“汪大川總說我還沒有板凳高，別跟著大人瞎摻乎。這回呀，汪大川該拿我沒治啦！”

多麼了不起的孩子！我打心眼裡喜歡這倔強的小姑娘……

萬泉村的鬥爭吸引了我們這支長征隊，這是一次經風雨、見世面，向貧下中農學習的好機會。我們開了個短會，決定暫時留下來。第二天，雪住天晴。我們和社員們一起上山挖泉。走到山角，看見小雪花對排列整齊的一隊孩子在講話：“咱村名叫萬泉，可一個泉也沒挖出來。汪大川淨搞歪門邪道，光顧著燒石灰賣錢。咱們要修好大寨路，支援開山挖泉，像叔叔阿姨那樣，跟汪大川鬥！……”講完，小夥伴們揚起鐵鍬散開了。小雪花招呼這個又招呼那個，把路面上的雪先掃淨，再把道鏟平，最後撒上一層細碎的小石子兒。他們說著，笑著，幹的是那樣歡快，又是那樣有條不紊。小石子兒在陽光下一閃一閃，金燦燦的。小雪花跑前跑後，儼然像個指揮隊伍的小司令呢！

我們上山去了。正當我們幹得熱火朝天的時候，一個虎頭虎腦的小傢伙跑來報告，說下邊出了事。我們和會芳嬸趕到山下時，小雪花和一幫孩子正把兩掛大車圍得不透風。汪大川聲嘶力竭地喊：“你們也學那幫外來的紅衛兵，誠心跟我過不去怎麼著？”

小雪花沒有一絲怯懦的樣子：“說對了！說對了！我們就是要學紅衛兵，造修正主義的反！”聲音清脆，像小鈴鐺迎風搖響。

汪大川一擺手，顯出一副不耐煩的神色說：“你們一幫孩崽子別跟著瞎哄哄了，現在我還是隊長，都給我滾開！”說著，揚鞭子就要趕車。只見小雪花一揮手，一群小傢伙躍上車幫，有的拽韁繩，有的扳車閘，像一群大鬧花果山的小毛猴。汪大川忙了爪，推這個，擋那個，一時不知如何是好。

我們和會芳嬸走進人群，問是怎麼回事兒。汪大川見我們來了，指著孩子們說：“你們看這幫小丁點兒！我汪大川一片好心，為的可是社員大夥……"

　　小雪花轉過臉，瞪著一雙發怒的大眼睛對大夥講："剛才，我們正在修路大汪大川領著幾個人，把大車停在道邊，往車上裝石灰，一邊裝一邊嚷：'快點裝，賣了錢每個社員有一份，唰唰響的票子到了手，比說什麼好聽的都管用……'，

　　大夥一聽，氣炸了肺，當場狠批了汪大川。會芳嬸和大夥一合計，先把兩車石灰拉上山，挖泉修渠正用。我拉著小雪花的手說："多虧發現得早，今天該給你記一功！"

　　小雪花一轉身，從汪大川手中奪過鞭子，和會芳嬸跳上一掛大車，清脆地喊了一聲："駕 ── "笑著把鞭子遞給會芳嬸。大車向山上奔去，那鞭梢上的紅纓，像擺蕩著的火苗，在銀裝素裹的萬泉山上飛舞著……

　　我跟小雪花越來越成了知心的朋友。每天晚上，不管多晚散會，她都把被窩鋪好，等著我，一見面，我們的話就說個沒完。有一次，她讓我講"八‧一八"登上天安門見到毛主席的情景。她聽入了神，好像自己也如同一顆水珠兒，溶進那歡騰幸福的海洋中。她撫摸著我的紅衛兵袖章，問我："周英姐，你就是戴著這個袖章上的天安門、和毛主席握的手嗎？"

　　我點了點頭，深情地望著那鮮豔的袖章，又深情地望著她。她呢，帶著嚮往的深情說："我要是能戴上紅袖章，也上天安門多好啊！可是我太小了，到開春才十歲呀！"

　　第二天晚上開罷會，我和會芳嬸走進屋門，小雪花從炕桌旁跳下來，拿著一張紙藏在背後，調皮地問我："你猜，我畫的是啥？"

　　還沒等我猜，她又憋不住了，把紙從身後拿出來，展在我的眼前："你看 ── "

　　呵！是天安門：紅色的牆，金色的瓦，閃著道道光芒。上面還寫著四行詩：

天安門，放紅光，

毛主席揮手指方向。

小朋友，齊歌唱，

葵花朵朵向太陽。

我笑著對她說："等我們過些日子回北京，跟我一起走吧，去看看天安門！"

她跳起來喊："好，好極啦！"可是接著她又一搖小腦袋："不！我現在還不能去，等趕明兒鬥倒汪大川，把山開出來，泉挖出來，我再去。"

我和會芳嬸都笑了。

小雪花有什麼話都願意對我講，我覺得她的心像雪花一樣晶瑩透明。誰知道有一天晚上我回來，她自己鑽進被窩裡，理也不理我。我挺納悶，輕輕叫了一聲："小雪花，怎麼啦？"

她一翻身，用被子蒙上頭，還是不理我。我越發奇怪了。會芳嬸對我說："她一會兒打雷，一會兒晴，甭理她，你快洗洗臉睡吧！

我躺下了。一會兒假裝睡著了，小雪花使勁推了我一把，說道："嘿！你倒沾枕頭就著，沒事兒似的！我問你，為什麼收下汪大川送給的錢？"

噢，我一下子明白了，原來是為這事。村裡的貧下中農準備要開一次揭發批判汪大川的大會，汪大川怕我們紅衛兵的威勢，想用錢買動我們。他說："你們紅衛兵辛苦了！在家千日好，出門一時難，咱們素日無怨，應該彼此關照點兒。這點錢算做你們長征的一點補助……"小雪花對汪大川的舉動跟蹤偵察的很細呀！矛盾的根兒就在這裡。我從被子裡坐起來，對小雪花解釋："看你生了這麼大的氣……"

她不容我說完："那當然了！汪大川拿來的錢你幹嗎收下了？還跟我講紅衛兵和走資派鬥爭的故事呢，哼！"

會芳嬸聽著，格格地笑了，說："傻丫頭，你周英姐早把錢交到隊上了。拿著證據，當眾好揭穿他的真相！"

小雪花眨眨眼睛，撥浪一下腦袋，有些不好意思了。許久她一頭紮在我懷中，兩隻小手緊緊握住我的手。我撫摸著她的頭，勸她睡覺。她高興地躺下後，不一會兒便呼呼睡著了。

這一回，我卻久久沒有睡著。我深深愛上了這個小姑娘。她的心底真像雪花一樣晶瑩，凜潔。

第二天開了批判大會，汪大川的腦門上直沁冷汗珠子。群眾紛紛揭發他這些年來倒賣隊裡財物、走資本主義道路的罪行。我也代表紅衛兵發了言，擺出證據，揭發他負隅頑抗，至今還耍經濟主義的花招。

我發言剛剛結束，小雪花便從人群中擠出來，大聲說道："我也揭發！"一句話像一發小鋼炮，轟得會場嗡嗡地響。她指著汪大川的鼻子說："今兒你怎麼大方了？拿錢送人呢？我們的向日葵子錢你怎麼都不放過？那是我們挖坑、撒籽，滴了汗，施了肥，忙乎一春又一夏，到秋天打下一顆顆向日葵子，賣給供銷社，是我把錢交給你汪大川手裡，支援隊裡買炸藥開山挖泉用的。你沒買來一點炸藥，這是人證物證全在，你不老實交代能行嗎？"

小雪花的話剛說完，會場上就刮起一陣旋風。人們喊著："小雪花揭得好！汪大川一口一個為大夥，其實他連孩子的血都要吸呀！"

汪大川搖晃一下腦袋想狡辯："這……我記不清了……"

小雪花氣得滿臉通紅，揮舞著小拳頭："你裝蒜！前幾天我還找你追問，你騙我不成就嚇唬我，說什麼：'運動來了整幹部，運動過後整群眾，你們這幫小不點兒也小心點兒，要是跟我過不去，運動完了，有你們好瞧的！'汪大川，你說過沒有？"

會場上憤怒的批判聲和口號聲響成一片，汪大川啞口無言，不敢抬頭看小雪花那火一樣的目光。

……

時光過得多快啊，冬去夏來，花落花開，九年過去了，萬泉山上的果樹已經結滿累累的果實，小雪花變成什麼樣子呢？多想見見這個難忘的戰鬥歲月裡結識的小朋友啊！

萬泉村就在眼前了。在一排果樹旁邊停著一輛嶄新的北京"130"汽車，一群男女青年和戴紅袖章的紅衛兵們正穿梭般地忙著往車上裝蘋果。等我走到車前，車已經裝滿了。我向身邊一個年輕的姑娘問道："這些蘋果運到哪兒去？"

姑娘告訴我："這是我們萬泉大隊試驗的新品種'紅星'，第一次運往北京，運往毛主席的身邊！"

這時，一個女青年跳上車廂，對大夥講："同志們，這是文化大革命結出的碩果！大豐收了，大夥可不要忘記豐收是怎麼來的！是鬥出來的啊！"

這是誰呢？高高的個子，圓圓的臉膛，撲閃閃的眼睛，烏黑的齊耳短髮。說話像一團火，給大夥鼓勁兒，添力氣！我正要走到車前問個究竟，只聽一陣馬達聲響，汽車開動了，轉眼間駛上綠樹成蔭的山間公路。我向身邊一個姑娘問："同志，你們這村有個叫小雪花的吧？"

她樂得一捂嘴："還小雪花呢，人家現在是黨支部副書記了！你怎麼不早說呢？剛才在車上講話的就是她！"

我"啊！"了一聲，望著遠去的汽車，汽車在公路上疾馳，車上隱約晃動著小雪花的身影。那時她才九歲，又是九年了，時間過得多麼快，從她剛懂事時，迎接她的便是一場震撼世界的無產階級文化大革命。她是在這樣的大風雨中煉硬翅膀的。這九年，新生事物在飛速發展。又一茬小將茁壯地成長起來。"小雪花啊！"我內心呼叫著，心潮像海洋一般翻騰起來……

（原載《北京文藝》1975 年第 4 期）

老實人的故事

孫　顒

　　在某些人的字典裡，"老實"的解釋是溫良恭儉讓之類，那顯然是一種傳統的偏見。這篇小說的主人公與那種偏見毫不相干。

第一段故事：發生在一九六六年春天

　　數學課快開始了。高二（1）班學習委員兼數學課代表丁敏敏擠進教室，怒氣沖沖地走到自己座位前，就使勁坐了下來，掀開課桌蓋，從裡面拿出數學書，隨即"砰"地一聲關上課桌。

　　坐在丁敏敏邊上的一位姑娘，名叫樂寬，看上去挺文靜，圓圓的臉，低低的鼻樑，眼角和嘴角都掛著淡淡的樸實的笑意，兩條短辮上紮著天藍色的頭繩。她輕輕合上剛才還在寫著什麼的筆記本，把鋼筆擱到桌面的筆槽裡，轉過臉看著火氣正旺的夥伴問道："小丁，剛才跑哪兒去啦？想找你談談也找不到。"

　　丁敏敏右邊的嘴角微微鼓動了一下："反正沒你去的地方高級！"

　　背後傳來一個儘量壓低了的男中音："丁敏敏，你又怎麼啦？！"

　　丁敏敏聽出是團支部書記顏根生的聲音，她把晃到胸前的一條又黑又粗的辮子用力甩到背後，沒好氣地回答："你管不著！"

　　沒容談話繼續下去，上課鈴聲響了。

樂寬知道丁敏敏是故意要讓全班同學知道她正在發火。對於丁敏敏這種任性的脾氣，全班同學都熟悉，可是她的聰明卻得到不少老師的稱讚，尤其得到教導主任全詩維的欣賞，硬要讓她擔任學習委員，作爲"憤發學習"的典型。

樂寬微微皺了皺眉頭。丁敏敏發火的原因，她是知道一點的，卻不料會突然發作得這樣厲害。

一年一度的高校考試就要來臨了。這所"重點中學"要在高二年級中選拔幾名"尖子"跳級參加高考。據說，在校領導考慮的名單裡不但有丁敏敏等幾個公認的"尖子"，而且竟然還有樂寬。可是上面只給了四個名額，平衡到最後，還剩五個人，一些老師的意見是拉掉丁敏敏。剛才，丁敏敏到全詩維那兒去了一次。全詩維告訴她，他力爭無用，無可奈何云云。

丁敏敏覺得樂寬把明明屬於她的機會占去了，丁敏敏能不發火嗎？她真想問一聲樂寬：你有什麼可以超過我的呢？下鄉勞動好嗎？又不是評勞動模範！或許是同學們講你爲人老實吧？無非是自找麻煩，多幹點小事。

去年三秋勞動結束時，團支部倡議大家步行回去。丁敏敏最怕走路，她想了個法兒，主動要求留下來做掃尾工作，但又怕自己對付不了那些瑣事，就拖住了樂寬。誰知，本來掃尾工作只要檢查下鄉紀律的執行情況，向生產隊幹部交待一下就行了，可是樂寬偏要打掃這兒，整理那兒，一直搞到天正午。總算朝村外走了，丁敏敏才舒了口氣："還好，還來得及趕十二點那班車。"

"什麼？"樂寬驚異地問，"不走回去？""嘿，虧你說得出，這種時候了！""這有什麼關係，我連午飯也準備好了。"樂寬說著從書包裡掏出一塑膠袋饅頭。於是，兩人一邊走一邊爭起來。臨到車站，丁敏敏伸了個懶腰，打個哈欠："得了，得了，反正也不報銷車費，這兩毛錢你真捨不得花，我請客就是了！"聽到這話，樂寬猛地煞住腳步，睫毛抬了抬，氣憤地掃了夥伴一眼，嘴唇張了張，可是又咬緊牙齒把湧上來的話咽回去，接著，突然甩開大步沿著寬闊整潔的郊區公路直奔前方。丁敏敏靠在車站的牆壁上無可奈何地望著她遠去……結果，因爲樂寬回校的時間超過校方規定的時間半小時，被全詩維點名批評了一頓。於是丁敏敏更覺得做人當然是聰明點好，太老實就是吃虧！

但是，這次爲什麼聰明的並有全詩維做後臺的丁敏敏卻不走運了呢？

下課時，丁敏敏又乒乒乓乓向課桌板發火。樂寬終於耐不住了，對她說：「小丁，有啥意見說嘛，爲什麼拿桌子出氣呢？」

「出氣？」丁敏敏正愁沒油澆火，更加任性地說，「我就是要拿它出氣，看誰管得了我！」說著又用力掀起課桌板。

「放下！」樂寬出人意料地喝了一聲，把全班同學都驚動了，下課後一向喧鬧的教室突然安靜下來，不少同學向這邊圍過來。

樂寬的眉頭痛苦地撐出了結，她爲丁敏敏這樣一個還不滿十八歲的青年人爲了出人頭地就如此自私而痛心。說實話，她並不完全責怪丁敏敏，而是痛恨名目繁多專門鼓勵青年向上爬的各種等級的考試。一個工人子女淳樸的正義感驅使樂寬不能不立即制止丁敏敏的愚蠢行動。她鬆開剛才使勁按住丁敏敏課桌板的手，儘量平穩地說：「這是人民給我們的學習用具，你根本沒權利拿它出氣！」

「哼，有什麼了不起？摔壞了讓我爸爸賠好了！」丁敏敏輕飄飄地答道。「我爸爸」是她的口頭語。她爸爸是一位有名的教授，所以丁敏敏老愛掛在嘴上。

人們常說老實人發火是很厲害的，這次樂寬就真的發火了。圓圓的臉膛憋得通紅，靠近她的同學可以發覺她的眉頭在急速顫動。樂寬側著身，一隻手撐在桌子上，身子微微向前傾斜，逼視著丁敏敏：「你以爲有錢賠就神氣了嗎？你把我們的社會看成什麼社會？！”

　　同學們都明顯地支持樂寬。可是，一貫的任性和自負使丁敏敏不肯認輸，她靈機一動，又將話鋒一轉：“得了，得了，我思想當然沒你好。有你那水準，我也跳龍門了！”

　　四周立即響起一片反感的噓聲。站在邊上耐著性子看到現在的團支部書記顏根生擠進來了，他衝著丁敏敏說：“你給我算了吧，你以爲人家都像你！”說完便出人意料地拿起樂寬的筆記本，翻到當中念了幾句：“校領導：我不想參加什麼跳級高考，理由如下……”顏根生看著丁敏敏問道：“想聽聽理由嗎？”

　　同學們頓時安靜下來。丁敏敏吃驚地瞪大了眼睛，靈活的眼珠似乎在急速思考著什麼。忽然，她也出人意料地搶過樂寬的筆記本，向教室外奔去……

　　丁敏敏一陣風似的衝進教導主任辦公室，把靠在沙發上閉目養神的全詩維嚇了一跳。

　　丁敏敏把筆記本遞給全詩維，不知是氣喘，還是激動，連聲音都顫抖起來：“看，樂寬不參加考試了，把我補進去吧！”

　　全詩維翻了翻本子，擱到旁邊茶几上。他是一級教師，年紀不過四十歲，由於得到學校和市局某些領導的賞識，已經紅得發紫了。前幾年提升爲教導主任時還入了黨，內心自得爲“先專後紅”的典範。他本能地偏愛丁敏敏這種聰明的“名門子弟”，討厭樂寬那種不但土頭土腦而且倔頭倔腦的學生。昨天，討論越級高考學生名單的校務會上，有些青年教師，特別是黨支部委員郁老師競竭力推薦樂寬，反對推薦丁敏敏，使他十分爲難。後來他不得已同意了這些老師的意見，是出於這樣一種考慮：有個別像樂寬這樣的工人子女也好，免得將來人家提出什麼階級路線問題。至於丁敏敏，這次只好忍痛割愛了。

　　全詩維敲了敲筆記本：“她是說非但自己不去，連別人也不準去。”

"啊？"

"我聽說啦，她正鼓勵其他同學一起反對考試，未免太不知道天高地厚了！"全詩維微微有點憤慨。

郁老師走進來，打斷了兩人的對話。

郁老師是個三十歲剛出頭的青年人，還保留著小夥子的神態。他看了看突然停止對話的兩個人，問全詩維："你去不去參加會議呀？"

"哦，我差點忘了。"全詩維勉強笑了笑，站起身，又對丁敏敏說了一句："你應該作多種思想準備嗎，年輕人胸懷寬廣一點。"這才跟著郁老師向外走去。

這次會議是高二年級團總支根據樂寬他們的強烈要求，取得了郁老師的同意才召開的，內容是討論越級高考問題。

會議開得很激烈。樂寬舉出了學校中過去一些被考試弄昏了頭腦的學生的例子來論證，不但這次考試，而且各式各樣要在青年中劃分等級鼓勵青年向上爬的考試都是完全錯誤的。她也提到丁敏敏這兩天的反常表現。

顏根生和一些學生表示支持。郁老師和幾個青年教師的態度是：考試本身無可非議，但要推薦德智體全面發展的學生參加。

全詩維根本不想參加這次會議，要在幾個月前，他會乾脆宣佈不準開這樣的會，但是自從批判《海瑞罷官》以來，他似乎預感到政治形勢要有變化，覺得還是收斂點好。現在迫不得已來了，總要說兩句。他乾咳了一聲，豎起被煙熏黃的食指，擺出權威的身份和架勢，說道："這種考試派什麼用呢？就是顯示我們的教育品質。數學家的成就是看他搞出幾個公式，工程師要看他搞了多少發明，我們教師嗎就看拿得出多少過硬的學生。否則，我們'重點中學'的牌子怎麼掛得住？"最後，他拖長了聲音說："至於個別同學不願參加，我覺得可惜。好吧，討論就這樣結束！"

"等一等！"從全詩維對面的一張桌子後站起來的是樂

寬,她明亮的雙眸閃著不妥協的目光,"我們的話並沒講完!"

"對!"顏根生將右手肘擱在桌面上,也是一副隨時要站起來的模樣,"大家正討論,你幹什麼急急忙忙作總結性發言!"

樂寬在大夥的注視下平靜地說下去:"我爸爸是個老碼頭,在舊社會不識一個字。有一次他問我,學校為什麼要讓學生像過去考秀才、大狀元那樣一級級往上考?我一直在想這個問題。從剛才全老師的話中,我明白了不少。我喜歡老老實實地講出想法,全老師平時口口聲聲講為革命事業培養接班人好像不是真的,他想的是拿出幾個'尖子'換得別人對他那塊重點中學牌子的承認,或者再換得點別的什麼。他把我們學生當做什麼了呢?"

"你!你……"全詩維臉上再也不能保持淡漠的表情了,樂寬後面兩句話十分觸他的神經。可他轉念一想,自己大權在握,有的是辦法,何必赤膊上陣大光其火?便伸出食指威脅性地搖晃著說:"也罷了,你是團員,我是黨員;你是學生,我是教導主任。我不和你計較。可是考試是上面規定的,你要當心自己的情緒!"

"不管誰規定的,錯了為什麼不能說?"又是顏根生的聲音。

"好,好,你們到上面告狀吧,我看你們的本事!"全詩維挺傲慢地說。

"那你就等著瞧吧!"樂寬一字一字平穩而堅定地說完了這句話,也暫時結束了和這位教導主任的辯論。她凝視著前方,緊緊抿住了嘴唇。平時掛著樸實笑意的嘴角添上了堅毅的棱角……

第二段故事:發生在一九六八年秋天

大革命的歲月,永遠是令人難忘的:那紅旗匯聚的海洋,那手臂豎起的森林，那響徹進軍戰鼓的大道，那照亮不眠之夜的明燈……而這些，使一切發生了何等巨大的變化！僅僅兩年多的時間，無產階級文化大革命便以不可抗拒的氣勢，改變了許多被人們所習慣崇奉的東西。與平時自然與社會發生的緩慢變化相比，這些變革都是大膽的，果斷的，因而充滿了欣欣向榮的活力。

曾經受到壓制的那些“小人物”，現在有的已被推上了領導崗位，樂寬就是其中的一個。

顏根生走到一扇絳紅色的木門前站定了，抬起頭親熱地打量著門前橫牌上那六個字：校革會辦公室。這小夥子長得高大，略顯粗獷，時已深秋，可是他只在汗衫外面套了件爸爸用舊了的工作服。

顏根生推開門，早晨的陽光已灑滿這間朝南的屋子，屋裡顯得寬敞明亮。就在這裡，樂寬和她的戰友們曾嚴正批判過走資派的罪行，曾憤怒揭露過階級敵人的陰謀……這會兒，樂寬正坐在桌前認真地學習毛主席著作。聽到聲音，她抬起頭來，圓圓的臉膛比兩年以前豐滿多了，透出更加成熟的氣息，原來紮在短辮上的天藍色的頭繩現在換成了橡皮筋。顏根生走近桌子，把幾張報告紙攤到她面前：“決心書大夥討論過了，你再看看吧。”

樂寬迅速翻閱起來。這是高二（1）班赴農場戰鬥隊的決心書，末尾是十幾個各式字體的簽名。簽名的前面空著一小段，顯然，這是戰友們特意留給她的。樂寬微微笑了笑，提起鋼筆刷刷刷地寫上了自己的名字。

顏根生也笑了。平時，碰到要簽名的時候，即使別人給樂寬這位校革會副主任在前面留出了位置，她也總愛簽到後面去。只有某些場合是例外的，比如今天簽這份決心書，或者是前年他們面對氣勢洶洶的資產階級反動路線寫造反大字報時……

作為高二年級紅衛兵連長的顏根生，像全校革命師生一樣，為自己有這樣一個好帶頭人而高興。革命的暴風驟雨到處衝洗著污垢，卻使戰士心靈中的寶石閃出更耀眼的光彩。"老實"兩字始終沒有離開過樂寬。顏根生知道樂寬常愛說的一段毛主席語錄是："我想，我們應該是老老實實地辦事；在世界上要辦成幾件事，沒有老實態度是根本不行的。"

樂寬把決心書遞還顏根生："丁敏敏呢？決心還沒下？"

顏根生面露難色了，全班就這一個人最難弄。丁敏敏運動初期爲修正主義路線講好話，給全詩維他們臉上貼金，後來好像有點轉變，現在卻又不肯上山下鄉了，甚至背地裡還這樣對同學說："大不了爸爸養我一輩子。"

樂寬站起身，"我再找她談談。"

校園裡，全詩維趕上了現在已經是校革會主任的郁老師，他故意落後半步，跟在郁老師背後匯報工作。

郁老師側頭看了全詩維一眼。他明白，這種人雖然組織上人了黨，世界觀基本上還是資產階級的。對這種人，在批判、教育的同時，還是要繼續使用，讓他在鬥爭中得到改造。最近，在畢業分配中，全詩維主動要求分挑些擔子。

現在，全詩維匯報的倒是郁老師不能不重視和思考的問題。有關部門決定在這屆畢業生中抽少量在文化大革命中表現優秀的青年送入外語學院培訓。全詩維的意見，當然也是不少學生和老師的意見，最好讓樂寬去。

郁老師情不自禁地點了點頭。送樂寬去是再理想不過的了。偉大的無產階級文化大革命，使郁老師更清楚地看到了這位工人女兒身上寶貴的東西。運動初期，樂寬曾責問郁老師對那種越級考試爲什麼也那樣熱心，郁老師分辯說，他是想把真正優秀的工農子弟推薦出去，和全詩維想的根本兩樣。可是樂寬說，即使你推薦了幾名工農子弟，也是把他們往修正主義路上趕，關鍵是整個教育路線……

全詩維像是從郁老師凝結著思緒的眉宇間猜到了他的思

路，補充說：“這真是爲革命事業培養接班人哪，和過去不一樣！”

郁老師想了想，果斷地說：“推薦樂寬我沒有意見。可她現在是全校上山下鄉的帶頭人，要考慮得全面一些，先徵求一下她自己的意見再說。”

“好，那我去徵求 —— 馬上？”也等不及郁老師回答，全詩維便急急忙忙跑開了。郁老師奇怪地望著他的背影，不明白這個人對這件事爲啥這樣起勁。

全詩維這樣起勁，當然是有原因的。這兩年，他曾經哀歎過自己完了。可是，在一個問題上，他不能不佩服樂寬。他本來以爲樂寬在“解放”他時要壓他一下，誰知樂寬的態度竟是這樣：可以用，不用不利於改造他。嗯，現在的青年人心胸倒是難以估量。這樣，全詩維又漸漸希望自己能適應新的形勢，慢慢地重新站志來。他盼望有一個合適的機會，能用實際行動來對樂寬、對郁老師證明自己“今非昔比”了。

前兩天，丁敏敏的父親來找全詩維，要他在分配問題上幫幫丁敏敏，理由是敏敏身體不好，不適宜去農村。全詩維本來不敢管這事，他想丁敏敏身體有什麼不好呢？無非是養得嬌氣些，樂寬有嚴重胃病，也要去農場呢。

偏偏今天聽說了挑選外語培訓生的消息，全詩維感到等待了很久的機會終於來了。推薦樂寬，全校沒人會反對，自己樂得表現一下對革命小將的熱情。再說，只要樂寬不到農場去了，把丁敏敏的事拖到晚一點辦理，麻煩就小多了……

頑固的資產階級世界觀使全詩維本來下決心夾起的尾巴又露出來了。他興沖沖地向教學大樓跑去。

捲起的窗紗在隨風飄動，月光照在敞開的玻璃窗上，一閃一閃地映人屋內，一直抹到魚缸內的彩燈上。丁敏敏煩惱地從沙發上站起來踱開去。這個從小被舒適的生活環境嬌寵慣了、受資產階級思想影響很深的女孩子，這兩年也被暴風驟雨衝刷著心靈。在批判資產階級反動路線的高潮中，她也激動過，興奮過，同時又為自己以前的表現而羞愧，甚至躲在家裡偷偷哭了兩次。誰知，造反派頭頭樂寬出乎意料地登門找她，鼓勵她也投入戰鬥，在鬥爭中改造主觀世界。當時，她撲在樂寬的肩上盡情地嗚咽起來。但是，現在面臨未來生活道路的選擇，被父母一影響，她又徘徊了。

門口有對話聲，是爸爸在和誰講話。爸爸低聲說："敏敏大約已睡了。" "好吧，我明天再來。"是樂寬那清脆悅耳的聲音。

丁敏敏遲疑了一下，她好像有點怕見樂寬的面，但是一種難以抗拒的力量推著她向外奔去 —— 這是感到腳下空虛想踏上實地的急迫感。丁敏敏闖過站在門口的爸爸的身邊，在院子外拉住了樂寬。

月光下，樂寬的睫毛顯得很黑很密，眼眶裡含著親熱純樸的笑意。

丁敏敏說："進屋去吧。"

樂寬望了一眼聳立在高大繁茂的樟樹間的樓房，搖了搖頭，"還是出去走走吧。"

城市的夜空燃燒著革命的氣氛。這兒離市中心不遠，寬闊的廣場呈現在她們面前。這裡，有過多少次怒濤般的集會，相比之下，此刻顯出莊嚴的寧靜。

兩個姑娘心裡都很不平靜。樂寬用自己熱乎乎的手按住了丁敏敏的肩膀，"和你商量一件事。"

"和我？"

"是這樣，全詩維今天來找我，建議我別去農場，上外語學院去，你看怎麼辦？"講到全詩維的名字時，樂寬臉上浮起淡淡的冷笑，她想到中午和全詩維的那次對話，全詩維竭力促成此事，同時免不了暗示幾句既可去成又無損於她頭頭威信的意思。樂寬開頭還摸不透全詩維的用意，所以不置可否地聽著。當全詩維越講越得意時，樂寬已經胸有成竹了。問題就是這樣，鬥爭並沒有止息。對於全詩維這樣的人，我們要團結改造他們，但是一有機會，他們又力圖用自己那一套世界觀來影響我們。當時，樂寬是這樣回答他的："選拔外語培訓生的任務必須完成，由校革會討論吧。至於我，你放心好了，向來言行一致，你也就不必白費心思了！"……

丁敏敏並不知道樂寬在想些什麼，只看她提出問題後便久久地陷入沉思中，以爲她思想鬥爭正激烈。於是她羨慕地說："樂寬，你去吧，大家都高興，我也……"

"要去我們一塊去！"

"一塊去？我哪兒夠格！"

"不，我是說到農場這個廣闊天地去，沿著毛主席給我們豎起的路標開始新的衝鋒！"

丁敏敏不解地問："你不去外語學院了？"接著自言自語地搖搖頭說："你放心好了，沒人會說閒話，我，我從心底祝賀你！"

"你也這樣想？"丁敏敏的話證實了樂寬的猜測。全詩維告訴她，丁敏敏聽了培訓生的事，羨慕死了。說實在的，自己這個頭頭的一舉一動對其他人，比如對丁敏敏，影響比自己的語言要大多少倍啊！樂寬把她和全詩維的談話告訴了丁敏敏，最後說："我堅決要求上山下鄉，根本不是爲了什麼頭頭的威信，而是爲了響應毛主席的偉大號召。"

丁敏敏的肩膀越來越靠近樂寬的肩膀，熱騰騰的氣息向她襲來，她似乎可以聽到樂寬胸膛裡迴響著心臟有力跳動的聲音。這幾年的經歷，使她相信樂寬說的都是心裡話，沒摻半點兒假。丁敏敏絞著辮子，爲自己又和全詩維存了一樣的陰暗心理而難受。自己爲什麼老是這樣猶猶豫豫，不能像樂寬那樣心地踏實、胸懷寬廣呢？

丁敏敏又看了樂寬一眼，樂寬正期待地望著她，手臂上的紅衛兵袖章在夜色中放出動人的光彩。她終於咬緊牙齒，迸出這樣一句話："我跟著你一塊走！"

"跟著革命的潮流，老老實實地前進！"樂寬說這話時，抬頭透過高大繁茂的樹影又看到了丁敏敏家的那幢樓房的屋頂，她想了想，又說："你應該出去，不要留戀那些舒適的生活，到廣闊天地去呼吸最新鮮的空氣吧，那才是我們這一代青年大有作爲的地方！"樂寬從書包裡抽出一疊紅布，展現在丁敏敏面前。這是一面精心繡著"廣闊天地"四個大字的紅旗⋯⋯

第三段故事：發生在一九七五年一月

風塵僕僕的全詩維沿著長途汽車的階梯走下來，踏上了海濱國營農場的土地。他是乘著頭班車從縣城趕到這兒的。清晨的陽光照得全詩維微微眯起了眼睛。寬闊的田野在他面前伸展，清清的河水從他身旁流過，一排排高壓線在他頭頂上通向四面八方。

正是慶祝四屆人大勝利召開的大喜日子。喜訊，化作億萬顆激昂的電子，湧入農場廣播站的擴音機，然後通過縱橫交錯的廣播線路，重新變成巨大的聲波衝進每一問紅瓦房的窗口。

全詩維問著訊慢吞吞地向前走著。近來，他被借在市裡某教育領導部門參加教材編寫工作，與機關後勤組一個與他有點拐彎抹角親戚的人搞得很熱，因而得到不少方便。他信奉這種哲學：人總是互相利用，要講究"實惠"的。這次他就是受人之託，帶了個"特殊任務"到農場跑一趟。

一個姑娘騎著自行車從公路上疾馳而來，風，在她耳邊輕輕拂動短髮。在一幢房子前，姑娘跳下車，把車子扛上臺階貼牆根放好。

全詩維看到那門框上寫著"黨委辦公室"，便客氣地問道：

"同志，還沒到辦公時間吧？"

　　那姑娘邊俯身鎖車子，邊答道："咱們這兒辦公不講時間！""喀啦"一聲，車子上了鎖，姑娘抬起頭，"啊，是全老師！"

　　全詩維也認出來了，這正是他要尋找的人—— 自己過去的學生，現在的農場黨委副書記樂寬。和六年多前相比，樂寬的外貌有了一些顯著的變化：短辮剪成了短髮，圓圓的臉盤黑而紅潤，這會兒因爲騎車跑得急，額上沁出了點點汗珠，樂寬伸手抹了一把，舒展的前額上已可以看出淡淡的皺紋。另外，眼眶邊有一圈黑暈，是經常熬夜的產物。

　　樂寬將全詩維請進辦公室。她很久沒見到全詩維了，還是幾年前回母校去時，全詩維挺激昂地向她作過自我批評。此刻，樂寬倒希望瞭解一下全詩維的思想變化。雖然連著幾夜跑連隊瞭解學習四屆人大檔情況，挺累了，可她依舊精神飽滿。樂寬順手拿起一個茶杯，嘟嘟嘟注滿了開水。

　　全詩維用食指和中指從上裝口袋裡夾出介紹信，顯出公事公辦的模樣遞給樂寬。

　　最近，海濱農場制定了大幹快上的發展規劃，其中挺重要的一項就是大搞科學種田，爲此打算擴大農業科學實驗站的工作。但是缺少一部分必需的實驗器材，物資調配部門說，要過一段時間才能撥給，這對今年的實驗計畫有很大影響。後來有關領導介紹說，市裡某教育領導部門有些多餘的教學儀器。正在主持面上工作的樂寬前天打長途電話去聯繫。那裡的後勤組起初有點爲難，後來說儘量設法，並且提議，派人來具體商洽。現在，派來的人竟是全詩維！

　　全詩維用食指點著桌上的介紹信說："我其實是來搞有關編寫教材的社會調查的，他們知道我和你認識，就把這與我根本不搭界的任務交給我了。嘿，熟悉點，好商量。"

"熟悉點，好商量。"這幾個字聽上去使樂寬感到不舒服。她彷彿開玩笑地回答："我倒主張，越是認得的人，辦事越頂真呢！"

"那好！那好！"全詩維笑得不很自然。他馬上冠冕堂皇地表示：支援農業，支持上山下鄉這個新生事物，義不容辭，所以人家想了很多辦法，同意把這批器材撥給他們了。這當然使樂寬很高興，她真想快點把這消息告訴實驗站的同志們。但是，比六年多前成熟多了的樂寬，卻隱隱約約地感到，在全詩維的熱情背後，似乎還隱藏著什麼……

事情談得差不多了，全詩維也顯出一副要告辭的模樣，彷彿只是無意中又漏出了一句話："說起來，我表哥就在機關後勤組，這事兒全靠他幫忙呢！"

"噢！"樂寬感興趣地掃了全詩維一眼，她暫時不想送客了，用鋼筆輕輕點著筆記本，平靜地等待下文。

突然產生的寂靜卻使全詩維感到為難。樂寬不動聲色而又嚴肅的神態比文化大革命高潮中那鋒芒畢露的英姿具有更大的威嚴。全詩維不安地挪了挪身子。但是要說的話即使吞吞吐吐也要說出來："我表侄，就是，就是我表哥的兒子，在顏根生當黨支部書記的連隊裡……他下來三年多了，鍛煉得差不多了吧？"

還用得著聽什麼下文呢？樂寬心底開始升起一股怒氣，但她並不想發火。她推開筆記本在屋裡踱了幾步。作為黨委副書記的樂寬，深知如果不理會這種"暗示"，他們就可能想出各種理由取消那種"義不容辭"的支持。但是，對於一個真正的共產黨人，這種要脅的效果只能等於零！樂寬的目光落到了自己壓在玻璃板下的那塊紅衛兵袖章上，稍顯激動地自語說："第三次了，雖然形式……"

"第三次？啊！"全詩維有點迷茫。

"第三次！"樂寬強硬地重複一遍，她將一隻拳頭輕輕撐在全詩維面前的桌子上，以不容辯駁的聲調說道：“爲了編寫教材你不是要搞社會調查嗎？那麼我出三道題請你解答解答！第一道題：選拔幾個‘尖子’，對你來說，是要換得對你的成績的承認，但是對整個修正主義教育路線來說，要得到的是什麼呢？第二道題：推薦一個外語培訓生，對你來說，是要換得我的欣賞和其他一些私利，但是對那些仇恨文化大革命的人來說，是希望由此從新幹部身上得到些什麼呢？第三道題：一些儀器對你和你那表哥來說，是想換得一個上調名額，但是對整個被打倒的敵對階級來說，期待著的是在無產階級專政上打開什麼缺口呢？頭上冒汗是沒用的，好好想想吧！”……

吃晚飯的時候，丁敏敏一陣風似的闖進樂寬寢室，一把抱住樂寬，轉了轉，差點把樂寬手裡的飯碗打掉。氣得樂寬推開她：“鬼丫頭！”

丁敏敏笑著往床上一仰。晚霞從視窗透進來，抹在丁敏敏那挺舊的藍布上裝上，當年兩條又黑又粗的辮子現在變成了兩束短髮，用橡皮筋繫在後腦勺，顯得豪爽而男孩子氣。早先那些驕嬌模樣在曬得挺黑的臉上消失了。

六年多前，丁敏敏被樂寬他們拖著拉著捲入了上山下鄉的革命洪流，走過了一段何等艱難的里程啊。她害怕過，動搖過，退縮過，因爲後悔還和樂寬大吵大鬧過，但是，有黨的關懷，有貧下中農的教育，有樂寬他們的幫助，在艱苦勞動的磨煉中，她終於跟著時代潮流走過來了，而且已漸漸走得穩當起來。現在，她擔任著農科實驗站站長的工作，充分發揮著自己的聰明才能。每當回頭去看時，丁敏敏總感到一種“闖過來了”的幸福。

嘻笑了一陣，丁敏敏才平靜下來。她扳住樂寬的肩頭，一本正經地說：“全詩維找過我了。”

“哦，這樣快？”樂寬拿起吃空的碗浸到臉盆裡。

“當然囉，他要我幫忙求個情。還表示要親自關心你妹妹的分配問題，簡直像做買賣似的，真不要臉！"丁敏敏像發連珠炮似的說著。

樂寬淡淡地一笑："大約想做買賣的人總希望能多掌握點資本！"

"不過，我覺得你也太老實，不，應該說是太呆板！"丁敏敏急速更正。"這種事你馬馬虎虎應付一下，把儀器拿過來再說，何必去觸他們神經呢？"

樂寬甩掉手上的髒水，尖銳地問："要我說假話嗎？我看到這種像蒼蠅一樣到處嗡嗡鑽營企圖嘗點甜頭的事就討厭，根本不想和他們和平共處！"

"說你呆板，就是呆板，東西拿不到，我們的工作上不去，對農場……唉，你這個黨委副書記不急，我可急死了。這樣吧，我去找顏根生，讓他出面婉轉應付一下。"說著從床上蹦起身，卻被樂寬按住了："應付什麼？應付資產階級作風？顏根生不會跟你走。"

（原載《朝霞》1975 年第 5 期）

婦 女 主 任

李 寬 定

一

　　從太陽出山走到太陽落坡，好不容易才走到滴水岩大隊。大隊湯支書住在七隊，那是個依山傍水，竹林圍繞的寨子。我走到一蓬竹林邊，只聽竹林裡邊院子頭鬧哄哄的。我順著"龍門"走過去，只見院壩裡大人細娃十多人，正圍著地上十來截木棒議論紛紛。階沿坎上有個約四十多歲，矮胖矮胖的男子漢，撈起衣裳往臉上一抹，氣忿忿地說：

　　"幾棵木棒棒，你怕我們幾個把它吃了！"正彎著腰仔細看著地上木棒的一個婦女，聽了這話便伸起腰來，她楞了那男子漢一眼，鼻子輕輕哼了一聲，說：

　　"吃倒不怕，只怕長了腿。"

　　"看你說的！那麼粗一筒，你怕褲腰帶上都藏得住？"

　　"那截料子長翅膀飛了？"

　　"一根樹子下了九截；你硬咬著還有一截飛了，我有那樣法？好在還有這麼多人一路嘞，你信不過我問他們幾個好了。我要貪污了一塊木花，你砍我的腦袋！"那男子漢口氣很硬。

　　"你嘴巴不要強！"那婦女把袖子一挽，把放得亂七八糟的木棒，按照粗細在壩子頭一根一根接攏。階沿坎上那個男子漢朝旁邊的幾個小夥子丟了個眼色，幾個人的神色都不安了。只聽那婦女冷笑一聲，說了，"哼！人長了三四十歲，倒沒見過還有這種樹子。早曉得不該砍這根，搬去栽在遵義那公園頭，一天還不曉得有多少人來看這把戲哩！"

聽她這麼一說，我忙看地上那根接攏的木棒。果然，中間有兩截接頭處，大小不一；很顯然，中間確實有一截"飛了"。我心中暗暗佩服這婦女的心勁。再看那幾個，你看我我看你，哭不是笑不是，開不起腔了。

"啞了？木頭木腦的木在那裡就算了？那截料子呢？換酒吃了？"那婦女盯著階沿坎兒上那漢子說，說著又對著那幾個小夥子說道："說呀！啞了？剛才嘴巴還那麼硬嘛！不把那截料子找回來就混過去了？"

幾個小夥子你看我，我望你，又一齊看著階沿坎兒上那男子漢。一個小青年陪笑著說：

"嫂子，我坦白了吧。當真有截料子飛了，但不是換酒吃，也不是藏腰包，是送給湯支書了。"

說到這裡，幾個人的眼睛都在悄悄瞟那婦女，那婦女濃濃的眉毛皺了一下。

"說完！"

"我們辦好料子回來，路過七隊，原先想到嫂子的後家討口茶吃，去了門是鎖著的。就在湯支書家歇個晌。支書的女邊說，她去年就安好了碓窩，正差一截料子做碓桿，向我們討一截，人家都開口了，我們拉不下這個臉，又是支書的女邊，又是嫂子後家的……"

"胡扯！限制資產階級法權，你們就是這樣限制的？如果是一個普通的貧下中農要，你們送不送？支書的女邊要這座山林，你也給她？這料子是你們哪個私人的？你們不曉得隊上正等著這些料子派用場，去！把那截料子扛回來！"也不等人家開口，她又馬上說："不要你們去，我個人去！"一動腳馬上又站住，回過身去對著階沿坎兒上那男子大聲武氣地吼道：“跟好人得好教，跟著夜貓子學鬼叫！都是你這個當隊長的不爭氣，晚上學習會上和你論長短！”說著朝我這邊跑來。當她發現我後，睜大眼睛看看我，問：

“同志，你是？”

“我姓劉……”

“你就是劉同志，省裡頭來的？曉得，昨天就得公社的通知，說你今天一早來。到這陣沒見人影兒，我正擔心呢！怕你在山裡迷了路，哈哈哈！你先在我家歇著，就在我家吃夜飯。我先去辦一丁點兒事情。”說著轉過臉去對階沿坎兒上那個男子漢喊道：“釘在那兒生根了？還不快陪劉同志到家頭坐去！”說完就從我身邊旋風一樣刮出“龍門”去了。

“這女同志真有意思。”我不由得轉過臉去看看她那高高大大的身影，漸漸消失在晚霞鋪滿的山路上。

“走吧，劉同志。”

我回過臉來，卻是階沿坎兒上那個男子漢站在我身邊。

二

擺談中，我才知道這個男子漢叫盛兆祥，就是這個生產隊的隊長，剛才那個婦女，就是他的女邊。一提起他的女邊，他忙申辯說：“劉同志，你別看她吼得大聲武氣的，凶得像個山王菩薩，其實呀，可是個好人哩。”

“她也是幹部嗎？”我問。

“是呀，大隊婦女主任，黨支部委員。”

“啊！她就是湯彩珠同志呀？”我心上一喜，便喊了出來。

“你不認得人怎麼曉得她的‘號’呀？”

“我跑了幾百里路來找她，她給了我這麼一份見面

'禮'。"我一邊高興地想著剛才的情景,一邊告訴盛隊長我的來意:省裡正在籌備全省的婦代會,從縣裡上報的材料看,湯彩珠是個很了不起的同志。二十幾年如一日,努力學習馬列主義,毛主席著作,堅持和資本主義鬥,特別是在限制資產階級法權,和資產階級法權思想作鬥爭方面,更是突出。但材料上對這後一點,反映得不很清楚。我來就是想瞭解瞭解這方面的情況。

說著,我們來到一座背靠青山,面對一大蓬赤竹的土牆茅屋前。盛隊長說:"這就是我的窩,已經爛得不成體統了,劉同志,階沿坎上坐還清爽點。"說著,順手拖過一根條凳,用手抹了一把遞給我,又朝屋裡喊了一聲:

"火英,端茶!"

我被門枋上那副鮮紅的對聯吸引住了。

"劉同志,不要說壩頭,就是山裡,你一路上看見幾間這種房子?"

這時,我才注意到這個房子確實簡陋了一點,又矮又黑又窄,"你這個房子是該打整打整了。"我說。

"打整?你沒見過年那陣,我'屋頭'為這'破瓦窯'寫了副好對子哩,你看,就是這,原來對聯上寫的是:

牆上有洞,正好看四面八方,

房頂開窗,革命人胸比天寬。

我被這寬廣的胸懷感染了,下意識地看了看那年辰很久的土牆和茅草房頂。

"劉同志,不是我'屋頭'打擋,我三個新房子都住進去了。"

"這個話從哪頭說起?"

"說起話長。劉同志,你看'龍門'那房子如何?"

"不錯。"

"那是我們的大隊辦公室和政治夜校,廂房裡是我們隊上的保管室。那房子解放前是地主的，土改那年改給我了。」

「改給你了，怎麼沒搬進去？」

「不就是我『屋頭』打擋嗎？記得是改房子那天晚上，她半夜裡冒著大雨跑來找我。那陣她還沒過門哩。劉同志，我們山裡人可不比你們大城市人開通，哪見過沒過門就跑到男方家來了？她來了，隔著窗子和我說話。羅，就是那個窗子。」

我朝他指的地方看去，土牆上當真有鬥那麼大個洞洞，用幾根木條隔著。

「她站在窗外和我說話。」盛隊長完全沉浸在那幸福的回憶中了：

「『我來找你，是有件事商量，聽說把『龍門』那房子改給你了？』我只當她歡喜，得意地說：

「『嗯，紅漆板壁青瓦房，不錯吧？』她聽了卻說：

「『你不該要。』我一聽糊塗了，忙問：

「『改給我的，為啥不要？』她說：

「『你是幹部吧？』對了，我那陣在農協會幹武裝委員。我心想：幹部怎樣？幹部就不住房子，何況又是工作組和農協會改的，我為啥不要？

「『改的也不要！』我聽她這麼一說，心裡急了，趕忙說：

「『不要，將來你過門在哪裡住呀？』她再沒吭聲了，黑地麻沙的我看不見她的臉，但保險紅到耳根去了。好一會，才聽她拍了一下窗子，說：

「『跟你說，我只進這個門，哪兒也不去！』說完『咚咚咚』的就跑了。我忙開了門跟著追，又不敢喊，直追到她家當門，她已經進屋去了，我只好回來，她那口氣很堅決，我又不敢找上門去和她商量，沒法子，只好一咬牙跑到工作組和農協會把房子退了。」

真沒想到，這位生產隊長看上去老實巴腳的，「談口」竟這樣好，有聲有色的跟人家朗讀廣播小說一樣。我饒有興趣地問：

"爲什麼不要，她後來說了沒有？"

"成親的那晚上她說了：'你是幫長年的，我是當丫頭的，要不是黨和毛主席，你當啥幹部啊？當幹部是給群眾辦事的，不是給自家謀利的。苦的累的搶著，甜的好的讓著，不能講一丁丁兒特殊'。"

"說得好哇！二的回新房子又是怎麼沒立起來？"

"那是六四年'四清'運動中，公社處理了一批折價退賠物資，有幾萬磚，我這個房子是大家都看見了的，公社就把這批磚處理給我了，當時我'屋頭'在縣上學習，回來連家門檻都沒跨，就跑到公社把磚退了，羅，你先前看見那學校的房子，就是這些磚立的。"

"爲啥退了？"

"還是那句掛在嘴邊邊的話：'當幹部是給群眾辦事的，不是給自家謀利的。'劉同志，就爲這批磚比起市價來，一塊便宜五釐錢。她說了我一晚上：'你呀，可不要忘了整個社會主義都有階級鬥爭，不光鬥地主，還要鬥自家腦殼頭的髒東西。討便宜是變質的開始，不要被一塊磚打瞎了眼睛。你沒見大隊辦公室牆上寫著：無產階級只有解放全人類，才能最後解放自己。一個共產黨員，幹部，首先考慮的應該是群眾，是社會主義。'哦，對了！那時她已經'在黨'了。"

我的心上，漸漸地浮起了一個高大的共產黨員的形象。"第三回呢？"

"第三回就是前幾個月，水庫塌方，情況吃緊，公社要我們大隊動員一下，送一批木棒上去。她說：'不用動員了，我家有現存的。'帶著人把料子搬得一根不剩，我當時想：當幹部不講特權對頭，可我這批料子是按需要，按手續，按牌價買來的嘛。"

"這回她怎麼給你說呀？"

　　"這回啥都沒說,只說了一句:'幹社會主義,光憑心腸好,光憑有蠻力都能行?'那以後,天天晚上她一讀書就喊我一起。"

　　我情不自禁地車過臉去,眼光久久地停在門枋上那鮮紅的標語上:

　　　共產黨員不謀私利
　　　革命幹部不搞特權

　　我正看得入神,只聽後面"頂咚"一聲,嚇了一跳,忙車過臉來一看,只見一個五十來歲的漢子,把一截四五尺長的木棒放在壩子邊,向我們走了過來。

三

　　那圓盤臉的漢子長得很魁。走到階沿坎邊就問:"好面熟。同志貴姓?"

　　盛隊長趕忙讓坐,不等我開口,就把我連姓帶來意介紹了一遍,才對我說:"這是大隊的湯支書。"

　　我正要和這位湯支書打招呼,沒想到他突然"唬"的一傢伙站了起來,盯著我喊了起來:

　　"這不是劉興芳同志嗎?要是在路上呀,怕對撞過都不認得喲!"

　　我仔細打量著這位湯支書,收腸刮肚的回憶,可是怎麼也想不起來了。突然,我的眼光落在他濃眉中間那顆蠶豆般大的黑痣上,心裡猛然一跳:"你不就是南木的社主任?"

　　"劉同志記性好嘞!哈哈!只聽公社通知我們,說省裡有個劉同志來,沒想到,真沒想到!我們南木那陣歸小水鄉,並社那陣並到婁山鄉來了,現在就歸婁山公社……"

　　湯支書滔滔不絕地說著,我卻急於想打聽另一個人,就岔斷了她的話,問:"紅姑呢?"

"哈哈！我說在路上對撞過都認不得了嘛。她呀，遠在天邊近在眼前。紅姑就是他女邊。"湯支書指著盛隊長說，生怕我不清楚，又補充道："紅姑是她的'小名'，她的學名叫湯彩珠，現在是我們大隊的一根頂樑柱⋯⋯"

湯支書再說些什麼，我一句也沒聽進去了。我的心，又回到二十年前的那個會場上去了。

二十年前，我們地委工作隊在桐梓縣幫助整社，領導上派我到小水鄉和鄰近的大岩鄉去傳達一個檔，傳達的物件是社幹部和積極分子，名單由鄉里定。那天中午在小水鄉，人都差不多來齊了，只是南木社差了一個。我帶便問了一句："怎麼沒來呀？"記得當時回答我的是南木的社主任，他那顆蠶豆般的大黑痣，給我留下的印象最深。他說："病了。"檔傳達到中間，大門外"咚咚咚"一陣腳步聲，一陣風跑進個二十來歲的姑娘來。光著一雙大腳板，褲管挽得老高，腳上的泥巴都還沒有洗乾淨，看樣子是才從田裡起來。她對直朝我走過來，兩手扶著桌邊，兩個水靈光亮的眼睛看定我，說：

"同志，請你查看一下，有我的名字沒有？"

"你叫什麼名字？"我問。

"紅姑。"

"紅姑？"我看了一下名單，打量著這個舉動粗獷的姑娘問："你坐下吧。不是說你病了？現在好些了嗎？"

她大聲武氣地說："病？病不在我身上！"她狠狠地瞪了那個社主任一眼，一邊挨一個婦女坐下，一邊還忿忿地說："瞞住了就算，曉得了我就要來！該我參加的會我就要參加，我也不希奇那幾個工分，反正上級的精神我就是要曉得。打整我我不怕你；你不對，管你幹部不幹部，就是要頂⋯⋯"

我不曉得這是怎麼回事。再看那社主任時，臉都紅到後頸窩去了。我感到這姑娘真有意思，心想會後和她擺談擺談。可是，散會以後，一晃眼就不見了，再找那社主任，也找不到了。我當時忙著到大岩鄉去傳達檔，就匆匆走了。

以後很長一段時間，我還時常回憶起這件事來呢。

想著，我向湯支書提起這件事情，問他還記得不。湯支書笑著說：「當人眾面的被她抵了那個簧，哪能記不得？」

「那是怎麼回事呢？」

「嘿，現在想起來味道深長哩。上早我在社員會上宣佈了，哪家餵的牛羊吃了隊裡的包穀苗，照根數，一根扣五個工分。砍竹子遇了節。我家餵的牛下午就開了張。會計沒扣我的工分，說是從第二天開始。我那時也不乾淨，裝聾作啞的不吭氣。她找到我門上，劈臉就是一句：『你這幹部是給群眾當的還是給自家個當的？你手上掌著權力是給群眾辦事還是給自家個謀利的？』硬說得我開不起腔。光承認了扣工分還不行，還盯著問我是真不曉得牛吃了包穀苗還是假裝不曉得。這種事情多嘁，也不光我一個人，別的幹部也吃碰過。我們那陣是又氣她又拿她沒法辦，只好各自小心，行動上處處檢點。這倒好，現在想起來，全得她盯著還少犯好多錯誤呢。」

「那大概是沒通知她吧？」我問。

「嗯。」

「怎麼不通知她？」

「怕她在會上抵簧呀，哈哈！」湯支書突然打住笑聲，問盛隊長，「說了半天，你女邊呢？」

「我不找你，你倒自家找上門來了！」才聽「咚咚咚」的腳步聲，婦聯主任早一陣風刮上階沿坎兒來了。

四

「料子扛回來了。」湯支書指著壩子邊的木棒說：

"光拿回來就算完事了？"婦女主任半開玩笑半認真地說。

"對，還得把事情講清楚。今天我一早到五隊參加勞動，中間幫他們開個會。晚上回來發現豬圈頂上有根料子，一問，才知道是老盛送的，我想，老盛把集體的東西作私人情送人，這是濫用手中的權力，為什麼送我？因為我是支書，又是親戚，有你這個婦女主任把關，我可不敢有半點特權。哈哈！"湯支書也半開玩笑半認真地說。

"這樣就說清楚了？"

"對了，還得從思想上檢討檢討。幹部不能搞特權，幹部的家屬也不能講特殊，我對家屬教育不夠，今後要多多注意，並請主任監督。"

"嗯，共產黨員不謀私利，革命幹部不搞特殊，還差不多，哈哈哈哈！"

看這個情景，我感到他們之間的關係處得多麼融洽呀，婦聯主任一陣笑過，趕忙說："進屋坐呀，都擠在大門口幹啥？"

她摸了一盞煤油燈點上，我在方桌邊坐了下來。這時，我才發現這間窄壁簡陋的土牆茅屋裡，收拾得井井有條，十分整潔。最後，我的眼光落在吊板上，吊板上的書，一本一本都用報紙包著。我順手取下一本，是一本《國家與革命》，在油燈下打開一看，紅一道藍一道的畫滿了。我心裡一熱，眼光由書上移到了婦聯主任的臉上，過細一瞄，大輪廓和二十年前差不多，只是添了淺淺幾條紋路，看上去更顯得"老練"一些。

"我那邊寬敞些，劉同志住我那邊去吧？"湯支書說。

"老盛這邊方便不方便？"我問。

"怎麼不方便？只不過天寬地窄的，光線又不好，看個書寫個字不好一點就是了。"婦聯主任搶著說。

"這屋頭呀，到處都有看頭，到處都有寫頭。不怕我擋腳擋手的，我就住這裡吧。"我說。

　　"歡迎歡迎！看書燈不亮，月亮説明照亮，寫字寫熱了，山風説明打扇……"

　　"啪！"一巴掌落在盛隊長那寬厚的肩膀上！"磨牙利嘴你幹得，你以爲你的事情完了啦？回來這半天不興生火，做飯，劉同志怕肚皮都餓扁了。"婦女主任說著，圍腰一拴，到灶房去了。

　　不一會，灶房裡就傳來"劈劈啪啪"的柴火炸裂聲。跟著，又傳來一個孩子天真的喊聲：

　　"媽，你這臘肉是炒還是蒸。……"

　　　　　　　　　　　（原載《貴州文藝》1975 年第 6 期）

尚奎師傅
— 礦山人物速寫

陳 建 功

一

清晨，汽笛"嗚嗚"高叫。

井口礦燈閃爍。等候下井的礦工們較著勁兒嚷嚷。有的，比開了躍進計畫；有的，爭論理論學習中的難題。滿載原煤的礦車從井口呼嘯而出；開山炮的響聲從地層深處隆隆傳來。大喇叭開始播送雄壯的樂曲，震盪群山，響徹礦區。井口上方懸掛著赫然醒目的大標語："抓理論學習，促煤炭生產！"春風吹來，"嘩嘩"響著，像歡快的掌聲……

尚奎師傅和每天一樣，坐在考勤室的窗前。班長們從窗外走過，報出班裡出勤的人名兒。他就在考勤表裡每個人的名下劃上一道兒，表示出勤一天。尚奎師傅一副嚴峻的方臉龐兒，頭髮剪得很短，硬紮紮的。嘴上總是咬著大煙斗，"嘶嘶"地吸著，斑白的絡腮胡茬兒也就隨著一顫一顫。這會兒，他沒有掀起身子，參加外面那場關於理論問題的爭論。也沒有扯開嗓子，對小夥子們的躍進計畫提出意見。他瞇起眼睛，凝神細聽窗外兩個人的談話。

"……班長，該接班了，金祖恒怎麼還不來？"

"哼，正做大立櫃哪。說不定累過了勁兒，爬不起來了唄。"

「這個人真不自覺！咱們大幹社會主義，他呢，‘大幹’立櫃！咱們恨不得一天干上十六個鐘頭，他呢，幹八小時還磨磨蹭蹭，總覺得屈枉！……」

「你沒聽他底下嘟囔嗎？‘再抓撓管啥用？反正不還是掙這個死錢兒呀！’瞧瞧這人！」

金祖恒這個人，尚奎師傅可知根兒知底兒。解放前尚奎師傅在隆興窯背煤的時候，他是井口的“理秤”。窯工們背煤出井，他坐在井口看秤星兒、發小牌兒，傍黑兒再憑牌兒發棒子麵。人都說：「理秤、理秤，吃窯主的補貼，哨窯主的剩，油水兒不大天天蹭。」解放前幾年隆興窯透水倒閉，金祖恒沒得發起來，這才下窯背煤。……

尚奎師傅因病調出來當考勤員以前，兩個人一直在一塊兒幹活兒，算算也有二十多年的交情啦。可用尚奎師傅的話來說：「要說交情，我們倆兒是頂牛兒的交情。」這會兒，聽窗外那兩個人說金祖恒還是老樣子，尚奎師傅心裡冒火：「多紅火的時辰！你金祖恒還捧著社會主義的蜜罐兒不幹社會主義！」他忍不住探出身去一看，是採煤班長大檩和一個不熟識的小夥子。就氣沖沖地喊道：「你們有嘴，不會拉著他講，追著他辯！」

那個小夥子說：「怎麼不辯？可金祖恒那個人您還不知道？有時候批評他一條，他能狡出十條來。有時候批評他十條，他一聲不吭，好上幾天，還是那付樣子。唉，把我們班的後腿拖住啦！」

大檩說：「我才沒那麼喪氣哪！對他那種思想，一次扳不轉他，兩次；兩次扳不轉他就來第三次。不信說不倒他！」

尚奎師傅知道，金祖恒欺大檩年輕沒經驗，也欺這一班大多是新工人。他先鼓勵了大檩幾句，然後搔搔頭皮，自信地說：「行啦行啦，老尚頭有招兒治他，等著吧……」

大檩他們下井以後，尚奎師傅該下班了。可他沒有下班的意思，還是坐在視窗旁，對來接班的考勤員說：「你旁邊坐會兒，我呆會兒再交班哪。"

考勤員說："值了一夜班兒了,您還不快睡覺去?"

尚奎師傅說："我等一個人。"

"等誰?"

"金祖恒。"

"幹啥?"

"算帳。"

"算帳?他的出勤劃錯了?"

"他的思想錯啦!"

"可咱這管劃道兒的……"

"管不著他嗎?我才不信呢!我非拽著他不可!非扳著手指頭給他算算不可!非算得他低頭認錯兒不可!"

考勤員哈哈笑起來："你呀你呀,怪不得我聽人家嚷嚷:老尚奎進了工人理論組,不光管劃出勤道道,還管劃思想道道哪……"

二

上班的汽笛響過了二十分鐘,窗外傳來"邌啦邌啦"的腳步聲。尚奎師傅一聽就知道,他等的金祖恒上班來啦。

金祖恒很隨便地向視窗一招手,滿以為尚奎師傅會向他點點頭,在考勤表上給他補劃一道兒,相安無事就過去了。沒想到他招了招手,又加重了腳步,甚至還故意咳嗽了幾聲,尚奎師傅仍然不理會,低頭往菸鍋兒裡塞著菸葉兒,好像成心要等他發話。

金祖恒只好喊道:"尚奎師傅,別忘了補上我這一道兒!"

尚奎師傅"嘶啦"一聲劃著了火柴,悶頭悶腦地點著菸,好像成心要拽他過來。

金祖恒無可奈何地湊到窗口,眼睛溜著桌上的考勤表,笑眯瞇地說：“金祖恒早班出勤了，補上一道兒吧。”

尙奎師傅“哦”了一聲，慢騰騰地扭過頭去，看了看牆上的電錶，默不作聲地抽了兩口菸，冷冷地說：“老金呀，八小時工作制，你這會兒才來，走到工作面得啥時候了？你說我這一道兒怎麼給你劃呢？劃長點兒？劃短點兒？”

金祖恒笑笑，說：“哎呀，這兩天家裡有點兒事，睡得挺晚，呃……鬧鐘兒又不走了……”

尙奎師傅微微笑著，吸了吸鼻子，又用手指指他臉上沾的清漆印兒：“哪兒的話！

剛才起了個早兒，漆你的大立櫃了吧？瞧你，身上還有味兒，臉上還有印兒哪。”

金祖恒的臉有些紅，尷尬地笑了：“劃長點兒也好，劃短點兒也好，反正都是那麼回事兒，您好歹給我補上一道兒就行了唄。”說完，扭身要走。

尙奎師傅聽得出來，金祖恒的意思是說：“甭管道兒長道兒短，反正都算一個工，票子一釐也不短。”就叫住他，說：“老金，你真會算這筆帳，可你這會兒才下井，得少幹兩個鐘頭的活兒，這筆帳該怎麼算呀？”

尙奎師傅額角上的青筋蹦了兩下，又攥起煙斗，不動聲色地抽著煙。忽然，他把煙斗撂開一邊，欠起身，雙手伸到金祖恒眼前，用右手扳著左手的指頭，高聲說：“去年秋天你病了兩月，兩月裡從領導到工人兄弟沒斷人去看望你，工資都是頭一份的送到你手裡。哼，要是在舊社會，甭說你病兩月，鐵打的漢子天天累斷腰，還養不活一家老小哪！臨解放那年，你在井下砸傷了腳，窯主對你怎麼樣？養傷？瞧病？連工牌兒都銷了你的了！現在，你一家老小的醫藥費，國家不得給你負擔呀？這上哪兒找齊兒去？……到了歲數，你躺在那兒啥也不用幹了，國家不得養你老呀？這上哪兒找齊兒去？……國家花錢蓋了那麼漂亮的工人新村，不是給你住的嗎？這上哪兒找齊兒去？你這麼幹，對得起社會主義？你‘吃’社會主義哪，你！”

“你……”金祖恒瞪眼看著尙奎師傅扳回去的那個指頭，一時答不上話來。

“你再想想，過去的燕嶺是個啥樣兒？咱窯工幹的啥活兒？背大簍、鑽窟窿，牛馬不如呀！拿我說，從我爺爺那輩兒起，就這麼背呀、爬呀，我爺爺背不了啦，我爸爸背，到了我這輩兒，還是得背！我們背上起老繭，血汗流成河，祖祖輩輩六七十年，爲什麼這煤簍兒就離不開背？因爲礦山是窯主的！他變法兒敲咱的骨、吸咱的髓呢，還管你壓駝了背、累折了腰？咱們越背，窯主越富。窯主越富，咱們越苦！如今，這家業是咱們的了。才二十年呀，咱們從人背煤到馬拉車，現在用上了電機車。從手掄錘到開風錘，現在用上了鑽車。產量翻了幾十倍，新礦添了十幾座。咱們的子孫後代越來越美氣啊！你說說，咱們這發展中的家業還要不要好好操持？要不要大大添置？哼，照你這樣幹社會主義這紅紅火火的家業怎麼起來？天上能掉餡餅呀？”

“……”金祖恒瞪著尙奎師傅扳過去的兩個指頭，一個字兒也說不出來。

尙奎師傅的胸脯呼呼起伏著：“我問你，國防建設需不需要煤？備戰備荒需不需要煤？支援世界革命需不需要煤？”說到這裡停了停，又說：“帝國主義、社會帝國主義圍著咱們中國流口水。沒有鞏固的國防，沒有備戰備荒，沒有世界人民革命鬥爭的支援，你能像今天這樣挺著腰桿兒當中國人？你還得讓人家燒了房子霸了地，抓去當苦力！奪了我們的礦，還拿你的刮汗板，叼你的窯燈，披你的麻袋片兒去吧！”

他越說氣兒越粗，越說嗓門兒越高。不一會兒，考勤室窗外就招來了一群人。尙奎師傅扳著手指頭，一條一條數著……

金祖恒紅頭漲臉，乾瞪著尙奎師傅說不上話兒。忽然，他跳腳喊道：“你是工人，我也是工人，你給我擺啥了不起呀？我才不吃這一套呢！”

尙奎師傅挺起胸，雙手撐在腰間，長長歎了一口氣：“老金呀，你還知道你是個工人，那好，咱倆兒還能說上話兒。過去咱工人在什麼天地下幹哪？給誰幹哪？現在咱工人在什麼天地下幹哪？給誰幹哪？現在，咱們是在自己的天地下幹，給工人階級的江山幹，給子孫後代幹！你說什麼‘反正都算一個工’哼，你說你是個工人呢，看不到這一層，你……你配！……”

“得啦得啦，”金祖恒看到圍的人越來越多，大夥兒又給尙奎幫腔，七嘴八舌數落自己，自知理虧，就抓著尙奎師傅的手，不讓他再說下去。“爲了點兒小事，我可不願傷了二十多年的交情。你不就死摳這幾分鐘嗎？好好，明兒個我一分鐘也不遲到，行了吧？”說完，他擠出人群，朝井口走。一邊走，一邊嘟嚕著：“哼，晚到幾分鐘，驚天動地的了！井下打個盹兒的時間……”

尙奎師傅年近六十，眼不花，耳不聾，把這話聽見了。他衝金祖恒的背影喊道：“哈，你想井下打盹兒去？出工不出力，還是‘吃’社會主義！照這麼說，咱們這本帳還沒算完哩！”

三

尙奎師傅跟金祖恒的“帳”沒算完，心裡可憋悶得慌！交了班兒，他扯過安全帽要下井。

考勤室的同志們這個拉，那個勸。有的說：“您先回家休息，等金祖恒升井，再找他不行？”尙奎師傅說：“給人治病的事，一分鐘也不能等啦！”

他大步在巷道裡走著。往來如梭的礦車、湍急如湧的煤流、熠熠如星河的礦燈光……震人耳鼓的炮響、清脆悅耳的哨音、渾厚有力的號子聲……沸騰的井巷使他周身的血液也沸騰了。

他和大家熱火朝天幹了一氣，沒看見金祖恒。聽說他一個人正在東巷修柱。走到那兒一看，尚奎師傅氣得嘴唇一個勁兒哆嗦：金祖恒哪是在修柱？他裹著大棉襖，倚在梢子捆兒旁，用鐵絲漫不經心地捆木磚呢。

"你是給窯主幹活兒哪？"尚奎師傅拽起他，二話沒話就往外拉。

"哎……哎……你……你幹什麼？"金祖恒不情願地讓尚奎師傅拽著走，不知所措地喊："……我……我正捆木磚哪！"

尚奎師傅把手一指："到那邊看看去！大家都出大力，流大汗。你呢？眼瞅著棚架壓力這麼大還不管，捂著大棉襖捆木磚。等你的木磚捆好了，棚架也得塌了！"

金祖恒拍打著身上的煤渣兒，慢悠悠地說："呵，香山的員警管到八大處來了。"

尚奎師傅瞟了他一眼："甭說八大處，你就是跑到妙峰山這麼幹，我也得追著去管。嘿嘿，咱是山東蓬萊人，吃海水長大的，管的還就是寬。"

金祖恒用燈照了照棚架，說："我有啥辦法！六七級工都怵頭的活兒，我這小五級工上？"

尚奎師傅說："這班裡沒有七級工，巷道就該毀了？"

金祖恒說："實話說了吧。新靠老，老看級，級找班長來處理。咱操不起那份心。"

尚奎師傅說："你沒掙那份錢兒！是不是？是啊，五級，五級，給你幾級工的錢你賣幾級工的力氣。你把你自己作價兒啦！"

"又要扳手指頭了吧？我耳朵還沒起繭子哪，說吧！"金祖恒緊了緊大棉襖，賭氣地往梢子捆兒上一坐。

尚奎師傅說："我這個老尚頭真成個婆婆嘴啦！你耳朵沒起繭子？好極了！我正要給你算算帳哪。哦，不，你耳朵就是起繭子了，我也得追著你嘮嘮！你沒忘吧，一九四八年，解放軍向燕嶺的國民黨軍隊進攻，被地雷區擋在青石峪外邊。一個負了重傷的解放軍戰士滾過了地雷區，為解放我們趟開了路呀！老金，你……你說，人家掙多少錢？」

金祖恒咂巴了一下嘴兒，沒吭聲兒。

尚奎師傅又說：「也就是解放軍向燕嶺進攻那一天，燕嶺的窰工們起來護礦了！你沒忘吧，有八個工友為了保護礦井，和敵人搏鬥，犧牲得多英勇！……你說說，他們又為了幾級工？」

金祖恒還是沒答話兒。

尚奎師傅的絡腮胡茬兒抖動了：「哼，那些不惜犧牲性命，為解放我們趟路的人，他們的心，是能用錢量的嗎？沒有他們，你在哪兒哪？我在哪兒哪？咱們還在把頭的皮鞭底下，在日本鬼子的萬人坑裡哪！你現在還背著煤簍兒喘不上氣，吃橡子面兒拉不出屎來哪！想想人家，看看你，給你一級工，你挪一步。說句不好聽的，毽子上的雞毛，紮在錢眼子裡動不了窩兒啦！你低下頭來口對著心，問問愧不愧！」

「我愧，我愧。」金祖恒低下頭，沉默了半晌，又冷冷地說：「我比不了人家。我就知道現在買一盒『前門』得要你三毛六，少一分錢也買不來。」

「是啊，這麼著，你就想向社會主義要個高價兒，是不是？嘿，你把咱『工人』的分量，降到一盒菸上去了，哼！虧你說得出口？」尚奎師傅一字一句敲打他。他又往金祖恒身前湊了一步，豪邁地說：「你說得不假！買盒『前門』少一分錢也買不來。可我得告訴你呀，老金！就是因為現在還要用錢買東西，所以，第一，我們大幹了還要大幹，為實現『按需分配』的共產主義社會創造物質條件。第二，就得留神錢味兒熏暈了你！我們要和那種『給一分錢賣一分力』的雇傭思想鬥爭，為實現共產主義創造精神條件。第三，……」

「別說了，我幹，我幹。」沒等尚奎師傅說完，金祖恒蔫蔫兒地站起來，拾起斧子，晃悠晃悠地朝巷道深處走去。

四

臨下班的時候，工人們坐在休息室裡開班後會。

班後會是最熱鬧的時候，緊張的勞動過去了。大家聚在一起，一邊休息，一邊拉話，從國內外大事、個人思想到生產上的問題……今天，尚奎師傅來了，休息室裡更紅火。因爲他是礦上工人理論組的成員，說起話來大夥兒又愛聽，有的人就要他解釋拉薩爾"不折不扣的勞動所得"是什麼意思。有的人要他講講"商品"、"貨幣"……尚奎師傅先讓班長大樑總結了工作，挽了挽袖子，準備開講。

金祖恒縮在一個旮旯裡，雙手托著腦袋，不知是真瞌睡還是假瞌睡。尚奎師傅說："老金坐過來點兒，別往旮旯裡鑽呀。"

金祖恒心想，你要當這麼多人數落我呀。他閉著眼睛，裝沒聽見。

尚奎師傅探過身子喊他："老金，咱們都在學習毛主席關於理論問題的指示。你坐過來一起聊聊，提高提高嘛。"

金祖恒忍不住說："尚奎師傅呀，你說的那些，我都知道了。棚架我也幫你修好了。明兒個上班不遲到，我也跟你保證了。往後，咱手捂著心口兒幹，真真要對得起社會主義了。你就別老死乞白賴拽著我算帳啦。"

尚奎師傅"嘿嘿"笑了："老金呀，就衝你這句話，咱們還真是磨刀石碰上了老鏽鐵，得打死乞白賴的交道理。毛主席指示不是說啦，社會主義社會還有商品制度、貨幣交換、按勞分配，這是些跟舊社會沒有多少差別的東西。只能在無產階級專政下加以限制。我體會，照這麼著，咱們工人就要身在社會主義，心向共產主義，要大幹社會主義·心奔共產主義呀！"

　　金祖恒有點煩地嘟囔著：‘‘我知道你進了工人理論組，肚子裡的煤湯兒都變成墨水兒啦！可我一個挖煤的，你一個劃道兒的，你跟我較啥真兒呀？你幾斤，我幾兩，咱們心裡不都有數呀！"

　　金祖恒的話，語氣不重，卻像一塊重石投進水裡，引起人們心裡的軒然大波。剛才還是歡快、熱烈的休息室，一下子靜下來。只聽得見遠處風機嗚嗚的叫聲。沒過一會兒，人們譁然開口了。

　　有個小夥子喊道："老金呀，尚奎師傅的分量，你根本不知道，你數數去！黨委會、革委會、生產科、技術科……哪個門前沒有他的腳印兒？礦山的一草一木怎樣栽，明天，後天是什麼樣，他都要理直氣壯地發言！這是什麼分量！"

　　班長大樑說："每天考勤，尚奎師傅見哪個班出勤少，就下井支援。他是有病的人哪。值了一夜班兒還要下井打個連班兒。他不要加班費，不要下井補助。說：‘給我錢，看輕了我老尚頭啦！'他的份量，你能說出來幾元幾角幾分？"

　　又有個人站起來："過去是煤窯兒裡爬爬進進的‘臭窯黑兒'，現在，他在高等學府出出進進，要和那些專家們、教授們爭長論短。他走上講臺，評判歷史，宣講理論……這是什麼分量！"

　　……

　　尚奎師傅抿著嘴唇，慢吞吞地站起來。在十幾盞礦燈光柱照射下，像一尊鐵鑄的塑像。他掃了人們一眼，眼睛裡爆出火樣的光芒，語氣還是那樣緩慢、深沉："我幾斤，他幾兩，老金說他心裡有數。我說老金呀，你糊塗！要說算算咱們的分量，好，我算算，你也算算，咱們大家都要算算。民國二十六年，日本鬼子來了。我跑出了燕嶺。是怎麼回來的？是日本鬼子把我抓來的！金祖恒你不也是這麼來的嗎？皮鞭刺刀押著你幹，那是什麼分量？那是分文不值的亡國奴啊！日本投降，我又跑出了燕嶺。民國三十五年，我是怎麼回來的？是讓窯主從虎坊橋'人市'上買來的！價錢是一天兩斤半棒子麵兒。老金你在隆興窯理秤，我那二斤半棒子麵兒不是由你發嗎？隆興窯一倒閉，你不是也掙二斤半棒子麵兒去了嗎？同志們，一百多斤的大漢呀，那會兒就值二斤半棒子麵！現在，站在這兒的，還是那群窯工們，還是那個一百多斤的老尙奎。可要問我值多少斤分量，你問錯了！天，是我們自己的天了。地，是我們自己的地了。人，是揚眉吐氣的人了！我們工人階級的分量，不是用秤稱的，不是用錢量的。我們不再是分文不值的奴隸，也不再是窯主的'商品'，我們是礦山的主人，國家的主人，是《國際歌》裡唱的：'我們要做天下的主人'！"

工人們舉起雙手爲尙奎師傅拍巴掌。有的說："對，頂天立地做主人！那種把自己看成'商品'的雇傭思想，該扔到太平洋裡去了！"

金祖恒一邊聽一邊用手背偷偷抹汗。

尙奎師傅回轉身，彎腰抱起地上的木頭墩子，坐在金祖恒身邊，接著說："從舊社會那個爛泥塘裡走過來的人，腳上沾點兒髒泥巴，不新鮮，可咱們是往哪兒走哪？是往共產主義走呀！要往共產主義走，要做天下的主人，就得眼看大目標，算大帳，如果把自己當成商品，光打個人小算盤，那你就越算越糊塗，越走越迷路……"

尙師傅扳著指頭又在繼續往下算，只見金祖恒猛然仰起臉兒，瞧瞧大夥兒，他繃緊的臉忽然鬆開來，眼望著尙奎師傅那副嚴峻的方臉龐兒，感到一種以前沒有過的親切，沉思半晌，忽然開口說："這帳算得好啊……來……咱們一塊兒算吧……"尙師傅見金祖恒已經開始醒悟，老漢眯眼一笑，心裡感到，好像捅開了一把鏽鎖似的喜悅。

（原載《北京文藝》1975 年第 6 期）

女　採　購　員

劉　緒　源

當新來的女採購員出現在老採購員崔得章的面前時，他那滿心的喜悅頓時煙消雲散。

這是個二十左右的姑娘，紮著兩條又粗又黑的短辮，被太陽曬得黑紅的圓臉，顯得十分淳厚，一雙不很大的眼睛直直地望著人，眼光清澈而又明亮。

恰恰是她！

半個月前，長海船廠採購員崔得章跟濱海船廠打好交道，調撥二十套氣刨龍頭。由於採購部門人手緊，他讓船體車間自己派人去提貨，還和廠運輸組打了招呼，請他們明天放一輛三卡。

第二天清早，崔得章正在廠運輸調度室裡聯繫工作，船體車間派人來了，是個紮短辮的姑娘。她填好單子，就請值班調度簽字。值班的是個五十多歲的老同志，這時候正被好幾個人圍著，忙得團團轉。他接過單子一看，搔搔頭皮問道："一輛三卡？……上午出去，中午能不能回來？"那姑娘直愣愣地瞪著眼，思索起來。老調度急著催問道："怎麼樣？行，給你車；不行，得等後天了！"姑娘想了想，老老實實地說："不行。一來一回，最快也得到下午一兩點……"老調度兩手一攤說："那，你後天來吧！"她搖搖頭說："不，這氣刨龍頭明天就要用！"老調度擺擺手說："那沒辦法了！"老調度說完就轉向旁人："下一個，要什麼車……"崔得章一看急了，忙上去攔住老調度說："哎，那不行,昨天不是講好撥車的?"老調度敲敲桌子說:"情況變化啦,這車子下午有急用!"崔得章不讓步地說:"人家車間等著用貨,這樣吧,叫司機開快點就是了。"姑娘抿著嘴唇望著他們,這時忽然搖搖頭輕聲說:"萬一誤車不好。我乘公共汽車去。"崔得章倒替姑娘著急起來:"那怎麼行?哪裡有好長一段路沒車子乘,再說東西足有幾十斤重呢!"姑娘一甩辮子說:"行,拿得動。"她謝了崔得章,又同老調度打了招呼,不慌不忙朝外走去。

崔得章望著她的背影想:老實頭,老實頭,她在車間裡一定是個很不錯的工人!但,要是讓她來當採購員,那也許一樣東西都弄不到手。

誰知,天下竟有這樣的巧事,車間裡居然推薦她來當採購員了!

"你叫……"崔得章扶著黑邊眼鏡,操著寧波普通話,很有風度地問道。

那姑娘沒聽明白,瞪著眼望了他一陣,才說:"哦,我叫李墨蘭。"

聽聽沒有下文,崔得章只得又問:"你,原來在……"

"船體車間。"停了一陣,她又補充說,"做電焊工。"底下,又沒有話了。

崔得章踱著步,心裡下著簡單的評語:第一,是女孩子;第二,反應緩慢,不夠靈活;第三,不善言詞……總之,當採購員實在不合適!

"崔師傅,"李墨蘭鄭重地說,"你教我吧。我一定好好學,好好幹。"

"嗯,實踐實踐吧。"崔得章緩緩地點著頭,心裡打定了主意:既然來了,就試試吧,等實踐證明不行,再請領導換人!這麼想著,便開始介紹起採購員的職責來。

李墨蘭連忙掏出一本嶄新的工作手冊，認真地記錄起來。

崔得章搞了十幾年採購，經驗很豐富；說著說著，就發揮開了：“採購採購，顧名思義，就是採辦，購買。現在，報紙上每天都在談‘商品經濟’、‘貨幣交換’，我們採購員，就是專門同‘商品’和‘貨幣’打交道的！”他自我欣賞地咳嗽一聲，正正眼鏡，又說，“所以，採購員的職責，就是爲廠裡‘買進’。採購工作歸結爲‘八字訣’，第一個就是‘買’字。”

李墨蘭記完這幾句，抬起臉來望望老崔，又低頭將這一頁紙前後翻動著，嘴唇動了幾動。

崔得章正在興頭上，他一氣講完八字訣：第二是“熟”；第三是……說到第八，才是個“宣”字，他輕描淡寫地解釋說：“‘宣’就是宣傳，有時候附帶宣傳一下造船工業翻身仗，也有好處。”

李墨蘭臉上佈滿疑雲。她好幾次發問，都被崔得章打斷。這時，她實在忍不住了，突然問道：“爲什麼把‘宣’字放在最後呢？”

“唉，你不知道內情。”崔得章無可奈何地搖頭說，“同我們打交道的，都是老資格啦，你跟他宣傳十遍，他也聽不進一個字！”他用那種深知人情世故的語調，緩緩地說，“你碰上幾次就懂啦，在現階段，還是資產階級法權起作用啊！”

李墨蘭瞪大眼睛，一眨不眨地盯著他，漸漸地，她的眉毛聚攏了，嘴唇抿緊了，手裡的筆和本子也被捏得緊緊的……

崔得章又踱了幾步，感慨地嘆道：“難哪！下面車間裡今天要這，明天要那，供不應求啊……”

“不！”李墨蘭突然打斷了他。他吃驚地轉過頭來，見李墨蘭的眼光變得這樣執拗。她毫不含糊地說，“這就像打仗一樣，只要是前方需要的東西，困難再大，我們也要送上去！”

“簡直是孩子氣！可是，這話怎麼這樣耳熟？”崔得章尋思著，忽然警覺地問道："你原來在電焊幾班？"

"三班。"

果然！上次在全廠"學理論，促大幹，增產萬噸輪"的誓師大會上，電焊三班的一個工人上台發言，先是表決心，然後是"**轟炮**"，其中一炮轟到了採購部門的頭上，說"前方在打仗，常常**斷彈藥**"，那口氣就跟李墨蘭差不多。他不覺問道："那天在會上轟炮的是……"

李墨蘭眨了眨眼睛，笑了："那是我們班長！"

崔得章附和著說："發言稿寫得倒蠻……"

李墨蘭收斂了笑容，沉思著說："寫得不好。"

"嗯？"崔得章不露聲色，心裡暗暗高興。可是李墨蘭下面的話，卻又使他吃了一驚。

"寫得不夠尖銳！也不深……"她眼睛望著遠方，認真地思索著，"僅僅羅列了現象，沒有從理論上分析，挖根……"

這些毫不掩飾的話，使崔得章氣惱；而這種驚人的直率，又使他覺得簡直不可思議，他心裡嘀咕著："以後，戲有得唱呢！"

崔得章最近正在生病，頭昏眼花，每天吃中藥，因為採購任務忙，他一天也不肯休息。他工作很頂真，對業務十分熟悉，幾天來，李墨蘭從他身上學到了不少東西，但他第一天講的那個"八字訣"，卻時時在她心裡翻攪著。

這一天，李墨蘭跟崔得章跑了幾個廠。在外面，她時時顯得陌生，然而十分勤懇，這使崔得章更證實了自己的"評語"。快下班時，他們回到廠裡。還沒坐定，柴油機車間的老張師傅找上門來了。原來，為增產萬噸輪用的主機已經提前安裝成功，最近幾天就可以試車，現在急需三十公斤過濾用的絲瓜筋。

崔得章深知市場情況：絲瓜筋這東西，看似平常，卻是個冷門貨。因此幾句應酬話便將老張擋了回去。

老張急了，大著嗓門說："這關係到萬噸輪的進度，你無論如何得幫助解決！"

"我有啥辦法？這都是臨時加出來的貨色！"崔得章取下眼鏡，搗著額角，不緊不慢地說，"這又不是變戲法，說有就有。"

老張又氣又失望，別轉身就走。崔得章還自言自語地搖著頭："真要命，把採購員當成神仙阿伯了！搞得人頭昏眼花。"

李墨蘭在一旁望著這一場爭吵，心裡非常同情老張，現在見老張一走，崔得章還要發這種牢騷，她氣得狠狠跺了一腳，拔腿追了出去。

李墨蘭追上老張，扯住他的胳膊急切地說："師傅，你別你，你別急，我們再想想辦法看，我們一定幫助解決……"

老張看了她一陣，奇怪地問："你是幹什麼的？"

"我？"李墨蘭臉上湧起了一陣紅暈，終於聲音響亮地回答，"我是新來的採購員！"

"你也是採購員？"老張又好奇，又高興，"好哇！小同志，這主機能不能提前上船，要看你們的了！"

李墨蘭覺得渾身的血在沸騰，她捏緊拳頭，一甩辮子，堅決地說："我們一定想辦法！明天，給你回音！"

接著，她仔細地詢問了絲瓜筋的用途和需用量，又一一記在筆記本上。

老張走後，崔得章用教訓的口氣指點道："小李啊，這是買絲瓜筋，不是跳橡皮筋！"

李墨蘭瞪著他，嘴唇動了幾下，她感到一股火要冒上來，但使勁憋住了。過了好一陣，她用一種誠懇而又強硬的口氣說："崔師傅，我覺得你剛才的態度是不對的。我們應該對前方車間負責！"

"負責？我看你拿什麼去負責！"

李墨蘭毫不退讓地說："辦法總是人想出來的！"

崔得章惱怒地橫了她一眼，搗著額角不響了，大約頭昏得厲害。

過了好一陣，李墨蘭又來到他面前說："喏，拿呀。"

他抬起來，見她端著一碗藥站在跟前。她那淳厚而執拗的臉上，充滿了關切焦慮的神情。他感動地接過藥，緩了口氣說："小李，你不瞭解情況，這絲瓜筋要到土產公司買，現在正是缺貨……"

"那我們也不能看著不管呀！"她口氣一點也沒有緩和。

沉默了一陣，她又自言自語地點著頭說："行，我多問幾家試試。"說著，就到隔壁去打電話。

崔得章很有把握地說："不用試！"

撥號聲和問話聲不斷地傳來。打了八九個電話了，聽來還是沒結果。聲音停止了。

崔得章猜想，她一定愁眉苦臉地坐在哪裡。不料過了一陣，李墨蘭忽然驚喜地叫出聲來。

崔得章奇怪地跑去看，見李墨蘭正在藥罐裡精心地挑選著什麼。好一陣，才挑出幾小塊煮透了的絲瓜筋。

"崔師傅！這不是絲瓜筋嗎？"她像孩子一般瞪大眼睛，欣喜地問道。

"唔。"崔得章不以為然地一瞥。

"對，到藥店求援去！"她下了決心。

"開玩笑！"崔得章嘆了口氣說，"那是藥用的，充其量給你幾兩幾錢，哪能賣給你幾十公斤？"

"同他們商量嘛！"李墨蘭充滿信心，"向他們宣傳造船工業翻身仗……"

"哎呀，沒用！"崔得章感到這簡直可笑，"那是藥房，我們是船廠，從來不搭界！"

"那有什麼？藥房、船廠，還不都是為社會主義！"

"你要去也來不及，人家都打烊了！"

“不，我去試試！現在就去！”

李墨蘭激動得滿面通紅，短辮一甩，轉身朝外就跑。不一會兒，她的身影閃過蒼翠的廣玉蘭的枝叢，融進了紅艷艷的晚霞光中……

李墨蘭跑到一家藥店門口，天已經黑了。店門關著，裡邊亮著燈。她顧不得多想，就用力擂起門來。

門開了。店堂裡十幾個人圍坐著，正在學習，爲首的是個五十多歲的“老藥房”，拿著張報紙，戴著老花眼鏡在讀，見有人進來，“老藥房”忙放下報紙，關切地問：“誰病了？要什麼藥？”

“船廠……主，主機……”李墨蘭氣喘得急，一時講不清。

藥店的同志交頭接耳起來：

“誰？”

“船廠的！”

“叫朱什麼？”

“沒聽清。”……

“老藥房”給她端來把凳子，叫她坐下慢慢說。

李墨蘭坐下身，喘幾口氣，又忽地站起來說：“同志們，不是病，是我們廠的柴油機……”

“什麼？”

“不是生病？”

“是機器啊？”

大家都感到驚奇。

“嗯！”李墨蘭重重地點著頭，還沒來得及說下去，人們哄地笑起來。

這一笑，把李墨蘭弄得滿面通紅。她迅速地掏出本子翻了翻，又合上，心情頓時激動起來。她一甩辮子，大聲地說：“同志們，別笑，是這麼回事！”她站著，滔滔不絕地講起來，講造船工人怎樣通過學理論，決心增產一條萬噸輪；講祖國多麼需要船，造船工業怎樣大打翻身仗……

誰也不笑了。人們的眼睛都望著這位突如其來的姑娘，雖然一時還弄不清她來幹什麼，但大家的心已被說得熱乎乎了。

李墨蘭的眼睛神往地望著前方，彷彿眼前就是火紅的船台，船台上到處是造船英雄。她放連珠炮似的說著，邊說邊打手勢，越說越流暢，越說越激動：「你們去看看就知道了！船台上，到處是突擊隊的戰旗，有‘猛虎’、‘雄鷹’、‘尖刀’、‘火車頭’，還有‘學鐵人’戰鬥隊！退休老工人組成了‘馬洪亮’戰鬥隊，幹部組成了‘五七’戰鬥隊，哎呀，多啦！大家你追我趕，爭先恐後。船台上真是熱氣騰騰啊！我們五十多歲的老班長，把被頭鋪蓋搬到了廠裡！我們那個‘猛虎’突擊隊，在最緊張的時候，連續燒了幾十個小時的電焊，誰也不肯下火線……」

人們都被她說得激動起來。「老藥房」拍著胸脯說：「小同志，你有什麼要求儘管講！」大家都說：「是啊，我們都想為造船翻身仗出把力呢！」

李墨蘭這才想起，自己講了半天，還沒把絲瓜筋的事說出來呢！連忙從「爭氣船」說到「爭氣機」，說只等絲瓜筋一到，主機就能試車了……

藥店的同志又交頭接耳起來：

「要什麼？」

「老絲瓜筋！」

「那不是剛到嗎？」

「對，應該支援他們……」

「老藥房」很擔心地站起來說：「小同志，你要多少老絲瓜筋？」

李墨蘭老老實實地說：「三十公斤。」

大家吃了一驚。「老藥房」頓足道：「我們從來都是稱兩的！”

這時，門外刮進一陣風來。李墨蘭只覺得眼睛一紅，伸手去揉。一位女同志連忙抓住她的手說：“別揉！一定是灰沙進去了，我來幫你翻一下……”

李墨蘭焦急地抓住她的手說：“不，不要緊！你們曉得絲瓜筋的用處嗎？它是放在主機最要緊的地方的，是過濾空氣用的！要是空氣裡的灰沙跑進汽缸裡，那比跑到眼睛裡去還厲害，那會引起‘咬缸’的！”一說到“咬缸”，她就來了氣，拳頭不覺捏緊了，神色也憤怒起來，“那些‘崇洋迷外’的人，硬是看不起我們中國工人階級，胡說什麼：‘國產船國產機出毛病是必然的。’這是什麼話？洋奴哲學！”

頓了頓，李墨蘭十分懇切地說：“我們造船工人不能讓爭氣船留下一絲漏洞，我們要為中國工人階級爭氣，為社會主義祖國爭光！這絲瓜筋，你們可千萬得幫助解決啊！”

“老藥房”為難地說：“我們這裡，總共也只有十來斤……”

李墨蘭眼睛一亮：“我馬上到其他藥房去，多跑幾家不就成了？”

大家也紛紛出起主意來，有的說先電話聯繫一下，有的說請示請示上級機關看。“老藥房”一拍腦袋說：“對了，我打電話問問公司，看庫存有沒有多！”

他打電話去了，李墨蘭坐立不安地等待著，只覺得這電話打得特別長。

不久，“老藥房”滿面春風地跑來：“公司領導說：造船工人的困難就是我們的困難！他們當即查了庫存，正好有多，決定撥出五十公斤，支援你們！”

李墨蘭緊緊地同藥房營業員一個個握手，眼裡噙滿喜悅的淚花。她抬手抹抹眼睛，短辮一甩說：“行，我這就到公司去！”……

　　第二天早晨，一抹霞光披在廣玉蘭的枝叢上。崔得章蹙著眉，在樹下踱步。清脆的車鈴聲由遠而近，一輛三輪拖車在樹旁停住了，李墨蘭和“老藥房”從車上跳下來。李墨蘭高興地叫道：“崔師傅，有啦，絲瓜筋有啦！”崔得章驚奇地望著她，在紅霞綠葉的映襯下，她那張圓臉顯得那麼開朗，那麼歡樂，宛如一朵怒放的廣玉蘭花。

　　他們談了一陣。李墨蘭急切地說：“走，送到車間去！”說著抽出一根杠棒，和“老藥房”一起抬起了一麻包絲瓜筋。李墨蘭在前，短辮一晃一晃的，步子很矯健；“老藥房”在後，嘴裡“吭哧吭哧”地響著，同李墨蘭邁著同一的步子。崔得章愣了一陣，連忙上去同“老藥房”爭杠棒……

　　這天，李墨蘭很認真地對崔得章說：“崔師傅，我感到，你那個八字訣，不對。人與人之間的關係，怎麼是“買”字呢。”

　　崔得章心裡嘀咕著：“這次，讓你碰上了。以後，到鑄鋼廠這樣的單位去碰碰，你就會曉得味道了。”

　　長海廠船台上紅旗招展，焊花灼灼，喧聲震天，熱鬧非凡。萬噸輪進度又提前了。

　　這天一早，李墨蘭同老崔趕往長風鑄鋼廠。萬噸輪的尾龍筋毛坯是請鑄鋼廠加工的，這批貨要是不能提前到廠，就要拖全船的後腿了。

　　鑄鋼廠澆鑄車間裡，到處熱氣騰騰，鈴聲、鐘聲不斷，行車拎著鋼包上下飛舞，燦爛的鋼花閃爍飛濺。李墨蘭的面龐被映得通紅，眼裡充滿了激情的目光。她拉著老崔問這問那，老崔卻是心不在焉。

　　鑄鋼工人們一個個龍騰虎躍，汗流滿面。李墨蘭驚歎道：“崔師傅你看，他們幹勁多大！”

　　“嗯嗯。”崔得章隨口應著。

　　李墨蘭深有感觸地說：“他們的工作條件，比我們艱苦。”

“唔唔。”

李墨蘭忽然指著一條淩空的管道，奇怪地問：“這不是通風管嗎？為什麼不用呢？”

崔得章抬頭一看，說：“這是新搞的，大概鼓風機還沒有到貨。”

“鼓風機？”李墨蘭忽然想起道，“我們廠不是新到了二十台嗎！”

“好不容易啊！”崔得章得意地感嘆道，“我是捷足先登，跑了好幾趟，才先到手的。現在是高溫季節，誰不搶啊！”

“二十台？”李墨蘭心裡一動，剛想說什麼，一抬眼，廠生產組到了。

生產組老陶接待了他們。老陶四十幾歲年紀，比崔得章更胖些。他很熱情，又是端凳，又是倒茶，同崔得章遞過了菸，就交談起來。

崔得章一提尾龍筋，老陶就吃驚地停止了吸菸，擺出一種公事公辦的架勢說：“還要提前？合同上說，是今年四季度交貨吧？”

“是啊。”崔得章賠著笑臉，拍拍老陶的肩膀說，“要靠你們幫忙囉！”

“唉，難哪！”老陶嘆著氣，講起困難來，說車間裡任務緊，溫度高，最近改裝降溫設備，由於鼓風機還沒買到，現正停在哪裡，工人們頂著高溫苦戰⋯⋯

崔得章同他老打交道，老陶一開口，他就猜中了對方的用心。

李墨蘭注意地聽著他們的對話。這會兒，她眼睛瞪得大大的，精神漸漸地激動起來。她刷地抽出鋼筆，打開本子，將老陶說的困難一條一條全記了下來。

老陶說著說著，話又回到鼓風機上：“唉，要是鼓風機到貨就好啦！”

李墨蘭停了筆，突然抬起頭來，一雙眼睛一閃一閃地問道："你們缺多少鼓風機？"

老陶伸出了兩個手指："不多，二十台就行！"

崔得章先發制人地嘆口氣說："嗨，這東西實在不好買，我們……"

"我們正好搞到了二十台！"李墨蘭偏偏不接他的話頭，半腰裡捅出了一句。

老陶驚嘆地用手指頭拍著桌子說："那太好了！小同志，老崔啊，要是我們有這二十台鼓風機，生產一定上去……"

這時，有人把老陶叫出去了。

李墨蘭激動地站起來說："崔師傅，鑄鋼廠比我們更需要鼓風機，應該支援他們！"

"來不及啦！"崔得章沉著臉說，"早就發到車間裡去了。"

"不會這麼快吧？"李墨蘭疑惑地望著他，又說，"就是發下去了，也好同大家商量的。"

崔得章回頭朝門外看看，壓低嗓門說："等一會兒老陶來，你就說打電話問過了，鼓風機已經發下去了！聽見沒有？"

李墨蘭望了他一陣，忽然一甩短辮說："不，我們要實事求是！"

"嗨！"崔得章急得輕輕地拍起桌子來，"你怎麼這麼死板？採購員只有為廠裡買進，哪有送貨出門的？"

"不，這話不對。"李墨蘭話音不高，口氣卻十分嚴肅，"崔師傅，不管買進還是送出，鋼廠還是船廠，不都有一個共同的目標嗎？你看他們澆鑄車間……"

"嗨，你呀！"崔得章聽不進去，氣得沒辦法。他真後悔報到那天沒叫她回去……

老陶進來了。

　　李墨蘭看看崔得章，又看看老陶，毅然拿起電話，撥動了號盤……

　　這邊，老陶拉過崔得章，在他耳邊悄悄說道：“老兄，你把鼓風機給我，尾龍筋的事我去跟車間商量，怎麼樣？”

　　崔得章很不信任地看了他一眼。可是想想木已成舟，又想想船體工人急等尾龍筋的情景，終於點頭答應了。他對老陶正色道：“你可不能開空頭支票啊！”

　　“放心！”老陶大方地拍著胸膛，“決不會叫你吃虧！”

　　這時，李墨蘭掛上電話跑過來，高興地說：“行，鼓風機還沒發下去！領導上也同意支援鑄鋼廠！”她晃了晃手中的筆記本說，“回去，我們再把這裡的具體情況跟大家談談！”

　　她像小孩一般高興地握著老陶的手說：“祝你們生產上去！”

　　崔得章蹙著眉同老陶握手告別道：“過幾天給你送來。”

　　李墨蘭一甩辮子說：“不，今天下午就送到！”

　　老陶眉開眼笑地說：“好！好！尾龍筋的事，明天就給你們回音！”

　　不料，事情又有了反覆。

　　第二天，崔得章和李墨蘭又到鑄鋼廠。老陶連聲道謝，又點菸，又倒茶，比昨天更熱情。可是一提到尾龍筋的事，老陶卻一再回避，竭力強調車間裡怎麼忙，最後才攤牌說：尾龍筋一時沒法排進計畫。

　　崔得章急了，一把摘下眼鏡，用力地擦著。

　　李墨蘭更急，瞪大眼睛，忽地一下站起來，迫不及待地問道：“你跟車間商量了？你有沒有把我們造船工人的決心帶給……”

　　“當然。”老陶不緊不慢地彈著菸灰。

　　“你，你跟誰說的？”

　　“車間主任嘛！”

李墨蘭驚訝地問道:"你沒有跟群眾商量?"

"車間主任說排不上隊,再商量也沒用……"

"不!"李墨蘭一甩辮子說,"群眾會有辦法的!"

老陶板起面孔說:"自說自話。"

崔得章雖說也生氣,卻不想和老陶弄僵,連忙扯扯李墨蘭的衣角。李墨蘭扭過頭去不明白地望望他:難道自己說錯了?沒有嘛!

空氣緊張了一陣。

老陶很大方地拍拍胸膛,打破沉默道:"在鼓風機問題上,你們幫了我的大忙。這次尾龍筋解決不了,下次,在別的方面,我一定加倍提供方便,怎麼樣?比方說……"

"不用比方了!"李墨蘭那張淳樸的臉被憤怒激得通紅,那雙眼睛氣得像要進出火來,憋了好半天,也沒說出第二句話來。

崔得章從沒見她發過這麼大的火,連忙站起來打圓場:"別急,別急,慢慢商量嘛!"

"不!"李墨蘭眼睛瞪著老陶,大聲說道,"我們支援鼓風機,是支援鑄鋼工人更好地大幹社會主義!我們不是拿鼓風機來換尾龍筋!我們不是做買賣!"

老陶的面孔難看極了,憤憤地說:"哪有你這樣搞採購的!"

崔得章也皺著眉勸說道:"算了,算了,何必呢,法權總歸……"

李墨蘭知道崔得章又要說那句習慣用語了,十分嚴峻地說道:"正因為現在實行的是商品制度,正因為還存在資產階級法權,我們必然堅決抵制資產階級那一套!"

老陶悻悻地說:"誰搞資產階級那一套了?真是!現在是誰求誰?……"

李墨蘭毫不讓步:"不管誰求誰,都要符合社會主義原則！"

"好！"老陶猛一拍桌子，"我現在告訴你，尾龍筋沒辦法就是沒辦法！"

李墨蘭衝著他銳聲喝道："你做不了這個主！"

老陶拍著胸脯喊道："我是生產組老陶！"

崔得章也拍起桌子來："行了，別鬧了，小李！他不做主誰做主？！"

"群眾！"李墨蘭斬釘截鐵地說，"從來就不靠什麼'神仙阿伯'！工人群眾是工廠的主人！"

老陶氣得說不出話來。

崔得章把桌子拍得"乒乓"響："胡鬧，難道你去同鑄鋼工人說去？"

"我？當然要去！"李墨蘭的心情平靜下來，她的神色是這樣剛毅，語氣是這樣堅定。

李墨蘭一口氣跑回船廠，一直跑到沸騰的船台上。

她把這事同老師傅們一說，大家都氣憤極了。有兩個老工人焦急地說："小蘭啊，尾龍筋不來，船就下不了水，你可千萬得想辦法呀！"一幫小青年氣得直嚷嚷："直接跟他們群眾說！"

怎麼說法呢？李墨蘭聽大夥說著，尋思了一陣，說了一個字："行！"

她找來一張大紅紙，提起一支蘸飽墨汁的筆，寫上"緊急求援"四個大字。大家頓時喝起彩來，還你一言，我一語，湊著內容。李墨蘭眼光一會兒停在這，一會兒轉在那，等大家說得差不多了，便動手寫起來，一時，一張紅紙已經寫得滿滿的了。但見寫的是：

緊急求援

長風鑄鋼廠黨委、革委會、廣大革命群眾：

我們長海船廠急需萬噸輪尾龍筋毛坯，特向你們緊急求援！緊急求援！

祖國需要船！我們造船工人決心學理論,促大幹,發揚"革命加拼命"精神,顆顆紅心貼船台,萬噸大汗灑船台,定把增產的萬噸輪提前推下水！

長風鑄鋼廠的同志們,我們是一條戰壕裡的戰友,我們的戰鬥都是為了大幹社會主義,鞏固無產階級專政！因此,望你們迅速增援我們！讓我們共同奪取更大的勝利！

這時,崔得章匆匆趕來,擠到人群裡邊一看,頓時急得滿頭大汗。他一把將李墨蘭拉出人群外,氣喘吁吁地說:"不行,不能這麼搞！還是要通過老陶,這是人家鑄鋼……"

"為什麼非得通過他？"李墨蘭的眼裡冒著火,"他不執行毛主席革命路線,就代表不了鑄鋼廠,代表不了廣大鑄鋼工人！"她理直氣壯地說,"為什麼兩個廠之間的工人群眾就不能相互聯繫、互相支援？！崔師傅,靠資產階級買賣那一套來聯繫社會主義企業,行不通！我們要建立社會主義的新聯繫！"

"唉,唉,年輕人做事不考慮後果……"

崔得章急得跺腳,懇求地說,"其他事情都好商量,這件事萬萬幹不得！"

"不！"李墨蘭用力一甩辮子說,"這件事,我們幹定了！"

"你這是闖禍！"崔得章氣急敗壞地吼起來,"你哪裡像搞採購的樣子！你給我回車間去！"

李墨蘭抿緊嘴唇望著他,望了好久,她輕輕地甩過辮子,聲音不大,但是十分深沉而堅毅地說道:"崔師傅,你沒權利趕我,是黨和群眾安排我到這兒來的。你要趕也趕不走我。這就像打仗一樣,到衝上去的時候,我決不打退堂鼓！"

崔得章看著李墨蘭昂首挺胸地朝前跑去,感到自己一點辦法都沒有了……

　　李墨蘭跑到黨委辦公室，黨委書記支持他們的做法，並當即與鑄鋼廠黨委通了電話。

　　李墨蘭跑到廠工會，工會的同志已經根據工人群眾的要求，把宣傳小分隊組織了起來。

　　這天吃晚飯的時候，長海船廠的宣傳小分隊在鑄鋼廠工會的支持下，在鑄鋼廠的飯廳裡出現了。他們敲鑼打鼓地演出文藝節目，歌頌造船工業翻身仗，歌頌鋼鐵戰線大好形勢。最後一個節目，是學唱革命樣板戲《龍江頌》選段。台下響起了熱烈的掌聲。

　　李墨蘭拿著一卷紅紙登上台來。她沒有演員們特有的"台功"，然而她的步子是踏實的，有力的，蹬得舞台轟隆隆直響。她沒有化過妝，但神情比化了妝的更俊氣，更動人。她滿懷激情地唱了一段《手捧寶書》台下響起了熱烈的掌聲。她激動地顫聲說道："同志們，讓我們一起來唱一遍吧！"

　　近千人的歌聲，像雷鳴一般在大廳裡回盪：

　　……

　　有私念近在咫尺人隔遠，

　　立公字遙距天涯心相連。

　　讀寶書耳邊如聞黨召喚，

　　似戰鼓催征人快馬加鞭……

　　在這優美雄壯的旋律中，李墨蘭"嘩"的一下展開了那張《緊急求援》。台下立刻沸騰起來……

　　好幾個身材高大的鑄鋼工人跳到台上，爭先恐後地搶過話筒說："船廠的困難就是我們的困難！""今天我們全組連班幹，一定把尾龍筋交出來！"

　　鑄鋼廠的黨委書記也走上台來，他代表全廠職工，感謝長海船廠的促進，還號召廣大群眾，不僅要提前交出尾龍筋，而且要借這股東風，好好查一查廠領導的思想路線！

　　台上台下，鼓掌聲、口號聲響成了一片……

李墨蘭早已退到了台角。她蹲在哪裡,同工人們一起鼓掌,同工人們一起歡樂,熱淚禁不住直淌下來……

這天晚上,她和宣傳隊的同志們,投入了澆鑄尾龍筋的戰鬥。

清晨,霞光燦爛。一陣陣鑼鼓點子飄過蒼翠的廣玉蘭樹,飄進了供配組辦分室的窗口。

人們迎了出去。遠遠地開來兩支報喜隊伍。一支由柴油機車間老張師傅帶隊,報告主機試車勝利結束,馬上就要吊裝上船;另一支是船體車間來的,報告尾龍筋順利安裝上船,下水又可提前!

大家緊緊地握著李墨蘭那雙厚實的手,連聲不斷地稱讚道謝,把這個淳樸的姑娘弄得滿面緋紅。

崔得章,這個長海廠裡資格最老、經驗最豐富的採購員,這時慚愧地坐在一邊,蹙著眉思索著什麼。

李墨蘭悄悄地坐到他的身邊,很誠懇地說道:"崔師傅,我跟你提個意見吧!"

"嗯?好!"崔得章抬起臉來,注意地望著她。

李墨蘭直率地說道:"我感到,你看問題,常常用舊社會的眼光。好像採購員就是做生意;好像人與人的關係,還是舊社會那種買賣關係,你教我的八字訣,就是這樣!"

毫不留情的批評,把崔得章的心震得咚咚直響。

"崔師傅,"李墨蘭的眼睛望著前方,嚴肅地說出了幾句琢磨了好久的話,"現在,確實存在商品經濟、貨幣交換,存在資產階級法權。可我們不光要記住'存在',更應該記住'限制'!"

聽著這番話,崔得章微微地點起頭來。

李墨蘭掏出了那本筆記本,翻開第一頁,帶著幾分調皮的神色說:"崔師傅,我到這裡來之前,在本子裡記了一條'秘訣'。"

崔得章驚異地看著她,又驚異地去看那扉頁上的"秘訣",

只見上面用紅筆恭楷抄著一句話：

建立新形式的人與人的社會聯繫

"這是……"崔得章抬起頭來詢問。

李墨蘭鄭重地答道："列寧說的。"

崔得章望著這一行字，回想著幾天來發生的事……他抬起頭來，望著李墨蘭那張被太陽曬得黑紅的臉，望著她那清澈而又明亮的目光，他發現，在這個姑娘的心裡，竟蘊藏著這麼豐富、這麼深刻的思想啊！

他記起了李墨蘭報到時那番很謙虛的話，他感到，現在真應該反過來，由自己向這位新同志表示："……你教我，我一定好好學……"

這時，東風徐徐送進了一陣花香，使屋裡的空氣變得異常清新。門外那株高大的廣玉蘭樹，顯得更加蒼翠挺拔。廣玉蘭花是掩藏在枝葉叢中的，人們往往看不見花，卻聞到一陣陣馥鬱的芳香。但你仔細地辨認一下，你會發現，使你耳目為之一新的廣玉蘭花，在太陽的照耀下，花色是這般純淨，花香是這般清新……

（原載《朝霞》1975 年第 8 期）

縣委書記

孫健忠

　　黎明前，縣委書記吳勝川披著舊軍衣，坐在烏龍河邊的一盞小馬燈下，翻開一個紅殼面日記本，寫下今天要辦的事：通知各點上的縣委委員下午七點回縣開會，研究水退之後的工作安排；告訴縣委機關食堂，準備晚餐，盡可能把伙食改善一下；請辦公室弄一條機帆船，明早六點要用；最後，給老王打個電話……

　　吃過早飯，他把日記本交給縣委辦公室的小陳。每次下鄉，都是小陳跟著他，既當通信員，又當生活管理員。這時小陳拿著日記本看了看，就走出房東家，到隔壁生產隊辦公室掛電話去了。他把開會、晚餐、機帆船的事都弄妥了，最後，才給老王打電話。

　　老王是吳勝川的愛人，名叫王秀蘭，在縣婦聯工作。他倆結婚十多年還沒個孩子。眼下秀蘭懷孕已九個多月了，最近就要落月。這次抗洪搶險開始後，婦聯的同志都下鄉去了，把她留在機關看家。十多天來，老吳忙得日不落腳，夜不合眼，難得抽空回去看看，就連電話也顧不上給她掛一個。

　　縣婦聯的電話要來了。吳勝川扣上鋼筆帽，收起一張畫著地圖的舊報紙，走進生產隊辦公室，抓起話筒，高興地說："秀蘭嗎？你現在怎麼樣？"王秀蘭說："醫生說就在這兩天。哎呀，你有些不舒服吧？"吳勝川笑了："嘿，這是從哪裡來的根據？"

　　"我聽得出來，你喉嚨有些啞了！""可能是電話機有毛病。要不就是這些天睡眠稍微少了一點。"小陳聽著，在心裡說：你倒蠻會措詞，這十多個日日夜夜，連腦殼都沒碰過枕頭呢。這時王秀蘭又在那邊問：「下頭的情況怎麼樣？」吳勝川皺皺眉頭，說：「今天我要回縣委開會，見面再講吧！」徵得愛人同意後，吳勝川將話筒哷嗒一聲掛了。想起前些天王秀蘭吵著要下鄉的那股倔勁，他忍不住自語道：「幾多好強呀！

吳勝川從生產隊辦公室出來，看見小陳正在柳樹下餵馬，關照他說：「小陳，下午三點動身，你掌握時間吧。」

於是，他們拿了扁擔，挑著畚箕，來到烏龍河邊去參加勞動，將埋在田裡的沙石，一擔一擔挑出來。老吳一面擦汗水，一面和社員們談笑。談笑中他又在進行調查烏龍河氾濫成災的歷史，討論著一個從根本上制服這條害河的宏偉規劃。時間就在不知不覺中過去了。下午一點，小陳開始不安起來，隔幾分鐘，便要抬起左手腕看看錶。好容易挨到兩點半鐘，小陳才舒了口氣，大聲喊：「老吳，時間到啦！」吳勝川一看手錶，說：「哪裡，還差半小時。」小陳堅持說：「你那錶發條鬆了，走得慢。」吳勝川伸出一個指頭，點著小陳的鼻子說：「你這個小鬼，又來捉弄我啦！」口裡這麼說，腳倒往田坎上登了。小陳很得意。要曉得，這是他在老吳面前的頭一回勝利呢。

兩人在小溪裡洗淨腳上的泥沙，穿上草鞋，去柳樹下解脫馬韁繩，一人騎了匹高頭大馬，朝縣城去的方向跑開了。老吳有自己的習慣，每回下鄉，總是騎著這匹毛色像緞子似的棗紅馬。據說他過去當過騎兵，在這一帶剿匪時，曾騎在馬上用步槍一氣打倒十三個土匪。

吳勝川放開韁繩，兩腿往馬肚上使勁一夾，耳邊響起颼颼風聲。棗紅馬像道紅色閃電，在公路上飛馳，跨過斷溝，躍過沙堆，蹄子踏在水窪裡時，濺起了驟雨似的泥漿點子。遠遠落在後邊的小陳，抬頭望見老吳那矯健的身影：往前略傾的腰，堅硬的向上豎起來的頭髮，被風鼓得如一張帆篷似的舊軍衣……一個策馬衝進敵陣、向敵人揮刀砍殺的英雄騎兵形象，立刻出現在他的眼前，一股崇敬的感情從心裡油然升起。

公路在彎曲的烏龍河邊伸延著。幾天前那種一片汪洋、濁浪排空的情形沒有了。河的兩岸，留下一場大水災後的殘破景象，田坎崩坍，溝渠淤塞，插下不久的綠如翠錦的秧苗，有的埋進沙堆裡，有的乾脆讓洪水捲到不知什麼地方去了。然而一看到那留在河邊的一條條石頭壘起的防浪堤堰，使小陳記起，幾天來這裡進行著一場怎樣驚心動魄的搶險戰鬥啊！隆隆的雷聲，滂沱的大雨，通紅的松油柴火把，飛動的人影，喊聲，哨聲，浪濤的嘩嘩聲⋯⋯而在這場激戰裡，哪裡沒有響起過老吳那匹棗紅馬的激勵人心的蹄聲？

突然，吳勝川勒住馬韁，棗紅馬仰脖兒嗚嗚地長嘯一聲，前蹄在空中停了半刻，站住了。吳勝川注視著彎曲的烏龍河，陷入沉思。黃湯似的河水，捲著柴塊、草渣從上游滾滾流來，剛到他的面前，一下子來個八九十度的大轉彎，又吵吵嚷嚷地向下游流去。⋯⋯等到小陳催馬趕來，吳勝川說："你看，好大一個彎彎！"

小陳不明白老吳的意思，順口說："這算什麼，還有更大的。"

吳勝川皺皺眉頭，感嘆著說："嘿，這可是個大禍根哪！"

如果不是小陳催促，老吳恐怕還會在這裡呆上點把鐘的。誰知馬兒撒開腿，跑上五六里路，他又勒住馬頭，停立在一個河灣邊。小陳追上來，著急地說："要是見一個彎彎就停一陣子，今晚上就莫想趕回去開會啦，還有六十多里路呢。"

吳勝川接過小陳的話說："你曉得不？這六十多里路上有好多個河灣？ —— 大灣三十三，小灣圈連圈。"只見他兩腳往馬肚上一夾，又飛跑起來。

他們倆踏上縣城的石板路時，已是月上東山、街燈放亮了。兩匹高頭大馬在縣委會門口停住，吳勝川和小陳從馬背上翻身跳下。在他倆前頭趕到的縣委委員們，聽見這十分熟悉的馬蹄聲，便跑到大門口來，用熱烈的聲調迎接他：「你的時間觀念真強，總是不遲到也不早到。」

「因爲我們有兩支錶，」吳勝川睨著正在牽馬走進院子的小陳，說，「一支撐得太緊，一支撐得太鬆，拉拉平就成了。」他那目光在縣委委員們的身上掃著，見他們滿身的泥水，顧不上修整的邊幅，樂觀又疲憊的臉，又說：「這幾天是有些累呀，要是現在能呼呼睡個八小時，那有幾多好！同志們，我敢說，這些天你們一定沒有吃好過一餐飯，是不是？」

「不過，剛才吃了你關照的這餐晚飯，也扳夠了本啦。」

驀然間，老吳轉動著腦袋，在人群裡搜索一陣子，「我們那位『大喊大叫』同志呢？」

於是有人遞眼色，有人努嘴。吳勝川朝院子裡望去，只見縣委宣傳部長、一個二十多歲的後生，正坐在那棵柚子樹下，手托下巴，不聲不響，神態裡流露出滿腹的愁思。

「怎麼回事？」吳勝川大步走了過去，手扶樹枝，望著縣委宣傳部長說，「奇怪，喇叭壞了？」

宣傳部長抬起難受的臉，由於睡眠不足引起充血的雙眼，久久地注視著縣委書記。

「吳書記，這場洪水來得太猛、太突然了。」

「是突然。」吳勝川深深吸口氣，「嗨，老天爺事前也不給我們拍個電報。」

「好像做夢一樣，一下子都完了。七萬畝剛插下去的早稻，七萬畝呀！」

「那就是說，一場大水奪走了我們好幾千萬斤糧食，是不是？吳勝川在宣傳部長身邊坐下來，「而且，省報還剛剛發表了我們縣的文章，這篇東西是你寫的吧？」

「吳書記」，宣傳部長拿著一張全縣農田基本建設示意圖，佈滿血絲的眼睛濕潤了。他嗓音清楚地說，"這也是我畫的，這是烏龍河，這兩邊都是奮戰了三個冬天開出來的'大寨田'呀！現在……我心裡難過得很哩！"

"是呀，我心裡也是不好過。可是，"吳勝川站了起來，嗓音激昂地說，"要挺起腰桿子，昂起腦殼，往前走！"這張圖嘛，再畫一張就是！有人告訴我，這些天，在防洪搶險前線，你總是像頭獅子一樣，水裡滾浪裡爬的，是不是？"

宣傳部長沒有回答。這會兒，小陳拿來兩個熱氣騰騰的饅頭，加上幾片"胃舒平"。吳勝川接在手裡，用商量的口吻對小陳說："那就請你再幫我辦三件事吧！檢查一下機帆船準備好了沒有？給我弄一杯濃茶，還得去街上買一包菸，要勁頭大一點的。"等小陳走後，他把"胃舒平"乾吞下去，又用舊報紙將兩個熱饅頭包好，悄悄往衣袋裡一揣，就和縣委委員們上樓開會去了。

日光燈把會議室照得如同白晝。縣委委員們圍著兩張接起來的長方桌子坐好。記得五年前，也在這裡，也是這樣一個晚上，剛成立的新縣委作出了全縣開展"農業學大寨"運動的決議。全縣幾十萬群眾熱火朝天地行動起來，花了三年時間，在烏龍河兩岸的荒草坪、白沙洲上，開出了七萬多畝"大寨田"。兩月前，也在這裡，也是這樣一個晚上，縣委發出了"以學習無產階級專政理論爲綱，打好春耕生產這一仗"的動員令。社員們迅速投入了積肥，翻耕，催芽，播種，終於在烏龍河兩岸七萬多畝大寨田裡，織出了一層層翠綠的錦繡。……

今夜裡，縣委又將在這裡作出什麼重大的決定呢？顯然，大家的情緒有些異乎尋常，那位一開口就是笑話連篇的區委書記，此刻正在一個勁地抽菸；那位從來不知憂愁、總是樂哈哈的婦聯主任，捏著一管鋼筆在紙上畫著什麼。每個人都有他自己的控制感情的方式。驚心動魄的抗洪搶險過去了，猖獗一時的洪水惡浪退走了，留下來的是坍塌的橋樑，堆滿田壩的沙石……面對著這般情景，縣委該拿出什麼主意來？

吳勝川從容不迫地在一張靠椅上坐下，喝了幾口濃茶，炯炯的目光從每一張熟悉的臉盤上掃過。約莫沉靜了一分來鐘，他說：“同志們，現在開會吧！……”

會議室響起一片翻動日記本的沙沙聲。

“不，不，”吳勝川搖著右手，解釋說，“我先聽大家的。同志們先說說下面的情況吧！”於是他自己掏出那個紅殼面日記本，擰開鋼筆帽，準備記什麼了。

這一來，會議就把相當長的時間放在匯報上了。縣委委員們一個接一個發言，談到暴雨，山洪，群眾奮不顧身的戰鬥，黨支部在戰鬥中的堡壘作用；也談到水災造成田土、房屋、牲畜損失的數字。吳勝川聚精會神地傾聽，在筆記本上扼要地記錄著，有時候插上幾句話。吳勝川就是這樣透徹地瞭解他這一班人馬，每個同志有些什麼長處，能把工作做到什麼程度，他從心眼裡信任他們，尊重他們。

每個縣委委員的發言，都把吳勝川原來已經感受到了的東西，變得更加深刻厚實起來，特別從那些激動人心的情節裡，他獲得了多麼強大的精神力量。請看看，為了護住一座水庫，幾百個社員一齊跳進水裡，手挽手，肩抵肩，背靠在堤壩上，迎著一層層洶湧撲來的惡浪，在水浪裡戰鬥了七天七夜！水退之後，他們回到家，三根棍子搭個草棚，三塊石頭壘起鍋灶，又拿起扁擔，下田去挑沙堆了……縣委委員們提到的那些人名，老吳都熟悉，甚至能說出這個那個的文化程度，急性子還是緩性子，會不會打算盤，平常喜歡穿什麼衣服……老吳總是抑制不住地驚嘆：“咦咦，好角色呀！”“他嗎？那位老兄有點名堂！”最後，他竟從座位上站起來，那紅銅色的方臉盤，堅實有力的高鼻樑，都在日光燈下閃閃發亮。他把會議室環顧一遍，揮著右手，激動地說：

"看看,這都是一些什麼樣的英雄!昨天在烏龍河兩岸用雙手開出七萬畝,今天又在這裡用胸膛築起一堵銅牆鐵壁,那麼明天呢?在和自然界的鬥爭中,他們還會做些什麼驚天動地的事情呢?想想我們的人民群眾吧,同志們,往前看吧!"

吳勝川的插話在會議室掀起了熱列的浪潮,匯報繼續下去。有人說到一個幹部在洪水面前驚慌失措,裝病跑回縣城的事。吳勝川粗黑的眉翅往上一飛,追問:"哪個單位的?軟骨頭!這種人要給處分。"他右拳咚咚地擂著桌子,"要知道這是戰場呀。在敵人面前難道能當逃兵嗎?……"

正在這時,隔壁電話室裡響起清脆的鈴聲。一會兒,小陳推開會議室的門,走進來,在吳勝川耳邊小聲說:"秀蘭同志的電話。"吳勝川站起身,對大家抱歉地說:"請

等一下。"推開門,步子輕捷地出去了。

電話室傳來他十分欣喜的聲音:"是這樣嗎?還有什麼感覺呢?……我正在開會,對,一個重要的會……你身邊有人在嗎?那好,就讓婦聯的同志送你去醫院吧!……我散會後來看你!"

會議室頓時活躍起來,縣委委員們相互交換著眼色,小聲地議論。老吳從電話室回來也跟著說笑了一陣,然後說:"好啦,閒話休提,書歸正傳吧!剛才有人對我說:'完啦,什麼都完啦!'來,把你畫的那張圖借我用一下。"於是他從宣傳部長手裡接過一張全縣農田基本建設示意圖鋪在桌上,然後伸出右手,在那條彎彎曲曲的烏龍河上畫了個大圓圈,說,"這是七萬畝,一下子就這麼完了……"

"全縣人民三年的心血汗水。"宣傳部長強調。

"是的,單說今年,就損失了幾千萬斤糧食。那麼,全縣'備戰、備荒、為人民'的方針如何落實?縣裡的各項建設怎麼搞上去?"吳勝川轉身問坐在他旁邊的工交辦公室主任,"你那條正在設計的山區公路呢?年產達到五萬噸的氮肥廠呢?"接著問財

貿部長，"還有你那紡織品倉庫呢？"又問宣傳部長，"電影院不是還得擴建一下嗎？怎麼辦呢？"他炯炯的目光閃電般掃過全場，"我曉得，同志們已經有許多好的想法。剛才也談到一些。現在，我請大家先看看一個老貧農是怎麼想的吧！"他又在長方桌上展開一張地圖，用舊報紙畫的，線條粗糙，彷彿出自小學生的手筆，"這是烏龍河。"他指點著說。

"怎麼變成了筆直的呢？"宣傳部長發現。

"這就是烏龍河明天的樣子。"農辦主任猜測。

"對，"吳勝川激動地說，他又伸出右手，在筆直的烏龍河上劃個大圓圈，"這不是七萬畝，而是十七萬畝。更要緊的是，烏龍河兩岸從此免除了水害。同志們，這是一個多麼好的設想啊！"

縣委委員們全都興致勃勃地從座位上站起來，緊緊圍在這張圖邊，熱烈議論開了。是的，到了徹底馴服這條放蕩不羈的烏龍河的時候了。千百年來，它一次又一次暴漲淤塞，氾濫成災。兩岸的人民，一回又一回同它進行著鬥爭。五年前，它衝毀了河岸上一萬來畝田土，結果全縣人民卻開出了七萬畝，繪出一幅農田基本建設的嶄新圖畫。現在，正當這七萬畝又被衝掉，一幅更新的圖畫又出現在全縣人民面前，向烏龍河全面開戰的設想已提到縣委議事日程上來了。

吳勝川興奮地揮著拳頭，斬釘截鐵地說："水退之後，我們的群眾在想些什麼呢？就是想的這個！這張圖是一位老貧農畫的，可是我們有的同志，調調定得多低，和群眾的鬥爭精神多不協調。同志們，天是垮不下來的，有全縣人民幾十萬個肩膀、幾十萬雙手在頂著哩！"這時他把身子轉向那位宣傳部長，"挺起腰桿子，昂起腦殼，朝前看，朝前走！把軟弱無力的思想都一掃帚掃乾淨吧！"

叮叮叮……電話鈴又響起來，急驟，緊張，使人一聽就會引起一種不祥的預感。門砰地開了。縣委委員們一齊不安地轉過頭去。小陳走進來,著急地說:"醫生來電話,說要產婦的親屬馬上去!"會議室陡然籠罩著一層陰雲。每個人都幾乎屏住了呼吸。

電話室傳來吳勝川沉著的聲音:"醫生同志嗎?……對,我是王秀蘭的親屬……呵,呵……可是我正在開會呀,……我開完全就來。請你們盡最大努力吧!"

老吳掛上電話,又回到了會議室。縣委委員們都要求暫時休會,要他先去醫院看看,可他硬要把會開完再去。會議室裡,吳勝川又在對宣傳部長說:"這張圖還很粗糙,談不上'藝術'。你再把它加加工,著點色,畫得漂亮一些吧!……能不能再讓文工團編個戲呢?你的那幾位編劇從鄉下回來了沒有?把他們找來,一起談談好嘛。我們可以給他們提供一些素材呀!……還有廣播站,應該廣播幾篇有分量的文章,那位播音員的普通話可一點也不'普通',叫誰聽得懂呢?……我們的宣傳部長同志,把你的輿論工具都開動起來吧,為我們的英雄人民,為建設大寨式的縣的遠大理想大喊大叫吧!……"

說到這裡,吳勝川抽出一枝香菸,點燃,狠狠吸了幾口,面對整個會議室說:"眼下我們要馬上動手,把七萬畝田裡的沙堆挑出去,重新插上晚稻,把損失掉的幾千萬斤糧食撈回來!大家考慮一下,十天時間夠不夠?當然,還有群眾的生活問題,蓋房屋,修路,還有秧苗的調劑,肥料問題……現在請同志們認真討論一下。"

從這時起,吳勝川不間斷地抽菸,一枝接一枝,幾口工夫,一枝菸捲就燃去了半截。縣委委員們熱烈地討論,互相補充,黎明前,一個完整的抗災自救方案就定下來了。

電話又叮叮叮響了。小陳緊張地從電話機旁跳起來,一把抓住話筒:"喂,醫院嗎?什麼?……哈!……"他有幾多高興啊!一扭頭,朝隔壁會議室喊叫:"生啦,生啦,是個男娃娃呢!"

縣委委員們都激動地走過來了，擠滿了電話室。小陳高高地舉著話筒，笑呵呵地說：“聽，聽，這是什麼聲音？”是的，聽筒裡傳來了清晰的嬰兒呱呱的啼聲，多麼動聽啊，大家笑著向老吳祝賀，捶他的肩，擰他的手。吳勝川只是憨憨笑著。那位區委書記說啦：“男孩嗎？那就是說，世界上又多了一個熬夜和騎馬的人囉！”婦聯主任打著哈哈。她知道，秀蘭倒是盼個女孩子哩！

小陳走到老吳面前，催促說：“還等什麼時候呢，快去看看吧！”

吳勝川看看手錶，已是凌晨四點，便說：“去，當然要去。”又轉身問大家：“同志們，工作這樣子安排，還有什麼意見嗎？”

縣委委員們回答說：“如果你再不去，我們真會有意見啦。”

“老吳，”宣傳部長眉開眼笑地攔在門檻邊說，“那張圖，我這兩天就畫出來。播音員準備再訓練訓練。找個時間和文工團的編劇談談，你能來嗎？”

“到時候打個電話給我，一定來。”

吳勝川和小陳下樓去了。縣委委員們得好生利用這個時間，睡一大覺。縣委的旁邊就是招待所，這個時候誰也不願去麻煩招待員，有的往桌上趴，有的往長凳上躺。會議室很快充滿甜蜜的鼾聲。

縣人民醫院在郊外，離縣委會三華里。小陳去院子裡牽了馬，跟老吳一塊走到街上。一輪銀盤似的月亮，眼看就要落下西山，鎮子裡還是那麼靜謐，那麼涼爽。只有晨雞發出高亢的鳴唱。城鎮組織的支農大軍，這時候，也許正在烏龍河邊，配合人民公社社員們挑燈夜戰吧！

吳勝川跳上馬，回過頭來說：“看來我們可以在醫院待上半點鐘。你掌握好時間。你的發條不是上得很緊嗎？”

小陳也跳上馬背，有些不耐煩地說：“為什麼只能待半點鐘，一點鐘就不行嗎？”

"不行。你還得給我留點時間想想今天的事。"

　　兩匹大馬並轡而行，踏著銀粉粉的月色，發出有節奏的蹄聲。現在，吳勝川又在馬背上開始工作了。他習慣地摸摸衣袋裡那個紅殼面日記本，心裡盤算起來：等天亮，他又要和全體縣委委員們一起，搭乘一條機帆船，溯烏龍河而上，去進行一次實地勘測……

　　清脆的蹄聲，踏碎了如霜的月色。就在這美好的黎明，就在這鼓點似的馬蹄聲中，一個可愛的新生命已經在烏龍河邊降臨。等他長大，也許像爸爸一樣，做一個黨的工作者，也許他將去當一名工人、農民或士兵。他也許常常熬夜，騎著馬在這月下奔跑；誰知道呢？但是毫無疑問，他不管幹著什麼，都應該和爸爸一樣，為共產主義理想奮鬥終身！

（原載《解放軍文藝》1975 年第 12 期）